A등급 만들기 단계별 프로젝트

KB101106

blacklabel
jinhak

중학 수학 ❷-1

A 등급을 위한 **명품 수학**

Tomorrow
better than today

블랙라벨 중학 수학 ❷-1

| 저자 | 이문호 하나고등학교 | 김원중 강남대성학원 | 김숙영 성수중학교 | 강희윤 휘문고등학교 |

검토한 선생님

| 김성은 블랙박스수학과학전문학원 | 김미영 하이스트금천 | 최호순 판찰과추론 |
| 경지현 탑이지수학학원 | 정규수 수찬학원 | 홍성주 굿매쓰수학학원 |

기획·검토에 도움을 주신 선생님

강대웅 오송길벗학원	김종훈 벤엘수학	배정혜 이화수학	윤은경 정원영어수학학원	정대철 정샘수학
강예슬 광교수학의품격	김주경 모아수학전문학원	백은화 백수학	윤지영 윤쓰매쓰	정상혁 연합입시학원
강옥수 수학의온도	김지현 파스칼대덕학원	서경도 서경도수학학원	이가람 가람수학	정연배 보문고
강주순 학장비욘드학원	김진국 에듀메카	서동욱 FM최강수학학원	이경덕 수딴's수학학원	정은주 서초엠원학원
강준혁 QED수학전문학원	김진완 성일올림학원	서동원 수학의중심학원	이광덕 모아수학전문학원	정재봉 정재봉한수학원
강태원 원수학학원	김창영 에듀포스학원	서미경 영동일고	이상민 전주이셈수학학원	정정선 정선수학학원
구남용 블루오션아카데미	김태경 Be수학	서용준 역촌동성심학원	이석규 지족고	정진희 정쌤영어수학
권기웅 청주페르마수학	김한국 모아수학전문학원	서원준 잠실비투비수학학원	이성환 하이스트	정혜숙 더하기수학학원
권오운 천안페르마학원	김현호 정윤교Mathmaster	서정택 카이로스학원	이소연 수학의봄학원	정효석 서초최상위스카이학원
권오철 파스칼수학원	김혜숙 과학수학이야기	서한서 필즈수학학원	이수동 부천E&T수학전문학원	조병수 브니엘고
기미나 기쌤수학	김혜진 케이에스엠학원	선철 일신학원	이수복 매쓰메카수학학원	조성근 알단과학원
김건우 더매쓰수학학원	남송현 배정고	손일동 매버릭학원	이승철 광주차수학창조학원	조용남 조선생수학전문학원
김경호 천안페이지수학학원	노명훈 노명훈수학학원	손주희 김천이루다수학	이영민 프라임영수학원	조용렬 최강수학학원
김근영 수학공방	마채연 엠제곱수학학원	송민주 엠앤에스에듀케이션	이웅재 이웅재수학학원	조용호 참수학전문학원
김기영 이화수학	문상경 엠투수학	송시건 이데아수학학원	이재훈 해동고	조창식 광교시작과완성수학
김나리 이투스수학학원수원영통점	문용석 유레카수학학원 영통	신성호 신성호수학공화국	이재희 경기고	지정경 짱솔학원
김도균 탑클래스	박갑근 참쉬운수학학원	안윤경 하늘교육금정지점	이주희 바른수학	차기원 진정샘수학교실
김도영 천안페이지수학학원	박도솔 도솔샘수학	양귀제 양선생수학전문학원	이진영 루트수학	차윤미 U수학학원
김동범 김동범수학학원	박동민 울산동지수학과학전문학원	양대승 재능학원	이춘우 전주서신셀파수학	채희성 이투스수학신영통학원
김민성 MS민성수학	박미라 상상아이	양현 양헌수학전문학원	이태형 가토수학과학학원	천유석 동아고
김본 설연고학원	박미옥 목포폴리아학원	어성웅 SG장안청운학원	이효정 부산고	최다혜 싹수학학원
김봉수 범어이투스수학학원	박민서 효명중	어수임 멘토아카데미	임경희 베리타스수학학원	최연진 한민고
김성용 영천이리풀수학	박상보 와이앤딥학원	엄유빈 대치유빈쌤수학	임수진 쎈수학열공학원	최원필 마이엠수학학원
김성태 김성태수학학원	박성호 현대학원	여희정 로그매쓰	장성호 KoreaNo.I학원	최일두 크라운학원
김세진 일정수학전문학원	박승환 명성비욘드학원	오의이룸 수담, 수학을담는자	장성훈 더선에듀수학학원	최형기 국제고
김수미 수쌤 학원	박신태 멘사박신태수학학원	오창범 오후의수학전문학원	장정수 천안페르마수학학원	한병희 플라즈마학원
김양훈 해운대김샘수학	박현숙 케이에스엠학원	왕한비 반포sp수학학원	전무빈 원프로교육학원	혜경 대전전영수학
김엘리 혜윰수학	박연지 위너스에듀	우병우 우샘스터디	전병호 시매쓰충주학원	황국일 황일국수학전문학원
김영배 김쌤수학과학학원	박우용 이룸스터디학원	우준섭 예문여고	전진철 전진철수학학원	황삼철 멘토수학학원
김영준 청솔수학	박준현 G1230수학호매실캠퍼스	유근정 유클리드수학학원	정경연 정경연수학학원	황인설 지코스수학학원
김용찬 경기고	박진규 성일중	유수향 더매쓰수학	정국자 kimberly아카데미	황하연 모아수학전문학원
김재은 설연고학원	박태흥 서초CMS에듀	윤석주 윤석주수학전문학원	정다희 공감스터디학원	황혜민 모아수학전문학원

초판15쇄 2024년 3월 2일 **펴낸이** 신원근 **펴낸곳** ㈜진학사 블랙라벨부 **기획편집** 윤하나 유효정 홍다솔 김지민 최지영 김대현 **디자인** 이지영 **마케팅** 박세라

주소 서울시 종로구 경희궁길 34 **학습 문의** booksupport @ jinhak.com **영업 문의** 02 734 7999 **팩스** 02 722 2537 **출판 등록** 제 300-2001-202호

● 잘못 만들어진 책은 구입처에서 교환해 드립니다. ● 이 책에 실린 모든 내용에 대한 권리는 ㈜진학사에 있으므로 무단으로 전재하거나, 복제, 배포할 수 없습니다. **www.jinhak.com**

이 책의 동영상 강의 사이트 ✚ 강남구청 인터넷수능방송 / EBS / 엠베스트 / 온리원 / 자연계에듀

중학 수학 2-1

A등급을 위한 명품 수학

블랙라벨

이책의 특징

01
명품 문제만 담았다.
계산만 복잡한 문제는 가라!

블랙라벨 중학 수학은 우수 학군 중학교의 최신 경향 시험 문제를 개념별, 유형별로 분석한 뒤, 우수 문제만 선별하여 담았습니다.

02
고난도 문제의 비율이 높다.
상위권 입맛에 맞췄다!

블랙라벨 중학 수학은 고난도 문제의 비율이 낮은 다른 상위권 문제집과 달리 '상' 난이도의 문제가 50% 이상입니다.

03
수준에 따라 단계별로 학습할 수 있다.
이제는 공부도 전략을 세워야 할 때!

블랙라벨 중학 수학은 학습 수준에 따라 단계별로 문제가 제시되어 있어, 원하는 학습 목표 수준에 따라 공부 전략을 세우고 단계별로 학습할 수 있습니다.

이책의 해설 구성

읽기만 해도 공부가 되는 진짜 해설을 담았다!

- 해설만 읽어도 문제 해결 방안이 이해될 수 있도록 명쾌하고 자세한 해설을 담았습니다.
- 도전 문제에는 단계별 해결 전략을 제시하여 문제를 풀기 위해 어떤 방식, 어떤 사고 과정을 거쳐야 하는지 알 수 있습니다.
- 필수개념, 필수원리, 해결실마리, 풀이첨삭 및 교과 외 지식에 대한 설명 등의 blacklabel 특강을 통하여 다른 책을 펼쳐 볼 필요없이 해설만 읽어도 학습이 가능합니다.

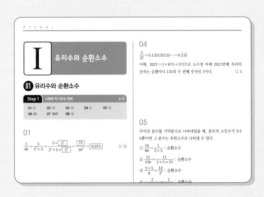

이책의 구성

이해

핵심개념 + 100점 노트

핵심개념 해당 단원을 완벽하게 이해하기 위한 필수적인 내용을 담았습니다. 또한, 예, 참고 등을 통하여 개념을 이해하는 데 도움을 주도록 하였습니다.

100점 노트 선생님만의 100점 노하우를 도식화·구조화하여 제시하였습니다. 관련된 문제 번호를 링크하여 문제를 통해 확인할 수 있도록 하였습니다.

실전

시험에 꼭 나오는 문제

- 시험에서 어려운 문제만 틀리는 것은 아니므로 문제 해결력을 키워주는 필수 문제를 담았습니다.
- 각 개념별로 엄선한 기출 대표 문제를 수록하여 실제 시험에서 기본적으로 80점은 확보할 수 있도록 하였습니다.

종합

A등급을 위한 문제

- A등급의 발목을 잡는 다양한 유형의 문제를 담았습니다.
- 우수 학군 중학교의 변별력 있는 신경향 예상 문제를 담았습니다.
- **앗 실수** : 실제 시험에서 학생들이 실수하기 쉬운 문제들을 수록하였습니다. 정답과 해설의 오답피하기를 확인하세요.
- **서술형** : 서술형 문항으로 논리적인 사고를 키울 수 있습니다.
- **도전 문제** : 정답률 50% 미만의 문제를 수록하여 어려운 문제의 해결력을 강화할 수 있도록 하였습니다.

심화

종합 사고력 도전 문제

- 우수 학군 중학교의 타교과 융합 문제 및 실생활 문제를 담아 종합 사고력 및 응용력을 키울 수 있습니다.
- 타문제집과는 비교할 수 없는 변별력 있는 고난도 문제를 담아 최고등급을 받을 수 있습니다.
- 단계별 해결 전략을 제시하여 문제를 풀기 위해 어떤 방식, 어떤 사고 과정을 거쳐야 하는지 알 수 있습니다.

고등

미리보는 학력평가

- 고1 전국연합학력평가 문항을 철저하게 분석하여 해당 단원에서 자주 나오는 대표 문제를 담았습니다.
- 유형에 따른 출제경향과 공략비법을 제시하여 문제 해결력을 키울 수 있도록 하였습니다.

수학을 잘하기 위해서는?

1. 단계 순으로 학습하라.

이 책은 뒤로 갈수록 높은 사고력을 요하기 때문에 이 책에 나와 있는 단계대로 차근차근 공부해야 학습 효과를 극대화 할 수 있다.

2. 손으로 직접 풀어라.

자신 있는 문제라도 눈으로 풀지 말고 풀이 과정을 노트에 손으로 직접 적어보아야 자기가 알고 있는 개념과 모르고 있는 개념이 무엇인지 알 수 있다. 또한, 검산을 쉽게 할 수 있으며 답이 틀려도 틀린 부분을 쉽게 찾을 수 있어 효율적이다.

3. 풀릴 때까지 풀어라.

대부분의 학생들은 풀이 몇 줄 끄적여보고 문제가 풀리지 않으면 포기하기 일쑤다. 그러나 어려운 문제일수록 포기하지 말고 끝까지 답을 얻어내려고 해야 한다.
충분한 시간 동안 시행착오를 겪으면서 얻게 된 지식은 온전히 내 것이 된다.

4. 여러 가지 방법으로 풀어라.

수학이 다른 과목과 가장 다른 점은 풀이 방법이 여러 가지라는 점이다.
그렇기 때문에 학생에 따라 문제를 푸는 시간도 천차만별이다. 자신에게 가장 잘 맞는 방법을 찾기 위해서는 한 문제를 여러 가지 방법으로 풀어보아야 한다. 그렇게 하면 수학적 사고력도 키울 수 있고, 문제 푸는 시간도 줄일 수 있다.

5. 틀린 문제는 꼭 다시 풀어라.

완벽히 내 것으로 소화할 때까지 틀린 문제와 풀이 방법이 확실하지 않은 문제는 꼭 다시 풀어야 한다. 나만의 '오답노트'를 만들어 자주 틀리는 문제와 잊어버리는 개념, 해결과정 등을 메모하여 같은 실수를 반복하지 않도록 한다.

이책의 차례

Contents

중학 수학 ❷-2

Ⅰ. 삼각형의 성질

Ⅱ. 사각형의 성질

Ⅲ. 도형의 닮음

Ⅳ. 피타고라스 정리

Ⅴ. 확률

블랙라벨 중학 수학 ❷-2
별도 판매합니다.

동물들의 회의

동물의 왕국에서 동물들이 인간에 대해 불평을 늘어놓기 시작했습니다.

양이 말문을 열었습니다.
"인간들은 내 털을 뺏어가. 그래서 밤이 되면 추워 죽겠어."
암탉이 말했습니다.
"인간들은 내가 낳은 알을 가져가. 난 결코 자식을 볼 수 없을 거야."
소가 거들었습니다.
"인간들은 내게 물어보지도 않고 내 젖을 가져가."

그러자 달팽이가 말했습니다.
"난 인간들이 제일 갖고 싶은 것을 가지고 있는데도
인간들은 그것을 가져가지 못해."

달팽이의 말을 들은 모든 동물들이 깜짝 놀라며
그것이 무엇인지 물었습니다.
달팽이는 이렇게 말했습니다.
"나는 시간을 갖고 있거든."

I

유리수와 순환소수

01 유리수와 순환소수

100점 노트

주의

A $3.1232323\cdots$은 $3.1\dot{2}\dot{3}$으로 나타내어야
하며 이를 $3.12\dot{3}\dot{2}$, $3.1\dot{2}\dot{3}2\dot{3}$과 같이 나타
내지 않는다.

▶ STEP 1 | 02번

B 순환소수의 소수점 아래 n번째 자리의
숫자 구하기
(i) 순환마디의 숫자의 개수를 구한다.
(ii) 순환마디가 되풀이되는 규칙성을 이
용하여 n번째 자리의 숫자를 구한다.

100점 공략

C 소수점 아래 첫 번째 자리부터 순환마
디가 시작되는 순환소수로 나타낼 수
있는 분수의 조건
소수점 아래 첫 번째 자리부터 순환마디
가 시작되는 순환소수가 되려면 분수를
기약분수로 나타내었을 때 분모의 소인
수에 2나 5가 없어야 한다.

▶ STEP 2 | 13번

D 순환소수를 분수로 나타내기 [방법 1]
순환소수 $2.1\dot{4}\dot{5}$를 분수로 나타내어 보자.
(i) $x=2.1\dot{4}\dot{5}=2.14545\cdots$
(ii) $\quad 1000x=2145.4545\cdots$
$\quad -)\ \ 10x=\ \ 21.4545\cdots$
(iii) $\quad 990x=2124$
$\quad \therefore x=\dfrac{2124}{990}=\dfrac{118}{55}$

▶ STEP 1 | 07번, STEP 2 | 17번

참고

E 순환소수를 분수로 나타내기 [방법 2]
a, b, c, d가 0 또는 한 자리의 자연수일 때
(1) $0.\dot{a}=\dfrac{a}{9}$　　(2) $0.\dot{a}\dot{b}=\dfrac{ab}{99}$
(3) $0.a\dot{b}=\dfrac{ab-a}{90}$
(4) $0.a\dot{b}\dot{c}=\dfrac{abc-ab}{900}$
(5) $a.\dot{b}c\dot{d}=\dfrac{abcd-a}{999}$

F 순환소수에 어떤 수를 곱하여 자연수
만들기
순환소수에 적당한 수를 곱하여 자연수
가 되도록 할 때
(i) 주어진 순환소수를 기약분수로 고친다.
(ii) 분모의 배수를 곱한다.

I. 유리수와 순환소수

유리수와 순환소수

유한소수, 무한소수

(1) 유한소수 : 소수점 아래의 0이 아닌 숫자가 유한개인 소수
(2) 무한소수 : 소수점 아래의 0이 아닌 숫자가 무한히 많은 소수
> **예** $0.333\cdots$, $0.11212315\cdots$, $\pi=3.141592\cdots$ 등은 모두 무한소수이다.

순환소수 **A** **B**

(1) 순환소수 : 소수점 아래의 어떤 자리에서부터 한 숫자 또는 몇 개의 숫자의
배열이 한없이 되풀이되는 무한소수
(2) 순환마디 : 순환소수의 숫자의 배열이 되풀이되는 한 부분
(3) 순환소수의 표현 : 순환소수의 첫 번째 순환마디의 양 끝의 숫자 위에 점을 찍
어 간단히 나타낸다.
> **예** $2.415415415\cdots=2.\dot{4}1\dot{5}$

유한소수, 순환소수로 나타낼 수 있는 분수 **C**

분수를 기약분수로 나타내었을 때
(1) 분모의 소인수가 2나 5뿐이면 그 분수는 유한소수로 나타낼 수 있다.
(2) 분모가 2나 5 이외의 소인수를 가지면 그 분수는 순환소수로 나타낼 수 있다.

순환소수를 분수로 나타내기 **D** **E** **F**

[방법 1] (i) 순환소수를 x로 놓는다.
(ii) 양변에 10의 거듭제곱을 곱하여 소수 부분이 같은 두 식을 만든다.
(iii) 두 식을 변끼리 빼어 x의 값을 구한다.
[방법 2] (i) 분모에는 순환마디를 이루는 숫자의
개수만큼 9를 쓰고, 그 뒤에 소수점
아래 순환마디에 포함되지 않는 숫자
의 개수만큼 0을 쓴다.
(ii) 분자에는 전체의 수에서 순환하지
않는 부분의 수를 뺀다.

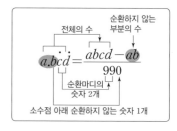

유리수와 소수의 관계

(1) 정수가 아닌 유리수는 유한소수 또는 순환소수로 나타낼 수 있다.
(2) 유한소수와 순환소수는 모두 유리수이다.

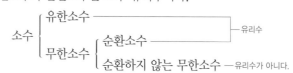

시험에 꼭 나오는 문제

01 유한소수

다음은 분수 $\dfrac{3}{40}$을 소수로 나타내는 과정이다. (가)~(라)에 알맞은 수를 차례대로 나열한 것은?

$$\frac{3}{40}=\frac{3}{2^3\times5}=\frac{3\times\boxed{(가)}}{2^3\times5\times\boxed{(나)}}=\frac{\boxed{(다)}}{10^3}=\boxed{(라)}$$

① 5, 5, 15, 0.015
② 5, 25, 5, 0.015
③ 5, 25, 75, 0.075
④ 25, 25, 25, 0.025
⑤ 25, 25, 75, 0.075

02 순환마디

다음 중 순환소수와 순환마디를 바르게 짝지은 것은?

	순환소수	순환마디
①	1.010101⋯	10
②	0.222⋯	22
③	1.010010010⋯	010
④	3.14151515⋯	1415
⑤	9.099099099⋯	99

03 순환소수의 표현

다음 중 분수를 순환소수로 바르게 나타낸 것은?

① $\dfrac{5}{6}=0.8\dot{3}$
② $\dfrac{3}{11}=0.\dot{2}\dot{7}$
③ $\dfrac{5}{12}=0.4\dot{1}\dot{6}$
④ $\dfrac{5}{14}=0.35\dot{7}$
⑤ $\dfrac{1}{15}=0.\dot{0}\dot{6}$

04 순환소수의 소수점 아래 n번째 자리의 숫자

분수 $\dfrac{5}{37}$를 소수로 나타낼 때, 소수점 아래 2021번째 자리의 숫자를 구하시오.

05 유한소수로 나타낼 수 있는 분수

다음 분수를 소수로 나타낼 때, 유한소수인 것은?

① $\dfrac{10}{60}$
② $\dfrac{11}{230}$
③ $\dfrac{2\times5}{9}$
④ $\dfrac{2}{2\times5\times3}$
⑤ $\dfrac{21}{2\times3\times5\times7}$

06 유한소수가 되도록 하는 미지수

두 자리의 자연수 x에 대하여 정수가 아닌 유리수 $\dfrac{x}{105}$는 유한소수로 나타낼 수 있고, 정수가 아닌 유리수 $\dfrac{105}{x}$는 유한소수로 나타낼 수 없다. 이때, x의 값을 구하시오.

07 순환소수를 분수로 나타내기

다음은 순환소수 $1.0\dot{4}\dot{5}$를 분수로 나타내는 과정이다. (가)~(마)에 알맞은 수를 모두 더한 값을 구하시오.

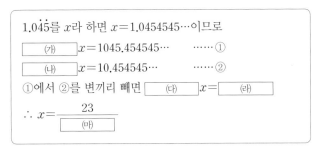

$1.0\dot{4}\dot{5}$를 x라 하면 $x=1.0454545\cdots$이므로

$\boxed{(가)}\,x=1045.454545\cdots$ ……①

$\boxed{(나)}\,x=10.454545\cdots$ ……②

①에서 ②를 변끼리 빼면 $\boxed{(다)}\,x=\boxed{(라)}$

$\therefore x=\dfrac{23}{\boxed{(마)}}$

08 유리수와 소수의 관계

다음은 유리수를 분류하여 나타낸 것이다. (가)에 해당하는 수는?

유리수 $\begin{cases} 정수 \begin{cases} 양의\ 정수(자연수) \\ 0 \\ 음의\ 정수 \end{cases} \\ \boxed{(가)} \end{cases}$

① -2
② 3200
③ $\dfrac{0}{5}$
④ π
⑤ $0.\dot{2}8571\dot{7}$

유형❶ 유한소수, 무한소수, 순환소수

01 대표문제

분수 $\dfrac{7}{625}$ 을 $\dfrac{a}{10^n}$ 꼴로 고쳐서 유한소수로 나타낼 때, 두 자연수 a, n에 대하여 $a+n$의 최솟값을 구하시오.

02 [앗! 실수]

다음 중 분수를 소수로 나타낼 때, 순환마디가 나머지 넷과 다른 하나는?

① $\dfrac{1}{3}$ ② $\dfrac{16}{9}$ ③ $\dfrac{2}{15}$

④ $\dfrac{7}{30}$ ⑤ $\dfrac{46}{75}$

03

다음 중 두 유리수의 대소 관계가 옳은 것은?

① $1.\dot{9}=1.9$
② $0.\dot{7}\dot{2}>0.\dot{7}$
③ $0.3\dot{5}>0.35$
④ $0.2\dot{2}\dot{1}>0.\dot{2}2\dot{1}$
⑤ $0.\dot{1}4\dot{2}>0.14\dot{2}$

04

두 자연수 a, b에 대하여

$$a \Diamond b = \begin{cases} 1 \left(\dfrac{a}{b} \text{는 유한소수} \right) \\ 2 \left(\dfrac{a}{b} \text{는 무한소수} \right) \end{cases}$$

라 할 때, $(17 \Diamond 51)-(14 \Diamond 25)+(46 \Diamond 16)$의 값을 구하시오.

05

분수 $\dfrac{a}{b}$ 를 유한소수로 나타내기 위하여 분모를 10의 거듭 제곱 꼴로 바꿀 때, 분모와 분자에 곱해야 할 가장 작은 자연수를 $<a, b>$라 하자. 이때, $<21, 35>+<27, 60>$의 값은?

① 6   ② 7   ③ 8
④ 9   ⑤ 10

06

양수 a의 소수 부분을 $<a>$로 나타낼 때, $<a>=<100a>$를 만족시키는 a의 값이 될 수 있는 것은? [2012년 3월 교육청]

① $3.5\dot{3}$ ② $9.\dot{2}3\dot{5}$ ③ $12.31\dot{4}$
④ $17.\dot{9}\dot{1}$ ⑤ $21.14\dot{5}$

유형❷ 순환소수의 소수점 아래 n번째 자리의 숫자

07 대표문제

분수 $\dfrac{3}{14}$을 소수로 나타낼 때, 소수점 아래 첫 번째 자리의 숫자부터 소수점 아래 50번째 자리의 숫자까지의 합은?

① 216 ② 219 ③ 221
④ 223 ⑤ 233

08

$\dfrac{15}{10^2} - \dfrac{5}{10^3} + \dfrac{5}{10^4} - \dfrac{5}{10^5} + \dfrac{5}{10^6} - \cdots$ 을 소수로 나타낼 때, 소수점 아래 100번째 자리의 숫자는?

① 5 ② 4 ③ 3
④ 2 ⑤ 1

09

분수 $\dfrac{2}{7}$를 소수로 나타낼 때, 소수점 아래 n번째 자리의 숫자를 $f(n)$이라 하자. 다음 중 옳지 <u>않은</u> 것은?

① $f(2)=8$
② $f(1000)=7$
③ $f(n)=f(n+30)$
④ $f(n)=6$을 만족시키는 n이 존재한다.
⑤ $f(1)+f(2)+\cdots+f(19)+f(20)=91$

10

[도전 문제]

다음 조건을 모두 만족시키는 순환소수의 소수점 아래 29번째 자리부터 소수점 아래 34번째 자리까지의 숫자가 차례대로 3, 8, 5, 1, 7, 4이다. 이 순환소수의 소수점 아래 n번째 자리의 숫자를 x_n이라 할 때, $x_1-x_2+x_3-x_4+\cdots+x_{99}-x_{100}$의 값은?

> ㈎ 순환소수의 값은 1보다 작은 양수이다.
> ㈏ 소수점 아래 첫 번째 자리의 숫자는 2이다.
> ㈐ 순환마디는 소수점 아래 두 번째 자리부터 시작되고 순환마디의 개수는 6이다.

① -40 ② -34 ③ 34
④ 36 ⑤ 40

유형❸ 유한소수로 나타낼 수 있는 분수의 조건

11 대표문제

자연수 x에 대하여 분수 $\dfrac{x}{1100}$가 다음 조건을 모두 만족시킬 때, x의 최솟값을 구하시오.

> ㈎ x는 7의 배수이다.
> ㈏ x는 세 자리의 자연수이다.
> ㈐ $\dfrac{x}{1100}$를 소수로 나타내면 유한소수이다.

12

두 분수 $\dfrac{2}{7}$와 $\dfrac{4}{5}$ 사이의 분수 중에서 분모가 35이고 유한소수로 나타낼 수 없는 것의 개수는?

① 13 ② 14 ③ 15
④ 17 ⑤ 19

13

분수 $\dfrac{A}{120}$ 를 유한소수로 나타낼 수 있을 때, A가 될 수 있는 가장 작은 자연수를 a라 하자. 또한, 분수 $\dfrac{B}{450}$ 를 소수점 아래 첫 번째 자리부터 순환마디가 시작되는 순환소수로 나타낼 수 있을 때, B가 될 수 있는 가장 작은 자연수를 b라 하자. 이때, $a+b$의 값을 구하시오.

14

a, b가 8 이하의 자연수일 때, 유한소수로 나타낼 수 있는 분수 $\dfrac{b}{2\times3\times5\times a}$ 중에서 가장 큰 수를 M, 가장 작은 수를 m이라 하자. 이때, $M+m$의 값을 구하시오.

15

분수 $\dfrac{a}{225}$ 를 소수로 나타내면 유한소수가 되고, 이 분수를 기약분수로 나타내면 $\dfrac{b}{c}$가 된다. 이를 만족시키는 세 자연수 a, b, c에 대하여 $a+b+c$의 최댓값을 구하시오.

(단, $20<a<50$)

16

도전 문제

수직선 위의 두 점 A, B는 각각 1, 3에 대응한다. 선분 AB를 70등분한 69개의 점이 나타내는 수 중에서 유한소수로 나타낼 수 없는 정수가 아닌 유리수를 크기가 작은 것부터 차례대로 나열하였을 때, 60번째 수를 기약분수로 나타낸 것은?

① $\dfrac{19}{7}$ ② $\dfrac{97}{35}$ ③ $\dfrac{20}{7}$

④ $\dfrac{102}{35}$ ⑤ $\dfrac{104}{35}$

유형❹ 순환소수를 분수로 나타내기

17 대표문제

순환소수 $0.3\dot{2}3\dot{7}$을 분수로 나타내려고 한다. $x=0.3\dot{2}3\dot{7}$이라 할 때, 다음 중 필요한 식은?

① $1000x-x$ ② $1000x-10x$
③ $10000x-x$ ④ $10000x-10x$
⑤ $10000x-100x$

18

$\dfrac{1}{2}\left(\dfrac{1}{10}+\dfrac{1}{100}+\dfrac{1}{1000}+\cdots\right)=\dfrac{1}{A}$ 일 때, 자연수 A의 값은?

① 3 ② 9 ③ 18
④ 27 ⑤ 36

19

자명종 시계 소리, 게임기 소리, 도난 방지 장치의 경고음 등과 같이 반복되는 기계음을 수로 나타내기 위해 다음과 같이 각 음계에 수를 대응시켰다.

분수를 입력하면 그 분수를 소수로 나타내었을 때의 소수 부분이 나타내는 음을 연주하는 기계가 있다. 예를 들어, 이 기계에 분수 $\frac{14}{33}$를 입력하면 $\frac{14}{33}=0.424242\cdots$이므로 '솔미' 의 음이 반복된다. 이 기계를 사용하여 오른쪽 악보의 음이 반복적으로 연주 되는 알람 소리를 만들 때, 기계에 입력해야 할 기약분수를 구하시오.

(단, 입력하는 기약분수는 0보다 크고 1보다 작다.)

20

어떤 기약분수를 소수로 나타내는 문제에서 마음이는 분모 를 잘못 봐서 $0.1\dot{3}$으로 나타내었고, 고은이는 분자를 잘못 봐서 $0.1\dot{2}$로 나타내었다. 처음에 주어진 기약분수를 순환소 수로 나타내시오.

21

〔서술형〕

순환소수 $0.33\dot{a}$를 기약분수로 나타내면 $\frac{b}{333}$이다. 이를 만 족시키는 모든 자연수 b의 값의 합을 구하시오.

(단, a는 한 자리의 자연수이다.)

유형⑤ 순환소수를 포함한 식

22 대표문제

순환소수 $0.\dot{a}$에 대하여 $\frac{3}{11}<0.\dot{a}<\frac{5}{8}$를 만족시키는 한 자리 의 자연수 a의 값의 합은?

① 9 　　　 ② 12 　　　 ③ 14
④ 18 　　　 ⑤ 20

23

한 자리의 자연수 a, b에 대하여 $x=7.\dot{a}\dot{b}$이면 $\frac{1}{x-1}=0.\dot{1}6\dot{2}$일 때, $a+b$의 값을 구하시오.

24

어떤 자연수 A에 1.36을 곱해야 하는데 잘못하여 순환소수 $1.3\dot{6}$을 곱했더니 그 결과가 바르게 계산한 값보다 0.3만큼 크게 되었다. 자연수 A의 값은?

① 36 　　　 ② 39 　　　 ③ 42
④ 45 　　　 ⑤ 48

25

정비례 관계 $y=-2x$의 그래프 위의 한 점 $P(3.\dot{6}, a)$와 x축에 대하여 대칭인 점을 A, y축에 대하여 대칭인 점을 B, 원점에 대하여 대칭인 점을 C라 할 때, 삼각형 ABC의 넓이를 순환소수로 나타내시오.

26

다음 그림과 같이 네 직선 l, m, p, q에 대하여 $l /\!/ m$이고 세 직선 l, p, q는 한 점에서 만날 때, x의 값을 구하시오.

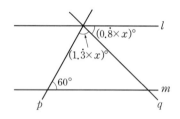

27

$2 \leq a \leq 6$, $4 \leq c \leq 8$, $a < b < c$인 세 자연수 a, b, c가 있다. 세 순환소수 $0.\dot{a}$, $0.0\dot{b}$, $0.00\dot{c}$가

$$0.\dot{a} : 0.0\dot{b} = 0.0\dot{b} : 0.00\dot{c}$$

를 만족시킬 때, $a+b+c$의 값을 구하시오.

유형❻ 유리수와 소수의 관계

28 대표문제

유리수와 소수 사이의 관계에 대한 설명으로 • 보기 •에서 옳은 것을 모두 고른 것은?

• 보기 •

ㄱ. 모든 순환소수는 유리수이다.
ㄴ. 기약분수 중에서 유한소수로 나타낼 수 없는 것도 있다.
ㄷ. 유한소수로 나타낼 수 없는 기약분수는 모두 순환소수로 나타낼 수 있다.
ㄹ. 유한소수와 순환소수의 곱은 항상 순환소수이다.

① ㄱ, ㄴ　　　　② ㄷ, ㄹ　　　　③ ㄱ, ㄴ, ㄷ
④ ㄱ, ㄷ, ㄹ　　　⑤ ㄱ, ㄴ, ㄷ, ㄹ

29

철수와 영희는 다음 그림에서 □ 안의 설명이 옳으면 화살표 →를, 옳지 않으면 화살표 ⇢를 따라가며 소풍에 가져갈 간식을 정하려고 한다. 철수와 영희가 각각 가져가게 될 간식이 바르게 짝지어진 것은?

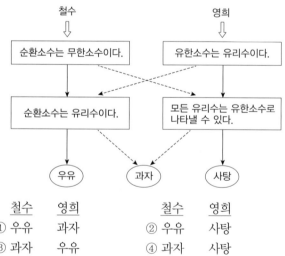

	철수	영희		철수	영희
①	우유	과자	②	우유	사탕
③	과자	우유	④	과자	사탕
⑤	사탕	과자			

01

다음 그림과 같이 한 변의 길이가 1인 색칠된 정사각형을 기준으로 정사각형 A_1, A_2, A_3, A_4, A_5, …를 규칙적으로 차례대로 붙여 나갈 때, 정사각형 A_n의 한 변의 길이를 a_n이라 하자. $\dfrac{a_{n+1}}{a_n}$이 정수가 아닌 유리수일 때, 이 수를 유한소수로 나타낼 수 없도록 하는 한 자리의 자연수 n의 값의 합을 구하시오.

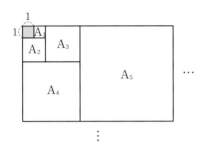

02

$1 < a < b < 9$인 두 홀수 a, b에 대하여 두 순환소수 $0.\dot{a}\dot{b}$와 $0.\dot{b}\dot{a}$의 차가 $0.\dot{3}\dot{6}$일 때, 다음 물음에 답하시오.

(1) $0.\dot{a}\dot{b}$와 $0.\dot{b}\dot{a}$의 차가 $0.\dot{3}\dot{6}$임을 이용하여 a, b 사이의 관계식을 구하시오.

(2) 두 홀수 a, b의 값을 각각 구하시오.

(3) $0.\dot{a}\dot{b} + 0.\dot{b}\dot{a}$의 값을 기약분수로 나타내시오.

03

민지는 $\dfrac{1}{13}$을 순환소수로 나타내다가 다음과 같이 순환마디의 숫자를 하나씩 순서대로 원형으로 배치하면 마주 보는 숫자의 합이 9가 됨을 알았다.

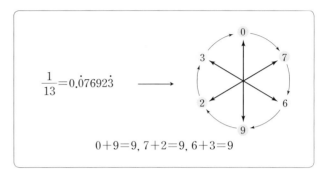

$\dfrac{1}{17}$을 순환소수로 나타내면 순환마디의 숫자는 16개이고 이들 16개의 숫자를 위와 같은 방법으로 원형으로 배치하면 마주 보는 숫자의 합이 일정하다. 민지가 $\dfrac{1}{17}$을 순환소수로 나타내었을 때 순환마디의 숫자를 알기 위해 0.058823529까지 계산했다고 할 때, 위의 사실을 이용하여 순환마디의 나머지 부분을 구하시오. 또한, 소수점 아래 첫 번째 자리의 숫자부터 소수점 아래 60번째 자리까지 숫자 4가 몇 번 나오는지 구하시오.

04

음이 아닌 한 자리의 정수 a와 자연수 n에 대하여 $0.\dot{a}2\dot{5} = \dfrac{n}{810}$을 만족시킨다. 이때, a, n의 값을 각각 구하시오.

05

다음과 같이 4개의 분수 중에서 2개의 분수의 분자가 얼룩져서 보이지 않는다. 이 분수에 대하여 학생 A~F가 나눈 대화를 보고 바르게 말한 학생을 모두 구하시오.

$$\frac{7}{40}, \quad \frac{\blacksquare}{55}, \quad \frac{\blacksquare}{105}, \quad \frac{33}{240}$$

A : 분모의 소인수가 2나 5뿐인 분수는 유한소수로 나타낼 수 있으므로 유한소수로 나타낼 수 있는 것은 $\frac{7}{40}$뿐이다.

B : 모두 분모에 2나 5 이외의 소인수가 있으므로 유한소수로 나타낼 수 없다.

C : 분자가 보이지 않는 두 개의 분수는 유한소수가 될 수도 있다.

D : $\frac{33}{240}$은 소수로 나타내면 순환소수이다.

E : 주어진 분수를 소수로 나타내었을 때 유한소수인지 순환소수인지를 판단할 때는 기약분수로 나타낸 후 분모의 소인수를 보고 판단해야 한다.

F : 4개의 분수 중에서 순환하지 않는 무한소수로 나타낼 수 있는 것이 있다.

06

$\frac{1}{9}+\frac{1}{99}+\frac{1}{999}+\cdots$을 소수로 나타낼 때, 소수점 아래 20번째 자리의 숫자를 구하시오.

07

자연수 n에 대하여 $14^n+15^n+16^n$의 일의 자리의 숫자를 a_n이라 할 때, 다음 식의 값을 기약분수로 나타내시오.

$$\frac{a_1}{10}+\frac{a_2}{10^2}+\frac{a_3}{10^3}+\frac{a_4}{10^4}+\cdots$$

08

a, b, c, d는 서로 다른 한 자리의 자연수이고, $a \div b = 0.c\dot{d}$를 만족시킬 때, $a+b+c+d$의 값을 구하시오.
(단, $0.c\dot{d}$는 유한소수로 나타낼 수 없다.)

유형 1 | 유한소수, 순환소수로 나타낼 수 있는 분수

출제경향 분자 또는 분모에 미지수를 포함하고 있는 분수를 소수로 나타낼 때, 유한소수 또는 순환소수가 되도록 하는 미지수를 구하는 문제가 자주 출제된다.

공략비법 유한소수 또는 순환소수로 나타낼 수 있는 분수 만들기
(1) 유한소수로 나타낼 수 있는 분수 만들기
⇨ 기약분수의 분모에 2나 5 이외의 소인수가 있으면 그 소인수를 없애도록 적당한 수를 곱한다.
(2) 순환소수로 나타낼 수 있는 분수 만들기
⇨ 기약분수의 분모에 2나 5 이외의 소인수가 생기도록 분모에 적당한 수를 곱한다.

1 대표
• 2011년 3월 교육청 | 3점

자연수 n에 대하여 $\dfrac{7}{5^2 \times n}$을 소수로 나타내면 유한소수가 된다. n의 값으로 가능한 10 미만인 자연수의 개수는?

① 2   ② 3   ③ 4
④ 5   ⑤ 6

2 유사
• 2010년 3월 교육청 | 3점

두 유리수 $\dfrac{a}{42}$, $\dfrac{a}{165}$가 모두 유한소수로 나타내어지도록 하는 자연수 a의 최솟값은?

① 42   ② 77   ③ 154
④ 231   ⑤ 462

유형 2 | 순환소수를 포함한 식

출제경향 순환소수를 포함한 식을 계산하거나 방정식을 푸는 문제가 자주 출제된다.

공략비법 순환소수를 포함한 식이나 방정식은 순환소수를 분수로 나타낸 후 푼다.
(1) 순환소수를 분수로 나타내기
a, b, c, d가 0 또는 한 자리의 자연수일 때

① $0.\dot{a} = \dfrac{a}{9}$ ② $0.\dot{a}\dot{b} = \dfrac{ab}{99}$

③ $0.a\dot{b} = \dfrac{ab-a}{90}$ ④ $0.a\dot{b}\dot{c} = \dfrac{abc-ab}{900}$

⑤ $a.\dot{b}c\dot{d} = \dfrac{abcd-a}{999}$

(2) 순환소수에 어떤 수를 곱하여 자연수 만들기
순환소수에 적당한 수를 곱하여 자연수가 되도록 할 때
(ⅰ) 주어진 순환소수를 기약분수로 고친다.
(ⅱ) 분모의 배수를 곱한다.

3 대표
• 2013년 3월 교육청 | 3점

순환소수 $0.\dot{3}$을 a라 할 때, $120a$의 값을 구하시오.

4 유사

순환소수 $2.\dot{3}$에 a를 곱하면 어떤 자연수의 제곱이 된다. 이때, a의 값이 될 수 있는 가장 작은 자연수를 구하시오.

늑대 이야기

한 늙은 인디언 추장이 자기 손자에게 자기 내면에서 일어나고 있는
'큰 싸움'에 관하여 이야기하고 있었습니다.
이 싸움은 또한 나이 어린 손자의 마음에서도 일어나고 있다고 하였습니다.

추장은 궁금해 하는 손자에게 설명했습니다.
"얘야, 우리 모두의 내면에서 이 싸움이 일어나고 있단다.
그것은 두 늑대 간의 싸움이란다.
한 마리는 악한 늑대로 그 놈이 가진 것은
화, 질투, 슬픔, 후회, 탐욕, 거만, 자기 동정, 죄의식, 회한,
열등감, 거짓, 자만심, 우월감 그리고 이기심이란다.
다른 한 마리는 좋은 늑대인데 그가 가진 것은
기쁨, 평안, 사랑, 소망, 인내심, 평온함, 겸손, 친절,
동정심, 아량, 진실 그리고 믿음이란다."

손자가 추장에게 물었습니다.
"어떤 늑대가 이기나요?"
추장은 간단히 대답했습니다.
"내가 먹이를 많이 주는 놈이 이기지."

II

식의 계산

02

단항식의 계산

100점 노트

100점 공략

A **음수의 거듭제곱**

a는 양수, n은 자연수일 때,

(1) $(-1)^n = \begin{cases} -1 & (n\text{이 홀수}) \\ 1 & (n\text{이 짝수}) \end{cases}$

(2) $(-a)^n = \begin{cases} -a^n & (n\text{이 홀수}) \\ a^n & (n\text{이 짝수}) \end{cases}$

▶ STEP 2 | 06번, STEP 3 | 06번

주의

B **주의해야 할 계산**

(1) $a^m + a^n \neq a^{m+n}$

(2) $a^m \times a^n \neq a^{mn}$

(3) $(a^m)^n \neq a^{m^n}$

(4) $a^m \div a^n \neq a^{\frac{m}{n}}$

▶ STEP 2 | 03번

중요

C **지수법칙의 응용**

(1) $\underbrace{a^m + a^m + \cdots + a^m}_{a^m \text{이 } a\text{개}} = a \times a^m = a^{m+1}$

(2) $a^n = A$이면 $a^{mn} = (a^n)^m = A^m$

(3) $a^n = A$이면 $a^{m+n} = a^m \times a^n = a^m \times A$

▶ STEP 2 | 07번, STEP 3 | 01번

100점 공략

D **지수법칙을 이용하여 자릿수 구하기**

자연수 m, n, a, k에 대하여 $2^m \times 5^n$이 몇 자리의 자연수인지 구할 때에는 $2^m \times 5^n$을 $a \times 10^k$ 꼴로 나타낸다.

▶ STEP 2 | 10번, STEP 3 | 01번

E **단항식의 나눗셈**

나누는 식의 계수가 분수이거나 나눗셈이 2개 이상인 경우에는 [방법 1]과 같이 나눗셈을 곱셈으로 고쳐서 계산하는 것이 편리하다.

거듭제곱과 지수 **A**

(1) 거듭제곱 : 같은 수나 문자가 여러 번 곱해진 것을 간단히 나타낸 것

(2) 밑 : 거듭제곱에서 여러 번 곱한 수 또는 문자

(3) 지수 : 거듭제곱에서 수 또는 문자를 곱한 횟수

지수법칙 **B** **C** **D**

(1) 지수법칙 (1) : m, n이 자연수일 때,

$$a^m \times a^n = a^{m+n} \quad \text{← 지수끼리 더한다.}$$

(2) 지수법칙 (2) : m, n이 자연수일 때,

$$(a^m)^n = a^{mn} \quad \text{← 지수끼리 곱한다.}$$

(3) 지수법칙 (3) : $a \neq 0$이고 m, n이 자연수일 때,

① $m > n$이면 $a^m \div a^n = a^{m-n}$ ← 지수끼리 뺀다.

② $m = n$이면 $a^m \div a^n = 1$

③ $m < n$이면 $a^m \div a^n = \dfrac{1}{a^{n-m}}$

(4) 지수법칙 (4) : m이 자연수일 때,

① $(ab)^m = a^m b^m$ ⎫

② $\left(\dfrac{a}{b}\right)^m = \dfrac{a^m}{b^m}$ (단, $b \neq 0$) ⎭ 각각 거듭제곱한다.

단항식의 곱셈과 나눗셈 **E**

(1) 단항식의 곱셈

① 곱셈의 교환법칙과 결합법칙을 적절히 이용하여 계수는 계수끼리, 문자는 문자끼리 곱하여 계산한다.

② 같은 문자끼리의 곱셈은 지수법칙을 이용하여 간단히 한다.

예 $2a^2 \times 8a^3 = (2 \times 8) \times (a^2 \times a^3) = 16a^5$

(2) 단항식의 나눗셈

[방법 1] 나눗셈을 곱셈으로 고쳐서 계산한다.

예 $6ab \div 3a = 6ab \times \dfrac{1}{3a} = 6 \times \dfrac{1}{3} \times ab \times \dfrac{1}{a} = 2b$

[방법 2] 분수 꼴로 나타내어 계산한다.

예 $6ab \div 3a = \dfrac{6ab}{3a} = \dfrac{6 \times a \times b}{3 \times a} = 2b$

(3) 단항식의 곱셈과 나눗셈의 혼합 계산

단항식의 곱셈과 나눗셈이 혼합된 경우, 다음의 순서로 계산한다.

(ⅰ) 괄호가 있으면 지수법칙을 이용하여 괄호를 푼다.

(ⅱ) 나눗셈은 곱셈으로 고치거나 분수 꼴로 나타낸다.

(ⅲ) 계수는 계수끼리, 문자는 문자끼리 계산한다.

Step ❶ 시험에 꼭 나오는 문제

01 지수법칙 – 거듭제곱의 곱셈

다음 등식을 만족시키는 자연수 a, b, c, d, e에 대하여 $a+b+c+d+e$의 값은?

$$2\times3\times4\times5\times6\times7\times8\times9\times10\times11\times12$$
$$=2^a\times3^b\times5^c\times7^d\times11^e$$

① 17   ② 18   ③ 19
④ 20   ⑤ 21

02 지수법칙 – 거듭제곱의 나눗셈

2보다 큰 자연수 x에 대하여 $3^{6(x-2)}\div9^{3x-7}$의 값은?

① 2   ② 3   ③ 5
④ 7   ⑤ 9

03 지수법칙 – 지수의 분배

$\left(\dfrac{\square c}{a^2 b^\square}\right)^\square=\dfrac{-8c^3}{a^\square b^9}$에서 □ 안에 알맞은 정수들의 합을 구하시오.

04 지수법칙의 응용 – 밑이 같은 수의 덧셈

$5^{x+2}+5^{x+1}+5^x=775$일 때, 자연수 x의 값은?

① 2   ② 3   ③ 5
④ 7   ⑤ 10

05 지수법칙의 응용 – 문자를 사용하여 나타내기

$a=2^{x+1}$일 때, 4^{x-1}을 a를 사용하여 나타낸 것은?

(단, $x>1$)

① $\dfrac{1}{16}a^2$ ② $\dfrac{1}{2}a^4$ ③ a^2
④ $2a^2$ ⑤ $16a^4$

06 지수법칙의 활용

100마리의 암컷 황소개구리가 1마리당 2^a개씩 알을 낳았고 그 알은 모두 부화되었다. 알에서 부화된 올챙이가 모두 암컷 황소개구리로 자라 다시 1마리당 2^a개씩 알을 낳았더니, 낳은 알의 수가 $(5^b\times2^{28})$개이었을 때, 두 자연수 a, b에 대하여 $a-b$의 값을 구하시오.

07 단항식의 곱셈과 나눗셈

$(3x^A y^4)^2\times x^3 y^2\div\left(\dfrac{x}{y^2}\right)^B=Cx^7 y^{18}$일 때, 상수 A, B, C에 대하여 $A+B+C$의 값을 구하시오.

08 단항식의 곱셈과 나눗셈의 활용

다음 그림의 직사각형과 삼각형의 넓이가 서로 같을 때, 삼각형의 밑변의 길이는?

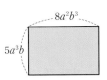 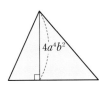

① $20ab$ ② $20ab^2$ ③ $20ab^3$
④ $20a^2 b$ ⑤ $20a^2 b^2$

유형❶ 지수법칙

01 대표문제

1보다 큰 자연수 a에 대하여 세 수 A, B, C가

$$A=(-a)^3,\ B=(-a)^2,\ C=(a^2)^4$$

일 때, 다음 중 그 값이 가장 큰 것은?

① $A\times B\times C$ ② $A\div B\div C$ ③ $A\div B\times C$

④ $A\times B\div C$ ⑤ $B\times C\div A$

02

자연수 n에 대하여 $E[4^n]=n$이라 할 때, • 보기 •에서 옳은 것을 모두 고른 것은?

(단, $x>y>z$이고, x, y, z는 모두 자연수이다.)

┌ • 보기 • ─────────────────────┐

ㄱ. $E[4^x\times 4^y]=E[4^x]\times E[4^y]$

ㄴ. $E[4^x\div 4^y]=E[4^x]-E[4^y]$

ㄷ. $E[(4^x)^y]=(E[4^x])^y$

ㄹ. $E[(16^x\times 4^y)\div 64^z]=2E[4^x]+E[4^y]-3E[4^z]$

└──────────────────────────┘

① ㄴ   ② ㄱ, ㄷ   ③ ㄴ, ㄹ

④ ㄱ, ㄴ, ㄷ   ⑤ ㄴ, ㄷ, ㄹ

03 （앗! 실수）

$(x^a y^b z^c)^d=x^{18}y^{30}z^{24}$을 만족시키는 가장 큰 자연수 d에 대하여 $a+b+c+d$의 값을 구하시오.

(단, a, b, c는 자연수이다.)

04

$5^{300}<n^{400}<4^{500}$을 만족시키는 모든 자연수 n의 값의 합을 구하시오.

05

다음 조건을 모두 만족시키는 세 자연수 a, b, c에 대하여 $a+b+c$의 값을 구하시오. (단, $a>1$, $3<b<10$, $c>1$)

┌────────────────────────────┐

(가) a의 값은 $\dfrac{3\times 5\times a}{210}$를 유한소수가 되게 하는 가장 작은 자연수이다.

(나) $7^{3a-5}\div 49^9=\dfrac{1}{7^{10-b}}$이 성립한다.

(다) $(x^2)^{c-1}\div (x^3)^{b-3}=x$가 성립한다.

└────────────────────────────┘

06

두 자연수 x, y가 $(-1)^x+(-1)^y=0$을 만족시킬 때,

다음 중 $P=x+\dfrac{(-1)^{x+y}+(-1)^y}{2}$에 대한 설명으로 항상 옳은 것을 모두 고르면? (정답 2개)

① P는 x보다 큰 수이다.

② P는 소수이다.

③ P는 홀수이다.

④ P는 짝수이다.

⑤ P는 x보다 작거나 같은 수이다.

유형❷ 지수법칙의 응용

07 대표문제

$2^2+2^2+2^3+2^4+2^5+2^6+2^7+2^8+2^9+2^{10}$을 계산하면?

① 2^{10}　　　　② 2^{11}　　　　③ 2^{12}

④ 2^{20}　　　　⑤ 2^{100}

08

$x=3^6$일 때, 다음 중 $(0.\dot{3})^{17}$을 x를 사용하여 나타낸 것으로 옳은 것은?

① $\dfrac{1}{9x}$　　　② $\dfrac{1}{81x^2}$　　　③ $\dfrac{1}{243x^2}$

④ $81x$　　　⑤ $243x^2$

09

$3^{a+b}=c$, $5^{a+b}=d$일 때, $\left(\dfrac{25}{3}\right)^{a+3b}\times\left(\dfrac{3}{25}\right)^{-a+b}$을 c, d를 사용하여 나타낸 것은? (단, a, b는 자연수이고, $a<b$이다.)

① $\dfrac{d}{c}$　　　② $\dfrac{c}{d}$　　　③ $\dfrac{d^2}{c^2}$

④ $\dfrac{d^4}{c^2}$　　　⑤ $\dfrac{d^4}{c^4}$

10

$(2^{20}+2^{20}+2^{20}+2^{20})(5^{23}+5^{23}+5^{23})\times a$가 25자리의 자연수가 될 때, 이를 만족시키는 자연수 a의 개수를 구하시오.

11 서술형

다음은 길이가 1인 줄기에 가지가 생기도록 선분을 그려 넣어 나무 모양을 그리는 과정이다.

> [1단계] 줄기의 길이의 $\dfrac{1}{2}$인 가지 3개가 생기도록 그린다.
>
> [2단계] 이전 단계에서 처음으로 생긴 가지 3개를 줄기로 생각하고 이전 단계에서 처음으로 생긴 가지의 길이의 $\dfrac{1}{2}$인 가지 3개가 생기도록 그린다.
>
> [3단계] [2단계]를 계속 반복하여 그린다.
>
> ⋮
>
>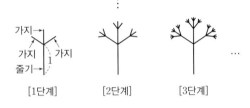
>
> [1단계]　　　[2단계]　　　[3단계]

[2단계]에서 처음으로 생기는 모든 가지의 길이의 합은 [6단계]에서 처음으로 생기는 모든 가지의 길이의 합의 몇 배인지 구하시오.

12 도전 문제

$a=2^{2x+1}$, $b=12^x$일 때, $\dfrac{15^x}{20^x-45^x}$을 a, b를 사용하여 나타내시오. (단, x는 2 이상의 자연수이다.)

유형❸ 단항식의 곱셈과 나눗셈

13 대표문제

$(-2x^a)^b=-8x^{15}$을 만족시키는 두 자연수 a, b에 대하여 $\left(-\dfrac{2}{3}ab\right)^3\div(-2a^2b^3)^2\times 9a^2b^4$의 값을 구하시오.

14

어떤 식 A에 $-\dfrac{5}{2}a^3b^2$을 곱해야 할 것을 잘못하여 나누었더니 그 결과가 $4a^2b$가 되었다. 이때, 바르게 계산한 결과는?

① $-25a^8b^5$ ② $-20a^5b^3$ ③ $-10a^5b^3$

④ $25a^5b^3$ ⑤ $25a^8b^5$

15

다음과 같은 등식에서 A에 알맞은 식을 Px^Qy^R이라 할 때, 상수 P, Q, R에 대하여 $P+Q+R$의 값은? (단, $P>0$)

$$A \div 18x^5y^7 = \dfrac{2x^3y^5}{A}$$

① 12   ② 14   ③ 16

④ 18   ⑤ 20

16

가로, 세로의 길이가 각각 x^2y, xy^3이고 높이가 y^2인 직육면체 모양의 벽돌을 일정한 모양으로 빈틈없이 쌓아서 가능한 한 작은 정육면체를 만들 때, 필요한 벽돌의 개수를 x, y를 사용하여 나타내시오. (단, x, y는 서로소이다.)

17

다음 등식이 성립하도록 한 쌍의 괄호를 한 번만 넣으려고 한다. 이때, 괄호의 위치로 옳은 것은?

(단, 단항식의 앞에는 '(', 뒤에는 ')'를 넣는다.)

$$\boxed{㉠}\,x^2 \div \boxed{㉡}\,\dfrac{y}{2}\,\boxed{㉢} \div \boxed{㉣}\,2y^3\,\boxed{㉤} \times 3x\,\boxed{㉥} = 12x^3y^2$$

① ㉠, ㉢   ② ㉠, ㉤   ③ ㉡, ㉤

④ ㉡, ㉥   ⑤ ㉣, ㉥

18

직각삼각형에서 직각을 낀 두 변을 각각 밑변, 높이라 할 때, 밑변의 길이가 $3ab^2$, 높이가 $9ab$인 직각삼각형이 있다. 밑변을 회전축으로 하여 1회전 시킬 때 생기는 회전체의 부피를 V_1, 높이를 회전축으로 하여 1회전 시킬 때 생기는 회전체의 부피를 V_2라 할 때, $\dfrac{V_1}{V_2}$을 구하시오.

19

〔서술형〕

다음 그림과 같은 삼각형 모양의 각 변에 놓인 세 단항식을 화살표 방향으로 차례로 계산한 결과는 모두 같다고 할 때, 두 단항식 A, B에 대하여 $\dfrac{A}{B}$를 구하시오.

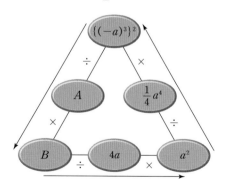

Step ❸ 종합 사고력 도전 문제

01

$m = (2^2 + 2^2 + 2^2 + 2^2 + 2^2 + 2^2)^2$
$\qquad \times (15^2 + 15^2 + 15^2 + 15^2 + 15^2)^2 \div (45^2 + 45^2 + 45^2)$
에 대하여 다음 물음에 답하시오.

(1) m은 몇 자리의 자연수인지 구하시오.

(2) m의 최고 자리의 숫자를 구하시오.

(3) m의 0이 아닌 각 자리의 숫자들의 합을 구하시오.

02

두께가 $0.4\,\mathrm{mm}$인 직사각형 모양의 종이가 있다. 이 종이를 반으로 접는 과정을 반복하여 두께가 $2\,\mathrm{cm}$ 이상이 되게 하려면 최소한 몇 번을 접어야 하는지 구하시오.

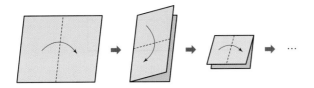

03

자연수 m부터 시작하여 1만큼씩 커지는 n개의 연속한 자연수의 합을 3^k과 같이 3의 거듭제곱으로 나타낼 수 있을 때, $\ll m,\ n \gg = k$로 나타내기로 한다.

예를 들어, $1+2=3=3^1$이므로 $\ll 1,\ 2 \gg = 1$이고,
$2+3+4=9=3^2$이므로 $\ll 2,\ 3 \gg = 2$이다. 다음 물음에 답하시오.

(1) $\ll 4,\ 2 \gg$의 값을 구하시오.

(2) $\ll 4,\ 2 \gg^{\ll a,\ 6 \gg} = 8$을 만족시키는 자연수 a의 값을 구하시오.

04

다음 그림과 같은 사다리 타기 놀이판이 있다. 맨 위의 칸에서 출발하여 사다리를 따라 내려가면서 순서대로 계산하였더니 $A = -\dfrac{1}{x^4}$, $B = 8x^9$이었다. 이때, C에 알맞은 식을 구하시오.

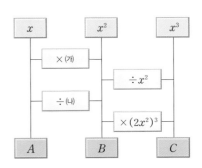

05

오른쪽 그림과 같이 정육면체
ABCD−EFGH가 있다. 정육면체
의 네 꼭짓점 A, C, H, F를 꼭짓점
으로 하는 정사면체 A−CHF를 만
들 때, 정육면체 ABCD−EFGH
와 정사면체 A−CHF의 부피의 비
를 가장 간단한 자연수의 비로 나타내시오.

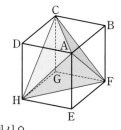

06

두 자연수 m, n에 대하여
$$(-1)^n \times (-2)^{m-5} \times (-2)^{n+1} = (-4)^5 \times (-8)$$
을 만족시키는 순서쌍 (m, n)의 개수를 구하시오.
(단, $m > 5$)

07

1부터 30까지의 자연수를 모두 곱한 값을 10^x으로 나누면
나누어 떨어질 때, 이를 만족시키는 자연수 x의 최댓값을
구하시오.

08

다음 그림과 같은 6개의 빈칸에 6개의 수 2, 2^2, 2^3, 2^4, 2^5,
2^6을 하나씩 써넣으려고 한다. 1열, 2열, 3열의 수들의 합을
각각 a_1, a_2, a_3이라 하고 1행, 2행의 수들의 합을 각각 b_1,
b_2라 할 때, $a_1 < a_2 < a_3$과 $b_1 < b_2$를 동시에 만족시키도록 빈
칸을 채우는 경우는 몇 가지인지 구하시오.
(단, 각 열의 2행의 수는 1행의 수보다 크다.)

	1열	2열	3열
1행			
2행			

유형 1 | 지수법칙

출제경향 거듭제곱의 곱셈과 나눗셈을 활용하는 지수법칙에 대한 문제가 자주 출제된다. 따라서 단순히 지수법칙을 이용하는 계산 문제보다는 사고력이 필요한 문제가 출제될 수 있으므로 충분한 연습을 통하여 대비하도록 하자.

공략비법 지수법칙
m, n이 자연수일 때,
(1) $a^m \times a^n = a^{m+n}$
(2) $(a^m)^n = a^{mn}$
(3) $a^m \div a^n = \begin{cases} a^{m-n} & (m>n) \\ 1 & (m=n) \\ \dfrac{1}{a^{n-m}} & (m<n) \end{cases}$ (단, $a \neq 0$)
(4) $(ab)^m = a^m b^m$, $\left(\dfrac{a}{b}\right)^m = \dfrac{a^m}{b^m}$ (단, $b \neq 0$)

1 대표
• 2017년 3월 교육청 | 3점

두 자연수 a, b에 대하여 $(7^3 \times 9)^3 = 7^a \times 3^b$이 성립할 때, $a+b$의 값은?

① 11   ② 13   ③ 15
④ 17   ⑤ 19

2 유사
• 2007년 3월 교육청 | 4점

9개의 칸으로 이루어진 아래 표에서 가로, 세로, 대각선의 수의 곱이 모두 같아지도록 a, b, c, d의 값을 정하려고 한다. 이때, $a+c$의 값을 구하시오.

a	b	2
2^2	c	2^6
d	1	2^5

유형 2 | 단항식의 곱셈과 나눗셈의 실생활 활용

출제경향 실생활과 관련된 관계식이 주어지고 이를 이용하여 주어진 문자 사이의 관계를 묻는 문제가 자주 출제된다.

공략비법
주어진 관계식에 사용된 문자가 나타내는 의미를 정확히 이해한 후, 조건에 맞는 식을 문자에 대입하고 식을 간단히 하여 문자 사이의 관계를 찾는다.

3 대표
• 2017년 6월 교육청 | 4점

별의 표면에서 단위 시간당 방출하는 총 에너지를 광도라고 한다. 별의 반지름의 길이를 $R(\mathrm{km})$, 표면 온도를 $T(\mathrm{K})$, 광도를 $L(\mathrm{W})$이라 할 때, 다음과 같은 관계식이 성립한다.

$$L = 4\pi R^2 \times \sigma T^4 \text{ (단, } \sigma \text{는 슈테판-볼츠만 상수이다.)}$$

별 A의 반지름의 길이는 별 B의 반지름의 길이의 12배이고, 별 A의 표면 온도는 별 B의 표면 온도의 $\dfrac{1}{2}$배이다. 별 A와 별 B의 광도를 각각 L_A, L_B라 할 때, $\dfrac{L_A}{L_B}$의 값은?

① 3   ② 6   ③ 9
④ 12   ⑤ 15

4 유사
• 2016년 6월 교육청 | 4점

행성의 인력에 의하여 주위를 공전하는 천체를 위성이라고 한다. 행성과 위성 사이의 거리를 $r(\mathrm{km})$, 위성의 공전 속력을 $v(\mathrm{km/sec})$, 행성의 질량을 $M(\mathrm{kg})$이라고 할 때, 다음과 같은 관계식이 성립한다고 한다.

$$M = \dfrac{rv^2}{G} \text{ (단, } G \text{는 만유인력상수이다.)}$$

행성 A와 A의 위성 사이의 거리가 행성 B와 B의 위성 사이의 거리의 45배일 때, 행성 A의 위성의 공전 속력이 행성 B의 위성의 공전 속력의 $\dfrac{2}{3}$배이다. 행성 A와 행성 B의 질량을 각각 M_A, M_B라 할 때, $\dfrac{M_A}{M_B}$의 값은?

① 4   ② 8   ③ 12
④ 16   ⑤ 20

다항식의 계산

100점 노트

중요

Ⓐ 여러 가지 괄호가 있는 식의 계산

여러 가지 괄호가 있는 다항식의 덧셈, 뺄셈은 일반적으로

(소괄호) ⇨ {중괄호} ⇨ [대괄호]

의 순서로 괄호를 풀어서 계산한다.

▶ STEP 1 | 03번, STEP 2 | 10번

Ⓑ 식의 대입

식에 들어 있는 문자에 그 문자를 나타내는 다른 식을 넣는 것을 식의 대입이라한다. 식을 대입할 때는 반드시 괄호를 사용한다.

예 $A = x + 1$일 때,
$2A = 2(x+1) = 2x + 2$

중요

Ⓒ 다항식의 차수

(1) 다항식의 차수 : 다항식의 각 항의 차수 중에서 가장 큰 차수를 그 다항식의 차수라 한다.

(2) a, b, c는 상수이고, $a \neq 0$일 때,
① $ax + b$ ⇨ 일차식
② $ax^2 + bx + c$ ⇨ 이차식

Ⓓ 분배법칙

(1) $a(b+c) = ab + ac$
(2) $(a+b)c = ac + bc$

100점 공략

Ⓔ 사칙연산이 혼합된 식의 계산 순서

(ⅰ) 거듭제곱이 있으면 지수법칙을 이용하여 거듭제곱을 먼저 계산한다.
(ⅱ) 분배법칙을 이용하여 곱셈, 나눗셈을한다.
(ⅲ) 동류항끼리 모아서 덧셈, 뺄셈을 한다.

▶ STEP 2 | 10번

문자가 2개 이상인 다항식의 덧셈과 뺄셈 Ⓐ Ⓑ

(1) 동류항 : 문자와 차수가 각각 같은 항을 동류항이라 한다.

(2) 문자가 2개 이상인 다항식의 덧셈과 뺄셈

① 덧셈 : 괄호를 풀고 동류항끼리 모아서 간단히 한다.

② 뺄셈 : 빼는 식의 각 항의 부호를 바꾸어서 더한다.

예
$$
(3a-2b)-(2a-b) = 3a-2b-2a+b
$$
$$
= (3-2)a + (-2+1)b
$$
$$
= a - b
$$

이차식의 덧셈과 뺄셈 Ⓒ

(1) 이차식 : 다항식에서 차수가 가장 큰 항의 차수가 2인 다항식을 이차식이라한다.

(2) 이차식의 덧셈과 뺄셈 : 괄호를 풀고 동류항끼리 모아서 간단히 한다.

단항식과 다항식의 곱셈과 나눗셈 Ⓓ Ⓔ

(1) (단항식)×(다항식), (다항식)×(단항식)의 계산

분배법칙을 이용하여 단항식을 다항식의 각 항에 곱한다.

(2) 전개와 전개식

① 전개 : 분배법칙을 이용하여 단항식과 다항식의 곱셈을 하나의 다항식으로 나타내는 것

② 전개식 : 전개하여 얻은 다항식

예
$$
2x(x+y+3) = 2x \times x + 2x \times y + 2x \times 3
$$
$$
= 2x^2 + 2xy + 6x \leftarrow \text{전개식}
$$

(3) (다항식)÷(단항식)의 계산

[방법 1] 나눗셈을 곱셈으로 고치고 분배법칙을 이용하여 계산한다.

$$
\Rightarrow (A+B) \div C = (A+B) \times \frac{1}{C} = \frac{A}{C} + \frac{B}{C}
$$

예 $(3a^2+6a) \div a = (3a^2+6a) \times \frac{1}{a} = 3a^2 \times \frac{1}{a} + 6a \times \frac{1}{a} = 3a+6$

[방법 2] 분수 꼴로 나타내고 분자의 각 항을 분모로 나눈다.

$$
\Rightarrow (A+B) \div C = \frac{A+B}{C} = \frac{A}{C} + \frac{B}{C}
$$

예 $(3a^2+6a) \div a = \frac{3a^2+6a}{a} = \frac{3a^2}{a} + \frac{6a}{a} = 3a+6$

시험에 꼭 나오는 문제

01 문자가 2개 이상인 다항식의 덧셈과 뺄셈

$A=x+1$, $B=2x+y-1$일 때, $3A-B$를 x, y에 대하여 나타낸 것은?

① $3x+y+2$ ② $3x+y$ ③ $x+2y-4$

④ $x-y+6$ ⑤ $x-y+4$

02 이차식의 덧셈과 뺄셈

$(ax^2+3x-5)-(2x^2+bx-2)$를 간단히 하면 각 항의 계수 및 상수항이 모두 같을 때, $a+b$의 값을 구하시오.

(단, a, b는 상수이다.)

03 여러 가지 괄호가 있는 다항식의 덧셈과 뺄셈

다음 식의 □ 안에 알맞은 식은?

$$7x-[5y+4x-\{5x+\square-(2x-8y)\}]=3x+5y$$

① $2y$ ② $3x+2y$ ③ $3x-2y$

④ $-3x+2y$ ⑤ $-3x-2y$

04 다항식의 덧셈과 뺄셈의 활용

다음 그림과 같은 도형의 둘레의 길이는?

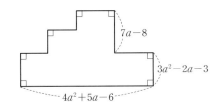

① $14a^2-20a-17$ ② $14a^2+17$

③ $14a^2+20a-34$ ④ $7a^2-10a-17$

⑤ $7a^2+10a+17$

05 단항식과 다항식의 곱셈

$-x(y+3x)+y(2x+1)-2(x^2-xy-4)$를 계산하였을 때, x^2의 계수와 xy의 계수의 합은?

① -5 ② -3 ③ -2

④ 2 ⑤ 3

06 다항식과 단항식의 나눗셈

어떤 식을 $\dfrac{1}{4}ab$로 나누어야 하는데 잘못하여 곱하였더니 $-\dfrac{1}{4}a^3b^2-a^2b^3+3a^2b^2$이 되었다. 바르게 계산한 결과를 구하시오.

07 사칙연산이 혼합된 식의 계산

다음 식을 간단히 하였을 때, xy의 계수를 구하시오.

$$5x(x+y)+(4x^2y-2xy)\div\frac{2}{3}x$$

08 다항식의 곱셈과 나눗셈의 활용

오른쪽 그림과 같은 직사각형 ABCD에서 삼각형 AEF의 넓이를 S라 할 때, S를 a, b를 사용하여 나타낸 것은?

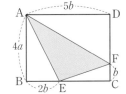

① $20ab$ ② $12ab-b^2$

③ $6ab-b^2$ ④ $6ab+b^2$

⑤ $\dfrac{1}{2}a^2+\dfrac{3}{2}b^2$

유형❶ 다항식의 덧셈과 뺄셈

01 대표문제

두 다항식 A, B에 대하여

$$A+(x^2-5x+3)=3x^2-4x+6,$$
$$B-(-2x^2-3x+2)=x^2-7x+5$$

일 때, $A+B$를 간단히 하면?

① $x^2-9x+10$　　　　② $x^2-10x+9$

③ $2x^2+14x+14$　　　④ $3x^2+11x-14$

⑤ $3x^2-11x+14$

02

다음은 $\dfrac{x^2-x+3}{2}-\dfrac{2x^2-x+4}{3}$ 를 간단히 정리한 결과에 대한 토론 내용이다.

> 정현 : 계산한 결과는 이차식이야.
> 미현 : x^2의 계수와 x의 계수는 서로 같아.
> 정희 : x^2의 계수, x의 계수, 상수항의 합은 -1이야.

세 사람 중 옳은 말을 한 사람을 모두 고른 것은?

① 정현　　　② 미현　　　③ 정현, 미현

④ 미현, 정희　　⑤ 정현, 미현, 정희

03

다음 표의 가로 방향의 규칙은 왼쪽의 두 칸의 식을 더하여 마지막 칸에 적는 것이고, 세로 방향의 규칙은 위쪽의 두 칸 중 위 칸에서 아래 칸의 식을 빼서 마지막 칸에 적는 것이다. ㈏에 들어갈 식에서 ㈐에 들어갈 식을 뺀 결과가 ax^2+bx+c일 때, 세 상수 a, b, c의 합 $a+b+c$의 값을 구하시오.

$5x^2-4x+6$	㈎	$2x^2-3x+5$
$2x^2-2x+4$	㈏	㈐
㈑	㈒	$2x^2-4x+1$

04

$[x]$는 x보다 크지 않은 최대의 정수라 할 때,

$$[-0.3](3x-2y)+[1.2](5x+2y)-[-1.1](x-3y)$$

를 간단히 하면?

① $2x-3y$　　　② $3x-3y$　　　③ $4x-2y$

④ $4x-3y$　　　⑤ $4x-4y$

05 〔앗! 실수〕

세 다항식 $A=2x^2-3x+2$, $B=\dfrac{1}{3}x^2+2$, $C=x^2+x-4$가 다음 등식을 만족시킬 때, 세 상수 a, b, c의 곱 abc의 값을 구하시오.

> $3A-\{A+2B-(-A+B+2C)\}-2B-C$
> $=ax^2+bx+c$

06 〔도전 문제〕

두 다항식 $P=x+0.\dot{1}\times y$, $Q=0.\dot{4}\times x-0.0\dot{5}\times y$에 대하여

$$P※Q=2P-7Q, \quad P☆Q=P+4Q$$

라 하자. $(P※Q)☆(P☆Q)=ax+by$일 때, 상수 a, b에 대하여 $\dfrac{a}{b}$의 값을 구하시오.

07 대표문제

세 다항식 A, B, C가 각각

$A = 5x^2y + 3xy^2 + y^2$,

$B = (4x^3y^2 + 2x^2y^3 - 12xy) \div 2xy$,

$C = (x^3y^2)^2 \div (x^2y)^3$

일 때, $\dfrac{3A - 2B - 12}{C}$를 x, y에 관한 식으로 나타낸 것은?

① $11x^2 + 7xy + 3y$ ② $11x^2 + 23y$

③ $10x^2 + 5xy + x$ ④ $x^2 + xy + y^2$

⑤ $-x^2 + 7xy + 33y$

08

$C = x^2 - 6x^3y$일 때, 다음 그림에서 A에 알맞은 식은?

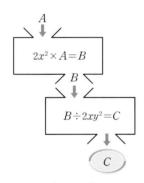

① $xy - 6xy^2$ ② $xy^2 - 6xy$ ③ $xy - 6x^2y^2$

④ $xy^2 - 6x^2y$ ⑤ $xy^2 - 6x^2y^3$

09

$a = -2$, $b = -3$일 때, $\dfrac{15a^2 - 3ab}{3a} - \dfrac{8ab + 4b^2}{4b}$의 값은?

① -12 ② -6 ③ 0

④ 6 ⑤ 12

10

다음 식에서 □ 안에 알맞은 다항식을 구하시오.

$$(a^2b + a^4b^3) \times (-2ab^2)^3 \div \{\square \div (-2ab)^2\} = a^4b^6$$

11

두 수 x, y에 대하여 $\dfrac{1}{x} + \dfrac{1}{y} = 4$일 때,

$\dfrac{2x(x+3y) - 2x(x-9y)}{x+y}$의 값은?

① 2 ② 4 ③ 6

④ 8 ⑤ 10

12 서술형

다음 그림과 같은 전개도로 만든 직육면체에서 마주 보는 면에 적힌 두 식의 곱이 모두 같을 때, 두 식 A, B의 합 $A+B$를 간단히 나타내시오.

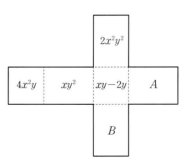

유형③ 다항식의 사칙연산의 활용

13 대표문제

오른쪽 그림과 같이 밑면의 가로의 길이가 각각 a, $2a$이고 세로의 길이가 2로 같은 두 직육면체 모양의 상자를 한 모서리가 겹치도록 큰 상자 위에 작은 상자를 올려놓았다. 큰 상자의 부피는 $4a^2+8ab$이고, 작은 상자의 부피는 $2a^2-4ab$일 때, 두 상자의 높이의 합은? (단, $a>2b$)

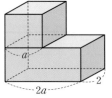

① $2a$ ② $a+2b$ ③ $3a-2b$
④ $2a+6b$ ⑤ $2a+10b$

14

다음 그림과 같이 가로의 길이가 x, 세로의 길이가 y인 직사각형 모양의 종이를 변 BA가 선분 BF에, 선분 ED가 선분 EG에, 선분 HC가 선분 HI에 포개어지도록 접었다.

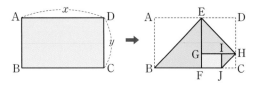

직사각형 GFJI의 둘레의 길이를 x, y에 대한 식으로 나타내시오.

15

밑면의 가로의 길이가 $3x$, 세로의 길이가 $2y^2$, 높이가 $2x-y$인 직육면체 모양의 상자가 여러 개 있다. 이 상자를 적당히 쌓아 그 모습을 위, 앞에서 본 모양이 다음 그림과 같을 때, 쌓은 직육면체 모양의 상자 전체의 부피를 구하시오.

[위에서 본 모양]

[앞에서 본 모양]

16

오른쪽 그림과 같이 밑면의 가로의 길이, 세로의 길이, 높이가 각각 $3x$, $4x$, $x+6$인 직육면체의 6개의 꼭짓점에서 밑면의 직각을 낀 두 변의 길이, 높이가 모두 x인 삼각뿔을 잘라내었을 때, 남은 입체도형의 부피는 ax^3+bx^2+c이다. 세 상수 a, b, c에 대하여 $2a+b-c$의 값을 구하시오.

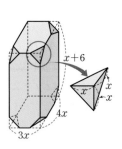

17

다음 그림과 같이 트랙 사이의 폭이 1 m인 육상 경기장이 있다. 1번 트랙의 길이가 x m, 2번 트랙의 길이가 y m이고, 직선 부분의 트랙의 길이는 모두 a m일 때, $y-x$의 값을 구하시오. (단, 곡선 부분의 트랙은 중심이 같은 반원이다.)

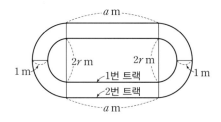

18 도전 문제

밑면인 원의 반지름의 길이가 a cm이고 높이가 $2a$ cm인 원기둥 모양의 캔 음료를 판매하는 어떤 회사에서 다음 그림과 같이 캔을 4개씩 옆면을 포장지로 감싸 포장하여 판매하기로 하였다. 포장을 하면 포장지가 빗금친 부분에 a cm만큼 겹쳐진다고 할 때, 4개의 캔을 포장하기 위해 필요한 포장지의 넓이를 a를 사용하여 나타내시오.

[포장한 모습]

[위에서 본 모습]

Step 3 종합 사고력 도전 문제

01

두 순서쌍 (x_1, y_1), (x_2, y_2)에 대하여

$$(x_1, y_1)\triangle(x_2, y_2)=x_1x_2+y_1y_2$$

라 할 때, 다음 물음에 답하시오.

(1) $(2x-y, 6y)\triangle(x, x-y)$를 간단히 하시오.

(2) $(3xy, x-y)\triangle(-1, 2x)$를 간단히 하시오.

(3) $\{(2x-y, 6y)\triangle(x, x-y)\}+\{(3xy, x-y)\triangle(-1, 2x)\}$ 를 간단히 하시오.

02

반지름의 길이가 각각 a, b인 두 원 O, O$_1$이 한 점 P에서 만날 때, 다음과 같은 과정으로 2개의 원을 더 그렸다.

> (i) $\overline{\text{OO}_1}$의 중점인 O$_2$를 중심으로 하고 반지름의 길이가 $\frac{1}{2}\overline{\text{OO}_1}$인 원 O$_2$를 그린다.
>
> (ii) $\overline{\text{O}_2\text{P}}$의 중점인 O$_3$을 중심으로 하고 반지름의 길이가 $\frac{1}{2}\overline{\text{O}_2\text{P}}$인 원 O$_3$을 그린다.

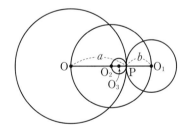

이때, 원 O$_2$의 둘레의 길이와 원 O$_3$의 둘레의 길이의 차를 a, b에 대한 식으로 간단히 나타내시오. (단, $a>b$)

03

반지름의 길이가 x인 원 O와 한 변의 길이가 y인 정사각형이 있다. 오른쪽 그림과 같이 원 O가 정사각형의 변을 따라 굴러서 처음 위치로 돌아왔다. 다음 물음에 답하시오.

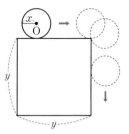

(1) 원의 중심 O가 움직인 거리 l을 x, y에 대한 식으로 나타내시오.

(2) 원 O가 지나간 부분의 넓이 S를 x, y에 대한 식으로 나타내시오.

04

$x:y=2:1$, $y:z=3:2$일 때, 다음 식의 값을 구하시오.

$$\left(\frac{2}{3}x^2yz-\frac{1}{2}xy^2z+\frac{5}{6}xyz^2\right)\div\frac{1}{6}xyz^2$$

05

오른쪽 그림과 같이 이웃하는 세 칸에
다항식 A, B, C가 적혀 있을 때,
<규칙 1>과 같이 이웃하는 두 식
A, B가 적힌 칸의 색이 같으면 C가 적힌 칸은 빨간색이
되고 $C=A+B$, <규칙 2>와 같이 이웃하는 두 식 A, B
가 적힌 칸의 색이 다르면 C가 적힌 칸의 색은 노란색이 되
고 칸의 색에 관계없이 $C=A-B$라 한다.

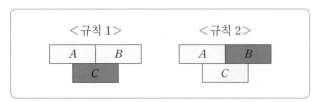

이때, 다음 그림의 두 식 P, Q에 대하여 $P+Q$를 간단히 하
시오.

$6x^2-4x+3$	P	$-3x^2-3x+6$

	$7x^2-4x+1$	

	Q	

06

오른쪽 그림은 밑면이 직각삼각형이고
높이가 10인 삼각기둥을 높이의 비가
3 : 2가 되도록 잘라 옆면에 붙여 놓은
것이다. 처음 삼각기둥의 겉넓이보다
자른 후 새로 만든 입체도형의 겉넓이
가 $4x^2y^2$만큼 더 크다고 할 때, 선분
AC의 길이를 구하시오.

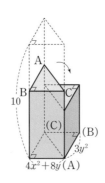

07

오른쪽 그림과 같이 나열한 자연수에 대하
여 (m, n)은 위쪽으로부터 m번째, 왼쪽으
로부터 n번째 수를 나타낸다. 예를 들어,
$(3, 1)=7$, $(4, 2)=11$이다.
두 자연수 a, b에 대하여
$(a+2, 1)+(b+4, 2)-(a+b, 3)$의 값
을 구하시오.

1	2	3
4	5	6
7	8	9
10	11	12
⋮	⋮	⋮

08

오른쪽 그림과 같은 평면도형에서
색칠한 부분을 직선 l을 회전축으로
하여 1회전시켜 얻은 회전체의 부피
가 $122\pi ab^2$일 때, ☐ 안에 알맞은
식을 구하시오.

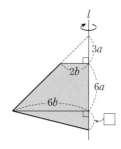

┏ **유형 1** | 다항식의 계산

출제경향 다항식의 덧셈과 뺄셈, 단항식과 다항식의 곱셈과 나눗셈에 관한 기본적인 계산 문제가 출제된다. 사칙연산이 혼합된 식을 해결할 때에는 괄호 및 연산의 순서에 주의하여 식을 정리해야 한다.

공략비법 사칙연산이 혼합된 식의 계산 순서
(i) 거듭제곱이 있으면 지수법칙을 이용하여 거듭제곱을 먼저 계산한다.
(ii) 분배법칙을 이용하여 곱셈, 나눗셈을 한다.
(iii) 동류항끼리 모아서 덧셈, 뺄셈을 한다.

1 대표
• 2017년 9월 교육청 | 2점

두 다항식 $A=5x^2-9x+1$, $B=2x^2+3x-4$에 대하여 $A+2B$를 간단히 하면?

① $9x^2-3x-7$ ② $9x^2+5x-5$
③ $10x^2-3x-7$ ④ $10x^2-3x-3$
⑤ $11x^2+5x-7$

2 유사
• 2015년 3월 교육청 | 2점

$x(2x+5)-x^2$을 간단히 하면?

① x^2+4x ② x^2+5x ③ x^2+6x
④ $2x^2+5x$ ⑤ $2x^2+6x$

┏ **유형 2** | 다항식의 계산과 그 활용

출제경향 실생활 또는 도형이 주어진 상황 속에서 다항식의 덧셈과 뺄셈, 단항식과 다항식의 곱셈과 나눗셈을 하는 문제가 출제된다. 도형과 관련되어 자주 등장하는 공식은 잘 기억해 두는 것이 좋다.

공략비법 도형 관련 공식
(1) (삼각형의 넓이)$=\frac{1}{2}\times$(밑변의 길이)$\times$(높이)

(직사각형의 넓이)$=$(가로의 길이)$\times$(세로의 길이)
(원의 넓이)$=\pi\times$(반지름의 길이)^2
(2) (기둥의 부피)$=$(밑넓이)$\times$(높이)

(뿔의 부피)$=\frac{1}{3}\times$(밑넓이)$\times$(높이)

3 대표
• 2014년 3월 교육청 | 3점

한 변의 길이가 1인 정사각형 모양의 타일이 있다. 그림과 같이 가로의 길이를 1씩, 세로의 길이를 2씩 증가시켜 직사각형 모양이 되도록 타일을 붙인다. 가로의 길이가 x일 때, 전체 타일의 넓이를 y라고 하자. 다음 중 y를 x에 대한 식으로 바르게 나타낸 것은? (단, x는 자연수이다.)

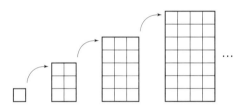

① $y=x^2$ ② $y=x^2+x$ ③ $y=2x^2-x$
④ $y=2x^2+x$ ⑤ $y=3x^2-2x$

4 유사
• 2011년 3월 교육청 | 4점

오른쪽 그림과 같이 한 변의 길이가 18인 정사각형 ABCD의 내부에 점 P가 있다. 네 변 AB, BC, CD, DA위에
$\overline{AE}=\overline{CG}=\frac{1}{2}\overline{AB}$, $\overline{BF}=\overline{DH}=\frac{1}{3}\overline{BC}$

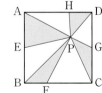

가 되도록 네 점 E, F, G, H를 정할 때, 네 삼각형 PAE, PBF, PCG, PDH의 넓이의 합은?

① 120   ② 125   ③ 130
④ 135   ⑤ 140

행복찾기

자신의 꼬리를 쫓아 제자리를 빙빙 도는 어린 강아지를 보고 어미 개가 물었다.

"왜 그렇게 네 꼬리를 쫓고 있니?"

그러자 강아지가 말했다.

"저는 철학을 완전히 마스터했고 저 이전의 어떤 개들도 해결하지 못한 우주의 온갖 문제들을 해결했어요. 그래서 저는 개에게 있어서 가장 좋은 것은 행복이라는 것을 알았고, 그 행복은 바로 제 꼬리에 있음을 알았어요. 그래서 지금 제 꼬리를 뒤쫓고 있는 거에요. 제가 꼬리를 잡을 때, 저는 행복해질 거에요."

어미 개가 말했다.

"나도 내 나름의 방법대로 우주의 문제에 관심을 기울여 왔고, 몇 가지 견해를 갖게 되었단다. 나 역시 개에게는 행복이 우선적인 것이며 그 행복이 내 꼬리에 있다고 판단했지. 그러나 내가 내 자신의 일에 열중할 때 그 꼬리는 자연히 나를 따라오기 때문에 그것을 뒤쫓을 필요가 없다는 것을 깨닫게 되었단다."

부등식과 방정식

blacklabel

일차부등식과 그 활용

100점 노트

Ⓐ 부등식의 좌변과 우변

$$\underbrace{\overbrace{x}^{좌변} \leq \overbrace{240}^{우변}}_{양변}$$

Ⓑ 부등식의 해

x가 5보다 작은 자연수일 때, 부등식
$x+3>5$에 $x=1, 2, 3, 4$를 차례대로
대입하면
$x=1$일 때, $1+3<5$
$x=2$일 때, $2+3=5$
$x=3$일 때, $3+3>5$
$x=4$일 때, $4+3>5$
따라서 주어진 부등식의 해는 3, 4이다.

> 중요

Ⓒ 부등호 $<$, $>$를 $\leq$, $\geq$로 바꾸어도 부등식의 성질은 성립한다.

Ⓓ 식의 값의 범위 구하기

$ax+b$ $(a \neq 0)$의 값의 범위를 알 때, x의
값의 범위는 다음과 같은 순서로 구한다.
(i) 부등식 ($ax+b$의 값의 범위)의 각 변
에서 b를 뺀다.
(ii) (i)의 부등식의 각 변을 a로 나눈다.
▶ STEP 2 | 06번, STEP 3 | 03번

> 100점 공략

Ⓔ 여러 가지 일차부등식의 풀이

일차부등식에 괄호가 있거나 계수가 소수
나 분수이면 다음과 같은 방법으로 푼다.
(1) 괄호가 있을 때 : 괄호를 풀어 동류항
끼리 정리한 후 푼다.
(2) 계수가 소수일 때 : 양변에 10의 거듭
제곱을 곱하여 계수를 정수로 고친 후
푼다.
(3) 계수가 분수일 때 : 양변에 분모의 최
소공배수를 곱하여 계수를 정수로 고
친 후 푼다.

Ⓕ 부등식의 해가 주어진 경우

(1) $ax<1$의 해가 $x<b$일 때, $ax<1$의
양변을 a로 나누어 $x<b$와 같게 만든
후 a의 값을 구한다.
(2) $ax<1$의 해가 $x>b$일 때, $ax<1$의
양변을 a로 나누어 $x>b$와 같게 만든
후 a의 값을 구한다.
> 참고 부등호의 방향이 미지수 x를 기준
으로 바뀌었다면 x의 계수 a가 음
수임을 알 수 있다.

부등식 Ⓐ

부등호 $<$, $>$, $\leq$, $\geq$를 사용하여 수 또는 식의 대소 관계를 나타낸 식

$a<b$	$a>b$	$a \leq b$	$a \geq b$
a는 b보다 작다. a는 b 미만이다.	a는 b보다 크다. a는 b 초과이다.	a는 b보다 작거나 같다. a는 b보다 크지 않다. a는 b 이하이다.	a는 b보다 크거나 같다. a는 b보다 작지 않다. a는 b 이상이다.

부등식의 해 Ⓑ

부등식이 참이 되게 하는 미지수의 값을 그 부등식의 해라 하고, 부등식의 해를
모두 구하는 것을 부등식을 푼다고 한다.

부등식의 성질 Ⓒ Ⓓ

(1) 부등식의 양변에 같은 수를 더하거나 양변에서 같은 수를 빼도 부등호의 방
향은 바뀌지 않는다.
$$a<b이면 \quad a+c<b+c, \ a-c<b-c$$
(2) 부등식의 양변에 같은 양수를 곱하거나 양변을 같은 양수로 나누어도 부등호
의 방향은 바뀌지 않는다.
$$a<b, \ c>0이면 \quad ac<bc, \ \frac{a}{c}<\frac{b}{c}$$
(3) 부등식의 양변에 같은 음수를 곱하거나 양변을 같은 음수로 나누면 부등호의
방향은 바뀐다.
$$a<b, \ c<0이면 \quad ac>bc, \ \frac{a}{c}>\frac{b}{c}$$

일차부등식

부등식에서 우변에 있는 모든 항을 좌변으로 이항하여 정리한 식이 다음 중 어
느 하나의 꼴로 변형되는 부등식을 일차부등식이라 한다.
$$(일차식)<0, \ (일차식)>0, \ (일차식)\leq0, \ (일차식)\geq0$$
예 부등식 $x+1 \geq -2$는 일차부등식이고, $2x+5>2x$는 일차부등식이 아니다.

일차부등식의 풀이 Ⓔ Ⓕ

일차부등식을 풀 때에는 부등식의 성질을 이용하여 주어진 일차부등식을 다음
중 어느 하나의 꼴로 바꾸어 해를 구한다.
$$x<(수), \ x>(수), \ x\leq(수), \ x\geq(수)$$
(i) 미지수 x를 포함한 항은 좌변으로, 상수항은 우변으로 이항한다.
(ii) 양변을 정리하여 $ax<b, \ ax>b, \ ax\leq b, \ ax\geq b$ $(a \neq 0)$ 꼴로 고친다.
(iii) 양변을 x의 계수 a로 나눈다. 이때, $a<0$이면 부등호의 방향이 바뀐다.

부등식의 해와 수직선

부등식의 해를 수직선 위에 나타내면 다음과 같다.

(1) $x < a$　　　　(2) $x > a$　　　　(3) $x \le a$　　　　(4) $x \ge a$

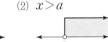

참고 해를 수직선 위에 나타낼 때, 'o'은 그 점에 대응하는 수가 해에 포함되지 않음을 뜻하고, '●'은 그 점에 대응하는 수가 해에 포함됨을 뜻한다.

일차부등식을 활용하여 문제를 해결하는 순서

(ⅰ) 문제의 뜻을 파악하고, 구하고자 하는 것을 미지수 x로 놓는다.

(ⅱ) 문제의 뜻에 맞게 부등식을 세운다.

(ⅲ) 부등식의 해를 구한다.

(ⅳ) 구한 부등식의 해가 문제의 뜻에 맞는지 확인한다.

수에 대한 문제 ⓖ ⓗ

(1) 어떤 수에 대한 문제 : 어떤 수를 x로 놓고 x에 대한 부등식을 세운다.

(2) 연속하는 정수에 대한 문제

　① 연속하는 세 정수 : $x-1,\ x,\ x+1$ 또는 $x,\ x+1,\ x+2$

　② 연속하는 세 홀수(짝수) : $x-2,\ x,\ x+2$ 또는 $x,\ x+2,\ x+4$

원가, 정가에 대한 문제 ⓘ ⓙ

(1) 원가 x원에 원가의 a %의 이익을 붙인 정가

$$\Rightarrow (정가) = (원가) + (이익) = x + x \times \frac{a}{100} = \left(1 + \frac{a}{100}\right)x \,(원)$$

(2) 정가가 x원인 물건을 a % 할인한 판매 가격

$$\Rightarrow (판매 가격) = (정가) - (할인 금액) = x - x \times \frac{a}{100} = \left(1 - \frac{a}{100}\right)x \,(원)$$

(3) (이익) = (판매 가격) - (원가)

거리, 속력, 시간에 대한 문제 ⓚ

$$(거리) = (속력) \times (시간), \quad (속력) = \frac{(거리)}{(시간)}, \quad (시간) = \frac{(거리)}{(속력)}$$

농도에 대한 문제

(1) $(소금물의 농도) = \dfrac{(소금의 양)}{(소금물의 양)} \times 100\,(\%)$

(2) $(소금의 양) = \dfrac{(소금물의 농도)}{100} \times (소금물의 양)$

참고 소금물에 물을 더 넣거나 물을 증발시켜도 소금의 양은 변하지 않는다.

도형에 대한 문제

(1) (직사각형의 넓이) = (가로의 길이) × (세로의 길이)

(2) (삼각형의 넓이) = $\dfrac{1}{2} \times$ (밑변의 길이) × (높이)

(3) (사다리꼴의 넓이) = $\dfrac{1}{2} \times$ {(윗변의 길이) + (아랫변의 길이)} × (높이)

100점 노트

주의

ⓖ 구하고자 하는 것이 물건의 개수, 사람 수, 나이 등이면 구한 해 중 자연수만을 답으로 한다.
▶ STEP 2 | 16번, 19번, STEP 3 | 05번

ⓗ 개수의 합이 일정한 경우
A, B의 개수의 합이 주어졌을 때
⇨ A의 개수를 x라 하면 B의 개수는
(A, B의 개수의 합) $- x$
▶ STEP 3 | 08번

ⓘ (물건 가격) = (한 개의 가격) × (개수)
(거스름돈) = (낸 돈) - (물건 가격)

ⓙ 유리한 방법을 선택하는 문제
'유리하다'는 것은 비용이 덜 든다는 뜻이므로 ≤ 또는 ≥는 사용하지 않고 < 또는 >를 사용한다.

주의

ⓚ 문제를 풀 때 각각의 단위가 다른 경우, 부등식을 세우기 전에 단위를 통일해야 한다.
(1) 1 km = 1000 m
(2) 1시간 = 60분, 즉 1분 = $\dfrac{1}{60}$시간
▶ STEP 2 | 23번

01 부등식으로 나타내기

다음 문장을 부등식으로 나타낸 것으로 옳은 것은?

① x의 2배에서 3을 뺀 수는 5보다 크지 않다.
$\Rightarrow 2x-3<5$

② 밑변의 길이가 x cm, 높이가 5 cm인 삼각형의 넓이는 20 cm² 이상이다. $\Rightarrow 5x \geq 20$

③ 한 개에 x원인 지우개 10개의 가격은 2000원 이상이다.
$\Rightarrow \dfrac{x}{10} \geq 2000$

④ x km의 거리를 시속 60 km로 달리면 40분보다 오래 걸린다. $\Rightarrow \dfrac{x}{60} > 40$

⑤ 무게가 1 kg인 상자에 무게가 200 g인 물건 x개를 넣었더니 전체 무게가 3 kg보다 무겁다. $\Rightarrow 1+0.2x>3$

02 부등식의 해

다음 중 [ ] 안의 수가 부등식의 해가 <u>아닌</u> 것은?

① $2x-1 \leq 4$ [0]   ② $5x-4 \leq x+2$ [2]

③ $3x<x+1$ [-1]   ④ $x \leq 2x$ [3]

⑤ $4x-2>-6+x$ [-1]

03 부등식의 성질

$-a+1<-b+1$일 때, 다음 중 옳은 것은?

① $a<b$ ② $5a<5b$

③ $2-3a>2-3b$ ④ $\dfrac{1-2a}{5}<\dfrac{1-2b}{5}$

⑤ $-2a+1>-2b+1$

04 식의 값의 범위 구하기

부등식 $-2 \leq -\dfrac{1}{2}x+3 \leq 7$을 만족시키는 x의 값의 범위가 $a \leq x \leq b$일 때, 두 상수 a, b에 대하여 $b-a$의 값을 구하시오.

05 일차부등식의 뜻

다음 • 보기 • 중 일차부등식은 모두 몇 개인가?

• 보기 •

ㄱ. $x(1-x) \geq 3-2x-x^2$ ㄴ. $2x-1 \leq 2(x+2)$

ㄷ. $x^2-x<3x$ ㄹ. $3x+5=1$

ㅁ. $3x-1 \geq -1$

① 1개   ② 2개   ③ 3개

④ 4개   ⑤ 5개

06 일차부등식의 풀이

다음 일차부등식 중 해가 나머지 넷과 <u>다른</u> 하나는?

① $2x+1 \leq -1$ ② $3x+1 \geq 4x$

③ $5(x+1) \leq 3(x+1)$ ④ $x-1 \leq -2(x+2)$

⑤ $x-2 \geq 2x-1$

07 일차부등식의 풀이 – 계수가 분수 또는 소수인 경우

x가 자연수일 때, 일차부등식
$$-0.3\left(x-\dfrac{11}{2}\right) > \dfrac{x-1}{5}$$
의 해의 개수는?

① 2   ② 3   ③ 4

④ 5   ⑤ 6

08 일차부등식의 풀이 – x의 계수가 미지수인 경우

$a<0$일 때, x에 대한 일차부등식 $-2ax<4$의 해는?

① $x<-\dfrac{2}{a}$ ② $x>-\dfrac{2}{a}$ ③ $x \leq -\dfrac{2}{a}$

④ $x<\dfrac{2}{a}$ ⑤ $x>\dfrac{2}{a}$

09 일차부등식의 풀이 – 해의 조건이 주어진 경우

x에 대한 일차부등식 $3(2+x) \leq a+x$를 만족시키는 자연수 x가 3개일 때, 상수 a의 값의 범위를 구하시오.

10 일차부등식의 활용 – 연속하는 수

연속하는 세 홀수의 합이 90 이상 99 미만일 때, 세 홀수 중에서 가장 작은 수는?

① 29   ② 31   ③ 33
④ 35   ⑤ 37

11 일차부등식의 활용 – 개수

정은이는 용돈 11500원으로 400원짜리 연필 5자루와 600원짜리 볼펜을 사려고 한다. 이때, 볼펜은 최대 몇 자루를 살 수 있는가?

① 11자루   ② 12자루   ③ 13자루
④ 14자루   ⑤ 15자루

12 일차부등식의 활용 – 정가, 원가

어떤 가게에서는 8월 한 달 동안 원가가 700원인 아이스크림 100개를 생산하여 한 개당 1000원에 파는데 8월이 지나면 판매 금액의 50 %를 할인하여 8월에 팔고 남은 아이스크림을 모두 판다고 한다. 이 아이스크림을 모두 판 이익이 15000원 이상 20000원 미만일 때, 다음 중 8월 한 달 동안 판 아이스크림의 개수로 가능한 것은?

① 50   ② 60   ③ 70
④ 80   ⑤ 90

13 일차부등식의 활용 – 유리한 방법

성실이네 집 근처 문구점에서 한 개에 1200원 하는 물건을 문구 도매 시장에 가면 30 % 싸게 살 수 있다고 한다. 집에서 문구 도매 시장을 다녀오는 데 왕복 버스 요금이 1800원일 때, 이 물건을 최소 몇 개 이상 사는 경우 문구 도매 시장에 가는 것이 더 유리한지 구하시오.

14 일차부등식의 활용 – 거리, 속력, 시간

기차역에서 열차를 기다리는데 출발 시간까지 40분의 여유가 있어서 이 시간 동안 시속 5 km로 걸어서 음식점에서 도시락을 사오려고 한다. 도시락을 사는 데 10분이 걸린다면 기차역에서 최대 몇 km 이내에 있는 음식점을 이용할 수 있는지 구하시오.

15 일차부등식의 활용 – 농도

농도가 4 %의 소금물 500 g에서 물을 증발시킨 후 증발시킨 물의 양만큼 소금을 넣어 농도가 6 % 이상이 되게 하려고 한다. 최소 몇 g 이상의 물을 증발시켜야 하는가?

① 7 g   ② 8 g   ③ 9 g
④ 10 g   ⑤ 11 g

16 일차부등식의 활용 – 도형

오른쪽 그림과 같이 윗변의 길이가 6 m, 높이가 8 m인 사다리꼴 모양의 화단을 만들려고 한다. 화단의 넓이가 72 m² 이상이 되도록 할 때, 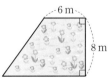 이 화단의 아랫변의 길이는 최소 몇 m 이상이어야 하는지 구하시오.

유형❶ 부등식과 그 성질

01 대표문제

일차방정식 $3(x+4)-5x=8$을 만족시키는 x의 값을 해로 갖는 부등식을 모두 고르면? (정답 2개)

① $3x-2<2x$ ② $\dfrac{2x-1}{3}\geq5$ ③ $2(x-2)>-4$

④ $\dfrac{1}{2}-\dfrac{1}{3}x\geq\dfrac{7}{6}$ ⑤ $1-3x\geq-6$

02

세 수 a, b, c에 대응하는 점을 각각 수직선 위에 나타내면 다음 그림과 같을 때, 옳은 것은?

① $ac>b$ ② $\dfrac{c}{b}<\dfrac{a}{b}$

③ $a-c>b-c$ ④ $b-a<b-c$

⑤ $\dfrac{1-a}{c}>\dfrac{1-b}{c}$

03

다음 조건을 모두 만족시키는 모든 x의 값의 합은?

> (가) x는 정수이다.
> (나) x를 -2로 나누어 7를 더하면 음수이다.
> (다) x에서 4를 뺀 다음 $\dfrac{2}{3}$배를 하면 4보다 크고 8보다 크지 않다.

① 27   ② 28   ③ 29

④ 30   ⑤ 31

04

$\dfrac{x+3}{2}$의 값을 소수점 아래 첫째 자리에서 반올림하면 4가 된다. 이때, x의 값의 범위는?

① $3<x<5$ ② $3\leq x<5$ ③ $3<x\leq6$

④ $4\leq x<6$ ⑤ $4\leq x<8$

05

$x+y=4$일 때, x에 대한 부등식 $4<3x-y\leq8$의 해를 구하시오.

06 〔도전 문제〕

부등식 $|3x-1|\leq10$에 대하여 이 부등식을 만족시키는 x의 값 중에서 $\dfrac{x-3}{2}$의 값이 정수가 되는 모든 x의 값의 합을 구하시오.

유형❷ 일차부등식의 풀이

07 대표문제

일차부등식 $\dfrac{3}{4}x-3\left(x+\dfrac{1}{2}\right)>x$를 만족시키는 x의 값 중에서 가장 큰 정수를 a, 일차부등식 $-\dfrac{2x-1}{3}<1+\dfrac{1-x}{2}$를 만족시키는 x의 값 중에서 가장 작은 정수를 b라 할 때, $a+b$의 값을 구하시오.

08

일차부등식 $0.\dot{3}(x-2)-\dfrac{2}{3}x \leq 0.5(2-x)+\dfrac{5}{6}$ 의 해를 수직선 위에 바르게 나타낸 것은?

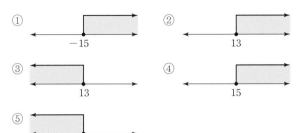

09

다음 중 x에 대한 일차부등식 $ax+1>bx+3$의 해에 대한 설명으로 옳지 <u>않은</u> 것은? (단, a, b는 상수이다.)

① $a>b$이면 $x>\dfrac{2}{a-b}$

② $a<b$이면 $x<-\dfrac{2}{a-b}$

③ $a=0$, $b>0$이면 $x<-\dfrac{2}{b}$

④ $a<0$, $b=0$이면 $x<\dfrac{2}{a}$

⑤ 주어진 일차부등식이 $x=2$를 해로 가지면 $a>b$이다.

10

x에 대한 일차부등식
$$a(2x+1)-9(a+b)>b(x-13)$$
을 만족시키는 모든 자연수 x의 값의 합을 구하시오.

(단, $2a<b$)

유형③ 해에 대한 조건이 주어진 일차부등식

11 대표문제

x에 대한 일차부등식 $ax-3>x-1$의 해를 수직선 위에 나타내면 다음 그림과 같을 때, 상수 a의 값을 구하시오.

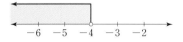

12

x에 대한 두 일차부등식 $1.9x+0.8<x-1$, $-x+a>2x-4$ 의 해가 서로 같을 때, 상수 a의 값을 구하시오.

13

$x=2$가 x에 대한 일차부등식 $2x-a<\dfrac{7x-4a}{2}$ 를 만족시키지 않는다고 할 때, 상수 a의 값의 범위는?

① $a>3$ ② $a \geq 3$ ③ $a<3$

④ $a>2$ ⑤ $a \leq 2$

14 　앗! 실수

x에 대한 일차부등식 $x-a \leq \dfrac{1-5x}{4}$ 를 만족시키는 x의 값 중에서 15와 서로소인 자연수가 5개일 때, a의 값 중 가장 큰 정수를 A, 가장 작은 정수를 B라 한다. 이때, $A-B$의 값을 구하시오.

유형❹ 수, 개수에 대한 문제

15 대표문제

연속하는 세 개의 3의 배수의 합이 55보다 작다고 할 때, 세 수 중에서 가장 작은 수의 최댓값을 구하시오.

16

어느 인터넷TV에서 비회원인 경우 VOD 한 편의 가격은 1200원인데, 월 회비 10000원을 내고 회원이 되면 한 달 동안 VOD 3편까지는 무료로 보고 그 이후부터는 한 편당 500원만 지불하면 된다고 한다. 한 달 동안 회원으로 이용하는 것이 비회원으로 이용하는 것보다 더 유리하려면 VOD를 최소 몇 편을 봐야 하는가?

① 9편   ② 12편   ③ 13편
④ 16편   ⑤ 17편

17

형은 120개, 동생은 100개의 사탕을 각자의 상자에 가지고 있다. 형이 자신의 상자에서 한 번에 4개의 사탕을 꺼내 먹는 동시에 동생은 자신의 상자에서 한 번에 2개의 사탕을 꺼내 한 개는 자신이 먹고 다른 한 개는 형의 상자에 넣는다고 한다. 동생이 가지고 있는 사탕의 개수가 형이 가지고 있는 사탕의 개수의 2배보다 처음으로 많아지는 것은 형이 사탕을 몇 번째 꺼내 먹었을 때인지 구하시오.

유형❺ 정가, 원가, 할인에 대한 문제

18 대표문제

어떤 물건을 원가의 20 %의 이익을 붙여 팔았다. 그러나 물건이 팔리지 않아 판매 가격을 a % 이상 b % 이하로 할인하여 이익이 원가의 8 % 이상 14 % 이하가 되게 하려고 한다. 이때, $a+b$의 값은?

① 12   ② 13   ③ 15
④ 17   ⑤ 18

19

학급 임원인 지윤이는 인터넷 쇼핑몰에서 한 장에 9000원인 학급 티셔츠를 주문하려고 한다. 이 쇼핑몰에서는 전체 구입 가격의 8 %를 할인해 주는 쿠폰과 전체 구입 가격에서 5000원을 할인해 주는 쿠폰 중에서 한 가지를 사용할 수 있다. 최소 몇 장 이상의 티셔츠를 구입할 때 8 %를 할인해 주는 쿠폰을 사용하는 것이 더 유리한지 구하시오.

20

어떤 전자 제품 2000개를 생산하여 테스트를 했더니 불량품이 200개가 나왔다. 정상 제품만을 팔아서 전체 생산 가격의 8 % 이상 17 % 이하의 이익이 남게 하려면 생산 가격의 몇 %의 이익을 붙여서 팔아야 하는가?

① 10 % 이상 20 % 이하   ② 15 % 이상 25 % 이하
③ 20 % 이상 30 % 이하   ④ 25 % 이상 35 % 이하
⑤ 30 % 이상 40 % 이하

유형❻ 거리, 속력, 시간 / 농도에 대한 문제

21 대표문제

총 2 km를 걷는 건강 걷기 대회가 열렸다. 어떤 참가자가 처음에는 분속 20 m로 걷다가 도중에 분속 40 m로 걸어서 완주하려고 한다. 이때, 이 참가자가 1시간 이내에 완주하려면 분속 20 m로 최대 몇 분을 걸어야 하는지 구하시오.

22

농도가 5 %인 소금물에 농도가 13 %인 소금물을 넣어서 농도가 8 % 이상 10 % 이하인 소금물 400 g을 만들려고 한다. 이때, 넣어야 할 13 %의 소금물의 양으로 옳은 것은?

① 100 g   ② 200 g   ③ 300 g

④ 400 g   ⑤ 500 g

23

두 학생 A, B가 학교에서 2 km 떨어진 서점에 가려고 한다. A가 B보다 먼저 출발하여 분속 20 m로 500 m 앞서 가고 있을 때, B가 자전거를 타고 분속 60 m로 A를 따라나섰다. 두 학생 사이의 거리가 처음으로 200 m 이하가 되는 것은 B가 출발한 지 얼마 후인가?

① 6분   ② 6분 30초   ③ 7분

④ 7분 30초   ⑤ 8분

유형❼ 도형에 대한 문제

24 대표문제

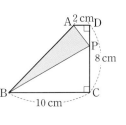

오른쪽 그림과 같은 사다리꼴 ABCD에서 삼각형 ABP의 넓이가 사다리꼴 ABCD의 넓이의 $\frac{1}{3}$ 이상이 되도록 변 CD 위에 점 P를 잡으려고 할 때, 점 D에서 최소 몇 cm 이상 떨어진 곳에 점 P를 잡아야 되는지 구하시오.

25

삼각형의 세 변의 길이가 $x+2$, $x+5$, $x+8$일 때, x의 값의 범위는?

① $x>1$ ② $0<x<1$ ③ $x>3$

④ $0<x<3$ ⑤ $x>5$

26 〔서술형〕

한 변의 길이가 6 cm인 정사각형 모양의 색종이 몇 장을 다음 그림과 같이 이어 붙여서 직사각형 모양의 띠를 만들려고 한다. 이때, 이웃하는 색종이는 1 cm의 일정한 폭으로 겹쳐서 붙인다.

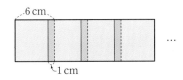

직사각형 모양의 띠의 둘레의 길이가 84 cm 이상이 되게 할 때, 최소로 필요한 색종이는 몇 장인지 구하시오.

01

두 수 a, b에 대하여 $a \star b = 2b - a$라 하자.
부등식 $1 \star a < 2a \star x < 2a \star 1$을 만족시키는 x의 값 중에서 정수가 하나뿐일 때, 다음 물음에 답하시오.

(1) a의 값의 범위를 수직선 위에 나타내시오.

(2) 조건을 만족시키는 정수 a의 값을 구하시오.

02

네 명의 친구 A, B, C, D가 시소를 타며 몸무게를 비교하였더니 다음 그림과 같았을 때, 몸무게가 무거운 친구부터 차례대로 나열하시오.

03

x에 대한 일차부등식 $4x + k \geq x + 1$이 모든 자연수 x에 대하여 성립하고 음의 정수 x에 대하여 성립하지 않는다고 할 때, 상수 k의 값의 범위는 $A \leq k < B$이다. 이때, $A + B$의 값을 구하시오.

04

다음 그림과 같이 밑면의 반지름의 길이가 20 cm이고, 높이가 8 cm인 원기둥에 밑면의 반지름의 길이가 1 cm인 원기둥 모양의 구멍을 뚫으면 이 입체도형의 겉넓이는 처음 원기둥의 겉넓이보다 커지게 된다. 밑면의 반지름의 길이가 1 cm인 원기둥 모양의 구멍을 서로 겹치지 않게 계속 뚫는다고 할 때, 처음 원기둥의 겉넓이의 2배 이상이 되려면 구멍은 최소 몇 개 이상을 뚫어야 하는지 구하시오.

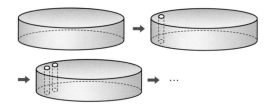

05

다음과 같은 두 가지 이벤트를 하는 동네 문방구에서 한 권에 3000원인 스프링 노트 여러권을 묶어 한 세트로 팔고 있다. (단, 이벤트의 스프링 노트 한 세트에 묶여있는 노트의 권수는 같다.)

[이벤트 1] 스프링 노트 한 세트를 구매하면 한 권을 덤으로 드려요!

[이벤트 2] 스프링 노트 한 세트를 구매하면 구매 금액의 8 %를 할인해 드려요!

[이벤트 1]을 선택하는 것이 같은 가격에 더 많은 권수의 노트를 구매할 수 있을 때, 스프링 노트 한 세트에 노트가 최대 몇 권으로 되어 있어야 하는지 구하시오.

(단, 이벤트는 하나만 선택할 수 있다.)

06

x에 대한 일차부등식 $(a-b)x-2a+5b<0$의 해가 $x>\dfrac{1}{2}$ 일 때, x에 대한 일차부등식 $(2a-b)x+3a-2b\leq0$의 해를 구하시오. (단, a, b는 상수이다.)

07

다음 그림과 같이 삼각형 ABC는 $\angle B=90°$, $\overline{AB}=12 \text{ cm}$, $\overline{BC}=a \text{ cm}$인 직각삼각형이다. $\overline{AD}=\overline{CE}=\dfrac{7}{3} \text{ cm}$가 되도록 점 D와 점 E를 잡고 $\overline{DE}$와 $\overline{AC}$의 교점을 F라 할 때, 삼각형 ADF의 넓이가 삼각형 FCE의 넓이보다 크기 위한 가장 작은 자연수 a의 값을 구하시오.

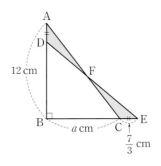

08

어떤 일을 완성하는 데 A 그룹의 사람들은 한 사람당 8일이 걸리고, B 그룹의 사람들은 한 사람당 12일이 걸린다. A, B 두 그룹의 10명이 함께 하루 만에 이 일을 완성하려고 할 때, B 그룹에 속한 사람은 최대 몇 명이어야 하는지 구하시오.

유형 1 | 일차부등식과 그 해

출제경향 일차부등식을 만족시키는 정수 또는 자연수의 개수를 구하는 문제가 출제된다. 또한, 일차부등식을 만족시키는 해에 대한 조건이 주어질 때, 미지수의 값을 구하는 문제가 출제되기도 한다.

공략비법 일차부등식의 해 중 가장 큰(작은) 정수가 주어지는 경우 일차부등식의 해에 정수 또는 자연수의 조건이 주어지면 해를 조건에 맞게 수직선 위에 나타내어 본다. 이때, 구하는 범위에 등호가 포함되는지 포함되지 않는지 반드시 확인한다.

1 대표
• 2015년 3월 교육청 | 3점

부등식 $3(x-2)<2x$를 만족시키는 양의 정수 x의 개수를 구하시오.

2 유사
• 2016년 6월 교육청 | 3점

x에 대한 부등식
$$|x-a|<5$$
를 만족시키는 정수 x의 최댓값이 12일 때, 정수 a의 값은?

① 4   ② 6   ③ 8
④ 10   ⑤ 12

유형 2 | 일차부등식의 활용

출제경향 문제의 상황을 판단하여 구하고자 하는 것을 x로 놓고 상황에 맞는 일차부등식을 세운 후 이를 만족시키는 x의 값의 범위를 구하는 문제가 출제된다.

공략비법
(i) 문제의 뜻을 이해하고, 구하려는 것을 미지수 x로 놓는다.
(ii) 문제의 상황에 맞게 일차부등식을 세운다.
(iii) 부등식을 풀어서 x의 값의 범위를 구한다.
(iv) 구한 해가 문제의 뜻에 맞는지 확인한다.

3 대표
• 2008년 3월 교육청 | 3점

어느 책 대여점에서는 회원과 비회원에 대한 책 대여료를 다음과 같은 방식으로 계산한다.

구분	회원 가입비	한 권당 대여료
회원	5000원	800원
비회원	없음	1200원

회원으로 가입하여 이용할 경우 책을 n권 이상 빌리면 비회원으로 빌릴 때보다 돈이 덜 든다고 한다. n의 최솟값을 구하시오.

4 유사
• 2006년 3월 교육청 | 4점

수정이네 가족은 음식점에 가서 피자 1판과 스파게티 1인분을 먹으려고 한다. 스파게티의 가격은 10000원이고 피자의 가격은 오른쪽 그림과 같다. 수정이는 전체 가격의 30 %가 할인되는 할인 카드와 스파게티 무료 쿠폰 1장을 가지고 있는데, 중복 사용은 불가

메 뉴	
치 즈 피 자	18,000원
감 자 피 자	20,000원
고 구 마 피 자	23,000원
불 고 기 피 자	25,000원
야 채 피 자	28,000원

능하다고 한다. 할인 카드를 사용하는 것이 스파게티 무료 쿠폰을 사용하는 것보다 돈이 덜 들게 하려 할 때, 고를 수 있는 피자의 가짓수는?

① 1   ② 2   ③ 3
④ 4   ⑤ 5

연립일차방정식

100점 공략

Ⓐ x, y의 순서쌍 (m, n)이 x, y에 대한 일차방정식 $ax+by+c=0$의 해이다.
⇨ $x=m$, $y=n$을 방정식에 대입하면 등식이 성립한다. 즉, $am+bn+c=0$
▶ STEP 2 | 03번

Ⓑ x, y의 순서쌍 (m, n)이 x, y에 대한 연립방정식 $\begin{cases} ax+by+c=0 \\ a'x+b'y+c'=0 \end{cases}$의 해이다.
⇨ $x=m$, $y=n$을 두 일차방정식에 각각 대입하면 등식이 성립한다. 즉, $am+bn+c=0$, $a'm+b'n+c'=0$
▶ STEP 2 | 06번

Ⓒ 가감법을 이용한 연립방정식의 풀이
(ⅰ) 소거하려는 미지수의 계수의 절댓값이 같도록 각 방정식의 양변에 적당한 수를 곱한다.
(ⅱ) 계수의 부호가 같으면 한 방정식에서 다른 방정식을 빼고, 계수의 부호가 다르면 두 방정식을 더한다.
(ⅲ) (ⅱ)의 일차방정식을 푼다.
(ⅳ) (ⅲ)의 해를 두 일차방정식 중 하나에 대입하여 다른 미지수의 값을 구한다.

Ⓓ $A=B=C$ 꼴의 방정식의 풀이
⇨ $\begin{cases} A=B \\ A=C \end{cases}$ $\begin{cases} A=B \\ B=C \end{cases}$ $\begin{cases} A=C \\ B=C \end{cases}$
중 간단한 것을 택하여 푼다.
▶ STEP 2 | 10번

Ⓔ 특수한 해를 갖는 연립방정식
x, y에 대한 연립방정식
$\begin{cases} ax+by+c=0 \\ a'x+b'y+c'=0 \end{cases}$
(단, a, b, c, a', b', c'은 모두 0이 아니다.)
에 대하여
(1) 해가 무수히 많을 조건
⇨ $\dfrac{a}{a'}=\dfrac{b}{b'}=\dfrac{c}{c'}$
(2) 해가 없을 조건
⇨ $\dfrac{a}{a'}=\dfrac{b}{b'}\neq\dfrac{c}{c'}$
▶ STEP 2 | 22번

미지수가 2개인 일차방정식 Ⓐ

(1) 미지수가 2개이고, 차수가 1인 방정식을 미지수가 2개인 일차방정식 또는 간단히 일차방정식이라 한다.
일반적으로 미지수가 x, y의 2개인 일차방정식은
$$ax+by+c=0 \ (단, a, b, c는 상수, a\neq0, b\neq0)$$
과 같이 나타낸다.
(2) 미지수가 x, y인 일차방정식을 참이 되게 하는 x, y의 값 또는 그 순서쌍 (x, y)를 그 일차방정식의 해 또는 근이라 하고, 방정식의 해를 모두 구하는 것을 방정식을 푼다고 한다.

미지수가 2개인 연립일차방정식 Ⓑ

(1) 미지수 2개인 두 일차방정식을 한 쌍으로 묶어 놓은 것을 미지수가 2개인 연립일차방정식 또는 간단히 연립방정식이라 한다.
(2) 두 방정식을 동시에 만족시키는 x, y의 값 또는 그 순서쌍 (x, y)를 연립방정식의 해라 하고, 연립방정식의 해를 구하는 것을 연립방정식을 푼다고 한다.

미지수가 2개인 연립방정식의 풀이 Ⓒ

미지수가 2개인 연립방정식은 두 방정식을 적당히 변형한 후 한 미지수를 소거하여 미지수가 1개인 일차방정식으로 만들어 푼다.
(1) 대입법 : 연립방정식의 한 방정식을 $x=(y$의 식$)$ 또는 $y=(x$의 식$)$ 꼴로 정리하고 이를 다른 한 방정식에 대입하여 한 미지수를 없앤 후 해를 구하는 방법
(2) 가감법 : 연립방정식의 두 방정식을 각 변끼리 더하거나 빼서 한 미지수를 없앤 후 해를 구하는 방법
참고 대입법과 가감법 중에서 어느 것을 이용하여 풀어도 연립방정식의 해는 같다.

여러 가지 연립방정식의 풀이 Ⓓ 대입법 또는 가감법을 이용하여 해를 구한다.

(1) 괄호가 있는 경우 : 괄호를 풀어 동류항끼리 정리한다.
(2) 계수가 소수인 경우 : 양변에 10의 거듭제곱을 곱하여 계수를 정수로 고친다.
(3) 계수가 분수인 경우 : 양변에 분모의 최소공배수를 곱하여 계수를 정수로 고친다.

특수한 해를 갖는 연립방정식 Ⓔ

한 쌍의 해를 갖는 일반적인 연립방정식 외에 해가 무수히 많거나 해가 없는 연립방정식도 있다.
(1) 해가 무수히 많은 경우 : 두 방정식을 변형하여 x, y의 계수, 상수항을 각각 같게 만들 수 있을 때이다.
(2) 해가 없는 경우 : 두 방정식을 변형하여 x, y의 계수는 각각 같고 상수항은 다르게 만들 수 있을 때이다.

Step 1 시험에 꼭 나오는 문제

01 미지수가 2개인 일차방정식

x, y가 음이 아닌 정수일 때, 일차방정식 $2x+7y=75$의 해의 개수를 구하면?

① 1   ② 2   ③ 3

④ 4   ⑤ 5

02 미지수가 2개인 연립일차방정식

연립방정식 $\begin{cases} 2x+5y=a \\ bx+y=-10 \end{cases}$ 의 해가 $x=-1$, $y=2$일 때, 두 상수 a, b에 대하여 $a+b$의 값은?

① 12   ② 14   ③ 16

④ 18   ⑤ 20

03 연립방정식의 풀이 – 대입법

다음은 연립방정식 $\begin{cases} 4x-3y=15 \\ -x+2y=5 \end{cases}$ 를 푸는 과정이다.

> 연립방정식 $\begin{cases} 4x-3y=15 & \cdots\cdots \text{㉠} \\ -x+2y=5 & \cdots\cdots \text{㉡} \end{cases}$ 에서
>
> ㉡을 x에 대하여 풀면 $x=\boxed{\text{(가)}}$
>
> 이를 ㉠에 대입하여 풀면 $y=\boxed{\text{(나)}}$
>
> 이를 ㉡에 대입하여 풀면 $x=\boxed{\text{(다)}}$
>
> 따라서 주어진 연립방정식의 해는
>
> $x=\boxed{\text{(다)}}$, $y=\boxed{\text{(나)}}$

위의 과정에서 (가)에 알맞은 식과 (나), (다)에 알맞은 수를 모두 더하여 간단히 나타내시오.

04 연립방정식의 풀이 – 가감법

연립방정식 $\begin{cases} 3x-2y=12 & \cdots\cdots \text{㉠} \\ 4x+3y=-6 & \cdots\cdots \text{㉡} \end{cases}$ 에서 y를 소거하기 위해 필요한 식은?

① ㉠+㉡×2   ② ㉠×2−㉡×3

③ ㉠×3+㉡×2   ④ ㉠×4+㉡×3

⑤ ㉠×6−㉡×2

05 여러 가지 연립방정식의 풀이

연립방정식 $\begin{cases} 2(x-3y)-3(2x-5y)=-8 \\ \dfrac{x-y}{2}-\dfrac{x-5}{3}=\dfrac{3}{2} \end{cases}$ 의 해를 구하시오.

06 해의 조건이 주어진 연립방정식

연립방정식 $\begin{cases} 2x-7y=1 \\ ax-6y=3a-1 \end{cases}$ 의 해가 $x=p$, $y=q$일 때, $p+q=2$이다. 상수 a에 대하여 $4a$의 값을 구하시오.

07 특수한 해를 갖는 연립방정식

x, y에 대한 연립방정식 $\begin{cases} ax-5y=3 \\ x+3y=b \end{cases}$ 의 해가 무수히 많을 때, 두 상수 a, b의 곱 ab의 값은?

① 1   ② 2   ③ 3

④ 4   ⑤ 5

Step ② A등급을 위한 문제

유형❶ 미지수가 2개인 일차방정식

01 대표문제

등식 $ax-2(y-3x)+b=3(5x-by)+2y-4a$가 미지수가 x, y의 2개인 일차방정식이 되기 위한 두 상수 a, b의 조건을 구하시오.

02

빨간색 주사위와 파란색 주사위를 동시에 던져 나온 눈의 수를 각각 x, y라 하자. x, y에 대한 다음 일차방정식 중에서 해의 개수가 나머지 넷과 <u>다른</u> 하나는?

① $x-y=3$ ② $x-2y=-1$
③ $2x-y=1$ ④ $2x+y=9$
⑤ $3x-2y=-1$

03

x, y의 순서쌍 $(2, -3)$이 해인 일차방정식 $2x+ay-16=0$이 있다. 이 일차방정식의 해 중에서 x와 y의 값의 비가 $5:2$인 해가 $x=b$, $y=c$일 때, $b-c$의 값은? (단, a는 상수이다.)

① 21   ② 24   ③ 27
④ 30   ⑤ 33

04

두 수 a, b에 대하여 $a\bigstar b=3a-2b$라 하자. $(3-x)\bigstar(5-2y)=9$를 만족시키는 두 자연수 x, y의 최소공배수가 144일 때, $x-y$의 값은?

① 1   ② 2   ③ 3
④ 4   ⑤ 5

05 서술형

다음 조건을 모두 만족시키는 두 수 x, y의 순서쌍 (x, y)의 개수를 구하시오.

> (가) $xy\leq 0$
> (나) x, y는 정수이다.
> (다) $3x-2y+33=0$

유형❷ 미지수가 2개인 연립일차방정식

06 대표문제

x, y에 대한 연립방정식 $\begin{cases} 3x+ay=2b+12 \\ x-by=1-a \end{cases}$의 해가 $(b, -2)$일 때, 두 상수 a, b의 값을 각각 구하시오.

07

x, y의 순서쌍 $(3, -1)$, $(2, 5)$가 일차방정식
$ax-by=5-2b$의 해일 때, 두 상수 a, b의 곱 ab의 값은?

① $-\dfrac{5}{6}$ ② $-\dfrac{2}{3}$ ③ $-\dfrac{1}{2}$

④ $-\dfrac{1}{3}$ ⑤ $-\dfrac{1}{6}$

08

수진이는 연립방정식 $\begin{cases} 3x-2y=-6 & \cdots\cdots\text{㉠} \\ 2x+y=7 & \cdots\cdots\text{㉡} \end{cases}$에서 두 방정식 ㉠, ㉡의 우변의 상수항 -6, 7을 모두 잘못 보고 풀어서 해로 $y=-3$을 얻었다. 수진이가 잘못 보고 푼 두 방정식의 상수항의 합이 13일 때, 잘못 보고 푼 두 방정식의 상수항의 차를 구하시오.

09

연립방정식 $\begin{cases} 3x+ay=5 \\ bx-2ay=8 \end{cases}$을 만족시키는 x, y가 모두 정수일 때, 두 자연수 a, b에 대하여 $a+b$의 최솟값을 구하시오.

유형❸ 여러 가지 연립방정식의 풀이

10 대표문제

방정식 $\dfrac{4x-3y-1}{2}=\dfrac{1}{5}y-5=\dfrac{4x-y-23}{5}$의 해가 $x=\alpha$, $y=\beta$일 때, 두 상수 α, β의 곱 $\alpha\beta$의 값은?

① 10   ② 12   ③ 14

④ 16   ⑤ 18

11

연립방정식 $\begin{cases} 0.0\dot{5}x-0.\dot{2}y=0.1 \\ 0.\dot{4}x-1.\dot{3}y=\dfrac{4}{45} \end{cases}$의 해가 $x=p$, $y=q$일 때, $10(p+q)$의 값을 구하시오.

12

연립방정식 $\begin{cases} (7x+4):(3x+2y)=5:3 \\ \dfrac{x-y}{3}+\dfrac{y}{2}=\dfrac{5}{12} \end{cases}$의 해가 $x=m$, $y=n$일 때, m^2+mn-n^2의 값은?

① $-\dfrac{7}{4}$ ② $-\dfrac{3}{2}$ ③ $-\dfrac{5}{4}$

④ -1 ⑤ $-\dfrac{3}{4}$

13

연립방정식 $\begin{cases} 2^{x+1}-3^y=37 \\ 2^x+3^{y+1}=113 \end{cases}$ 의 해가 $x=m$, $y=n$일 때, x에 대한 일차부등식 $3x-m<2x-n$의 해 중 가장 큰 정수는? (단, m, n은 자연수이다.)

① 1   ② 2   ③ 3

④ 4   ⑤ 5

14

앗! 실수

양수 a에 대하여 정수 부분을 $[a]$, 소수 부분을 $<a>$로 나타내기로 하자. 예를 들어, $[2.7]=2$, $<2.7>=0.7$, $[5]=5$, $<5>=0$이다. 두 양수 x, y가 다음 식을 만족시킬 때, $100(x+2y)$의 값은?

$$\begin{cases} x+2[x]+5<y>=10.8 \\ y+5[y]+2<x>=7.8 \end{cases}$$

① 325   ② 465   ③ 560

④ 620   ⑤ 735

15

연립방정식 $\begin{cases} \dfrac{1}{2x-3y}-\dfrac{2}{x+y}=-2 \\ -\dfrac{3}{2x-3y}+\dfrac{2}{x+y}=4 \end{cases}$ 의 해가 $x=a$, $y=b$일 때, $a-b$의 값은?

① -2 ② 0 ③ 2

④ 4 ⑤ 6

유형④ 해에 대한 조건이 주어진 연립방정식

16 대표문제

연립방정식 $\begin{cases} ax-2y=11 \\ 3x+ay=15 \end{cases}$ 의 해가 $x=p$, $y=q$일 때, $p:q=2:3$이다. 상수 a의 값을 구하시오.

17

x, y에 대한 두 연립방정식

$$\begin{cases} 3ax+y=3 \\ 3x-5y=7 \end{cases}, \begin{cases} 6x-y=8 \\ 3x+(b-1)y=7 \end{cases}$$

의 해가 서로 같을 때, 두 상수 a, b의 합 $a+b$의 값을 구하시오.

18

x, y에 대한 방정식 $\dfrac{x-2}{4}=\dfrac{y+3}{3}=\dfrac{a-4}{2}$의 해가 방정식 $3(x-3)-2(y-x)=3a-2$를 만족시킬 때, 상수 a의 값을 구하시오.

19

연립방정식 $\begin{cases} x-2y=1-2a \\ x+y=3 \end{cases}$ 을 만족시키는 x, y에 대하여 x의 절댓값이 y의 절댓값의 2배일 때, 모든 상수 a의 값의 합은?

① -5 ② -3 ③ -1
④ 1 ⑤ 3

20

〔서술형〕

연립방정식 $\begin{cases} x+3y=-6 \\ ax-2by=16 \end{cases}$ 의 해가 $x=p$, $y=q$일 때,

연립방정식 $\begin{cases} 5x+by=a-7 \\ 3x+5y=-10 \end{cases}$ 의 해는 $x=p-1$, $y=q-1$이다. 이때, 두 상수 a, b의 값을 각각 구하시오.

21

〔도전 문제〕

k가 자연수일 때, 연립방정식 $\begin{cases} 12x+3y=5k \\ 21x-6y=2k \end{cases}$ 의 해가 $x=p$, $y=q$이다. 세 자연수 p, q, k의 최소공배수가 360일 때, 세 자연수 p, q, k의 값을 각각 구하시오.

유형**❺** 특수한 해를 갖는 연립방정식

22 대표문제

x, y에 대한 연립방정식 $\begin{cases} 2x=ky+1 \\ \dfrac{9y-4x}{3}=2-x \end{cases}$ 의 해가 없을 때, 상수 k의 값을 구하시오.

23

x, y에 대한 연립방정식

$$\begin{cases} 3(2a+b-1)x+2(b-a)y=2 \\ (4a+5)x+\left(a+\dfrac{b}{2}+3\right)y=1 \end{cases}$$

의 해가 무수히 많을 때, 두 상수 a, b의 곱 ab의 값을 구하시오.

24

x, y에 대한 연립방정식 $\begin{cases} 5x-2y=3a-1 \\ (2-b)x+4y=12 \end{cases}$ 에 대한 설명으로 • 보기 •에서 옳은 것을 모두 고른 것은?

(단, a, b는 상수이다.)

┌ • 보기 • ─────────────────┐

ㄱ. $a \neq -\dfrac{5}{3}$, $b=12$이면 해가 없다.

ㄴ. $a = -\dfrac{5}{3}$, $b \neq 12$이면 해가 없다.

ㄷ. $a \neq -\dfrac{5}{3}$, $b \neq 12$이면 해가 1쌍이다.

└─────────────────────────┘

① ㄱ   ② ㄱ, ㄴ   ③ ㄱ, ㄷ
④ ㄴ, ㄷ   ⑤ ㄱ, ㄴ, ㄷ

종합 사고력 도전 문제

01

비례식

$$(5x+2y+a):(-x+3y-b):(x+4y)=2:1:3$$

에 대하여 다음 물음에 답하시오. (단, a, b는 상수이다.)

(1) 주어진 비례식으로 만들 수 있는 x, y에 대한 연립방정식을 모두 나타내시오.

(2) $x=2-a$, $y=b$일 때, 두 상수 a, b의 값을 각각 구하시오.

02

x, y에 대한 연립방정식 $\begin{cases} 3x+ay=4 \\ 4(y-x)+2(y+b)=5(x+a) \end{cases}$

의 해가 무수히 많을 때, x에 대한 일차방정식 $(a+b+2k)x+k+3=0$의 해는 없다. 이때, 상수 k의 값을 구하시오. (단, a, b는 상수이다.)

03

한 자리의 두 자연수 a, b에 대하여 두 순환소수 x, y는 $x=0.\dot{a}\dot{b}$, $y=0.\dot{b}\dot{a}$이다. $c=a-b$일 때, 두 순환소수 x, y가 연립방정식 $\begin{cases} 10x-33y=-4.\dot{3} \\ 10x+11y=12.\dot{c} \end{cases}$를 만족시킨다. 두 순환소수 x, y의 값을 각각 기약분수로 나타내시오. (단, $a>b$)

04

0이 아닌 두 수 a, b에 대하여 $a\bigstar b$를 다음 규칙에 따라 정한다.

(가) $ab<0$일 때, $a\bigstar b=a-b+3$
(나) $ab>0$일 때, $a\bigstar b=b-2a$

다음 물음에 답하시오.

(1) $xy>0$일 때, 연립방정식 $\begin{cases} x-(3\bigstar y)=5 \\ \{x\bigstar(-2)\}+2y=8 \end{cases}$을 만족시키는 두 수 x, y의 값을 각각 구하시오.

(2) $xy<0$일 때, 연립방정식 $\begin{cases} x-(3\bigstar y)=5 \\ \{x\bigstar(-2)\}+2y=8 \end{cases}$을 만족시키는 두 수 x, y의 값을 각각 구하시오.

05

오른쪽은 세로셈을 이용하여 네 자리의 자연수의 덧셈을 한 것이다. 한 자리의 자연수 x, y의 값을 각각 구하시오.

$$
\begin{array}{r}
2 \ 1 \ x \ x \\
+ \ 3 \ y \ y \ x \\
\hline
5 \ x \ 5 \ y
\end{array}
$$

06

연립방정식 $\begin{cases} 3|x|-2|y|=k+5 \\ 2|x|+|y|=16 \end{cases}$ 을 만족시키는 x, y가 모두 정수일 때, 가능한 모든 자연수 k의 값의 합을 구하시오.

07

두 수 x, y에 대하여 $\mathrm{Max}(x, y)$, $\mathrm{Min}(x, y)$를

$$\mathrm{Max}(x, y)=\begin{cases} x \ (x \geq y) \\ y \ (x < y) \end{cases}, \ \mathrm{Min}(x, y)=\begin{cases} y \ (x \geq y) \\ x \ (x < y) \end{cases}$$

로 정의할 때, x, y에 대한 연립방정식

$\begin{cases} 3x+2y-\mathrm{Max}(x, 2y)=6 \\ 2x-y+\mathrm{Min}(x, 2y)=1 \end{cases}$ 의 해를 구하시오.

08

연립방정식 $\begin{cases} \dfrac{1}{x+y}+\dfrac{1}{y+z}+\dfrac{1}{z+x}=\dfrac{11}{36} \\ \dfrac{x}{y+z}+\dfrac{y}{z+x}+\dfrac{z}{x+y}=\dfrac{5}{2} \end{cases}$ 의 해가 $x=a$,

$y=b$, $z=c$일 때, $a+b+c$의 값을 구하시오.

유형 1 │ 해가 주어진 연립방정식

출제경향 연립방정식을 이루는 일차방정식의 계수 또는 상수항이 문자를 포함하고 있을 때, 연립방정식의 해를 제시하여 계수 또는 상수항의 값을 구하는 문제가 출제된다.

공략비법
(ⅰ) 주어진 해를 연립방정식에 대입한다.
(ⅱ) (ⅰ)에서 얻은 연립방정식의 해를 구한다.

1 대표 ・2016년 3월 교육청 │ 3점

연립방정식 $\begin{cases} 2x-5y=3 \\ x+2y=6 \end{cases}$ 의 해를 $x=a$, $y=b$라 할 때, $a+b$의 값을 구하시오.

2 유사 ・2012년 3월 교육청 │ 3점

연립방정식 $\begin{cases} 2x+ay=5 \\ x+2y=b \end{cases}$ 의 해가 $x=2$, $y=1$일 때, $a+b$의 값은? (단, a, b는 상수이다.)

① 1   ② 2   ③ 3
④ 4   ⑤ 5

유형 2 │ 해에 대한 조건이 주어진 연립방정식

출제경향 연립방정식에서 해에 대한 조건이 주어지고 이를 이용하여 계수 또는 상수항의 값을 구하는 문제가 출제된다.

공략비법
(ⅰ) 해에 대한 조건을 식으로 나타낸다.
(ⅱ) (ⅰ)의 식을 주어진 연립방정식에 대입한다.
(ⅲ) (ⅱ)에서 얻은 연립방정식의 해를 구한다.

3 대표 ・2008년 3월 교육청 │ 3점

연립방정식 $\begin{cases} x+y=a-11 \\ x+3y=3a-47 \end{cases}$ 을 만족하는 x와 y의 값의 비가 $1:2$일 때, 상수 a의 값을 구하시오.

4 유사 ・2007년 3월 교육청 │ 4점

합과 차의 비가 $7:2$가 되는 두 자연수 a, b에 대하여 순서쌍 (a, b)의 개수를 구하시오. (단, a, b는 100보다 작다.)

06 연립일차방정식의 활용

100점 노트

[100점 공략]

A 자주 쓰이는 수량 사이의 관계

(1) 십의 자리의 숫자가 x, 일의 자리의 숫자가 y인 두 자리의 자연수
$\Rightarrow 10x+y$

(2) a를 b로 나눈 몫이 q, 나머지가 r일 때
$\Rightarrow a=bq+r$ (단, $0 \leq r < b$)

(3) 두 수 a, b의 평균 : $\dfrac{a+b}{2}$

세 수 a, b, c의 평균 : $\dfrac{a+b+c}{3}$

(4) (거스름돈)
$=$(지불한 돈)$-$(물건의 가격)

(5) x의 $\dfrac{n}{m} \Rightarrow \dfrac{n}{m}x$

x의 $a \% \Rightarrow \dfrac{a}{100}x$

(6) $A:B=m:n$, $A+B=C$이면
$A=\dfrac{m}{m+n} \times C$, $B=\dfrac{n}{m+n} \times C$

[100점 공략]

B 원 모양의 트랙을 도는 문제

(1) 반대 방향으로 돌다가 만나는 경우
(처음 만날 때까지 이동한 거리의 합)
$=$(트랙의 길이)

(2) 같은 방향으로 돌다가 만나는 경우
(처음 만날 때까지 이동한 거리의 차)
$=$(트랙의 길이)

▶ STEP 2 | 12번

[주의]

C 기차에 대한 문제

(1) 일정한 속력의 기차가 터널을 완전히 통과할 때
$\Rightarrow$ (이동한 거리)
$=$(터널의 길이)$+$(기차의 길이)

(2) 터널을 통과하는 일정한 속력의 기차가 완전히 보이지 않을 때
$\Rightarrow$ (이동한 거리)
$=$(터널의 길이)$-$(기차의 길이)

▶ STEP 2 | 14번

연립일차방정식을 활용하여 문제를 해결하는 순서 A

(ⅰ) 문제의 뜻을 파악하고, 구하고자 하는 것을 각각 미지수 x, y로 놓는다.

(ⅱ) 문제의 뜻에 맞게 연립방정식을 세운다.

(ⅲ) 연립방정식의 해를 구한다.

(ⅳ) 구한 연립방정식의 해가 문제의 뜻에 맞는지 확인한다.

수에 대한 문제

(1) 나이에 대한 문제

현재 x세인 사람의 $\begin{cases} a년 \text{ 전의 나이} \Rightarrow (x-a)세 \\ b년 \text{ 후의 나이} \Rightarrow (x+b)세 \end{cases}$

(2) 점수에 대한 문제

맞히면 a점을 얻고, 틀리면 b점을 감점하는 시험에서 맞힌 문제가 x개, 틀린 문제가 y개일 때, 받은 점수 $\Rightarrow (ax-by)$점

원가, 정가에 대한 문제

(1) 원가 x원에 원가의 $a \%$의 이익을 붙인 정가

$\Rightarrow$ (정가)$=$(원가)$+$(이익)$=x+x \times \dfrac{a}{100}=\left(1+\dfrac{a}{100}\right)x$(원)

(2) 정가가 x원인 물건을 $a \%$ 할인한 판매 가격

$\Rightarrow$ (판매 가격)$=$(정가)$-$(할인 금액)$=x-x \times \dfrac{a}{100}=\left(1-\dfrac{a}{100}\right)x$(원)

(3) (이익)$=$(판매 가격)$-$(원가)

증가, 감소에 대한 문제

(1) x가 $a \%$ 증가했을 때 $\Rightarrow$ 증가량 : $\dfrac{a}{100}x$, 증가한 후의 양 : $\left(1+\dfrac{a}{100}\right)x$

(2) x가 $b \%$ 감소했을 때 $\Rightarrow$ 감소량 : $\dfrac{b}{100}x$, 감소한 후의 양 : $\left(1-\dfrac{b}{100}\right)x$

거리, 속력, 시간에 대한 문제 B C

(거리)$=$(속력)$\times$(시간), (속력)$=\dfrac{(거리)}{(시간)}$, (시간)$=\dfrac{(거리)}{(속력)}$

농도에 대한 문제

(1) (소금물의 농도)$=\dfrac{(소금의 양)}{(소금물의 양)} \times 100(\%)$

(2) (소금의 양)$=\dfrac{(소금물의 농도)}{100} \times$(소금물의 양)

[참고] 소금물에 물을 더 넣거나 물을 증발시켜도 소금의 양은 변하지 않는다.

일에 대한 문제

전체 일의 양을 1로 생각하고 각각 단위 시간 (1일, 1시간, 1분) 동안 할 수 있는 일의 양을 미지수 x, y로 놓고 x, y에 대한 식을 세운다.

Step ❶ 시험에 꼭 나오는 문제

01 자릿수

두 자리의 자연수가 있다. 십의 자리의 숫자와 일의 자리의 숫자의 합은 7이고, 십의 자리의 숫자와 일의 자리의 숫자를 바꾼 수는 처음 수보다 27만큼 작을 때, 처음 수를 구하시오.

02 개수

다음 그림은 민우가 축제 준비를 위해 물품을 구입하고 받은 영수증인데 일부가 찢어져서 알아볼 수가 없었다. 이때, 민우가 구입한 가위의 개수를 구하시오.

영수증

품목	개당 가격(원)	수량(개)	합계(원)
테이프	800	4	3,200
펜	600		
가위	1,400		
색종이	700	5	
총계		17	13,100

03 점수

문항의 배점이 각각 2, 3, 4점인 수학 시험에서 어느 학생이 16개를 맞혀 50점을 받았다. 맞힌 4점 문항의 개수가 맞힌 3점 문항의 개수보다 6만큼 더 많다고 할 때, 이 학생이 맞힌 3점 문항의 개수를 구하시오.

04 증가, 감소

어느 중학교 2학년의 올해 학생 수는 작년에 비하여 남학생의 수는 8 %가 감소하고, 여학생의 수는 5 %가 증가하여 전체 학생은 10명이 감소한 570명이 되었다. 이때, 올해 남학생의 수는?

① 272　　　　② 274　　　　③ 276
④ 278　　　　⑤ 280

05 거리, 속력, 시간

두현이는 집에서 출발하여 120 km 떨어진 할아버지 댁까지 가는데 처음에는 시속 48 km로 달리는 버스를 타고 가다가 내려서 나머지 거리는 분속 80 m로 걸었더니 총 3시간 15분이 걸렸다. 이때, 두현이가 걸어간 거리를 구하시오.

06 농도

4 %의 소금물과 9 %의 소금물을 섞어서 6 %의 소금물 400 g을 만들려고 한다. 이때, 섞어야 하는 4 %의 소금물의 양은?

① 160 g　　　　② 200 g　　　　③ 240 g
④ 280 g　　　　⑤ 320 g

07 일

한결이와 석준이가 함께 하면 9일 만에 끝낼 수 있는 일을 한결이가 혼자 6일 동안 작업한 후 나머지를 석준이가 혼자 10일 동안 작업하여 모두 마쳤다. 이 일을 한결이가 혼자 하면 며칠이 걸리는가?

① 30일　　　　② 32일　　　　③ 34일
④ 36일　　　　⑤ 38일

08 도형

그림과 같이 한 변의 길이가 a인 정사각형 2개와 한 변의 길이가 b인 정사각형 3개를 모두 사용하여 직사각형 ABCD를 만들었다. 직사각형 ABCD의 둘레의 길이가 88일 때, $a+b$의 값을 구하시오. [2017년 3월 교육청]

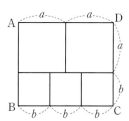

유형① 수, 개수에 대한 문제

01 대표문제

수빈이와 형식이가 가위바위보를 하여 이긴 사람은 3계단을 올라가고, 진 사람은 1계단을 내려가기로 하였다. 얼마 후 수빈이는 처음 위치보다 19계단을, 형식이는 처음 위치보다 7계단을 올라가 있었다. 이때, 수빈이가 가위바위보에서 이긴 횟수는? (단, 비기는 경우는 없었다.)

① 5회   ② 6회   ③ 7회
④ 8회   ⑤ 9회

02 〔앗! 실수〕

현재 아버지와 딸의 나이의 합은 52세이고, 12년 후에는 아버지의 나이가 딸의 나이의 2배보다 1세가 많아진다고 할 때, 현재 딸의 나이는?

① 10세   ② 11세   ③ 12세
④ 13세   ⑤ 14세

03

오른쪽과 같이 각 칸에는 숫자가 하나씩 적혀 있는 표가 있다. 가로, 세로, 대각선에 있는 각각의 세 수에 대하여 가운데의 수가 나머지 두 개의 수의 평균일 때, $x+y$의 값을 구하시오.

		4
9		y
x	2	

04

어느 식당에서 단체 손님을 받기로 하였다. 단체 손님들이 한 탁자에 5명씩 앉으면 손님이 앉은 마지막 탁자에는 3명이 앉고 빈 탁자 한 개가 남는다. 또한, 탁자에 4명씩 앉으면 1명이 탁자에 앉지 못한다. 이때, 단체 손님의 수와 탁자의 개수를 각각 구하시오.

05

어느 회사에서 비누와 치약으로 구성된 선물 세트 A, B를 만들어 판매하였다. 각 선물 세트 1개당 비누와 치약의 개수 및 판매 이익은 다음 표와 같다. 선물 세트를 만드는 데 사용된 비누는 5200개, 치약은 2400개였다고 한다. 선물 세트 A, B를 모두 팔았을 때, 총 판매 이익은?

	A	B
비누(개)	6	5
치약(개)	2	3
판매 이익(원)	1000	1100

① 90만 원   ② 100만 원   ③ 110만 원
④ 120만 원   ⑤ 130만 원

06 〔서술형〕

성원이는 총 문항이 30개인 어느 시험에 응시하였다. 이 시험의 점수는 정답, 오답, 무응답인 문항의 개수에 따라 계산하는데 다음 2가지 방식 중에서 하나를 선택할 수 있다고 한다.

〈방식 Ⅰ〉 문항을 맞히면 4점을 얻고, 틀리면 2점을 감점한다. 무응답을 한 문항은 0점 처리된다.
〈방식 Ⅱ〉 문항을 맞히면 5점을 얻고, 틀리면 3점을 감점한다. 무응답을 한 문항은 1점을 감점한다.

성원이가 〈방식 Ⅰ〉에 따라 얻은 점수가 82점, 〈방식 Ⅱ〉에 따라 얻은 점수가 98점일 때, 무응답을 한 문항의 개수를 구하시오.

유형❷ 비율 / 증가, 감소 대한 문제

07 대표문제

다음 표는 쌀과 콩 100 g에 각각 들어 있는 열량과 단백질의 양을 나타낸 것이다.

	열량(kcal)	단백질(g)
쌀	350	6
콩	400	34

쌀과 콩을 함께 섭취하여 550 kcal의 열량과 23 g의 단백질을 얻으려고 할 때, 섭취해야 할 쌀의 무게와 콩의 무게를 각각 구하시오.

08

A는 구리를 20 %, 주석을 40 % 포함한 합금이고, B는 구리를 30 %, 주석을 25 % 포함한 합금이다. 이 두 종류의 합금을 녹여서 구리를 22 g, 주석을 30 g 얻으려면 합금 A는 몇 g이 필요한가?

① 45 g ② 50 g ③ 55 g
④ 60 g ⑤ 65 g

09

어느 상점에서 물건 한 개를 A, B 두 사람이 함께 사서 각각 얼마씩 낸 다음 나머지 금액은 5회로 분할하여 갚기로 하였다. 매회 A는 자신이 처음 낸 금액보다 1000원씩 더 내고, 매회 B는 자신이 처음 낸 금액의 90 %를 내기로 하였다. 두 사람이 처음에 낸 금액을 포함하여 3회까지 낸 금액의 합은 같고, 물건값을 모두 갚고 난 후 A가 B보다 1000원을 더 냈다. 이 물건 한 개의 가격을 구하시오.

10

남녀 학생 수의 비가 7 : 3인 음악 동아리 학생들은 현악기와 관악기 중에서 하나를 선택하여 연주한다. 현악기를 연주하는 남녀 학생 수의 비는 3 : 1이고, 관악기를 연주하는 남녀 학생 수의 비는 4 : 3이었다. 관악기를 연주하는 학생이 총 14명일 때, 음악 동아리 전체 학생은 모두 몇 명인가?

① 50명 ② 60명 ③ 70명
④ 80명 ⑤ 90명

11 도전 문제

어느 과일 가게에서 사과 600개와 배 600개를 480000원에 구입하여 사과에는 20 %, 배에는 40 %의 이익을 붙여 정가를 정했다. 사과 전체의 $\frac{2}{3}$, 배 전체의 $\frac{1}{2}$을 정가로 팔고, 남은 사과와 배는 각각 정가에서 10 %, 20 %를 할인하여 모두 팔아 106800원의 이익을 얻었을 때, 사과 한 개의 정가를 구하시오.

유형❸ 거리, 속력, 시간에 대한 문제

12 대표문제

민석이와 수연이가 둘레의 길이가 600 m인 원 모양의 호수를 같은 지점에서 동시에 출발하여 같은 방향으로 걸으면 30분 후에 처음으로 다시 만나고, 반대 방향으로 걸으면 6번째로 다시 만나기까지 20분이 걸린다고 한다. 민석이가 수연이보다 빠르게 걷는다고 할 때, 민석이의 속력은?
(단, 민석이와 수연이의 속력은 각각 일정하다.)

① 분속 85 m ② 분속 90 m ③ 분속 95 m
④ 분속 100 m ⑤ 분속 105 m

13

유람선을 타고 길이가 36 km인 강을 거슬러 올라가는 데 1시간 30분, 내려오는 데 1시간 12분이 걸렸다. 정지한 물에서의 유람선의 속력은?

(단, 유람선과 강물의 속력은 각각 일정하다.)

① 시속 27 km   ② 시속 28 km   ③ 시속 29 km
④ 시속 30 km   ⑤ 시속 31 km

14

일정한 속력으로 달리는 기차가 길이가 700 m인 철교를 완전히 통과하는 데 40초가 걸리고, 길이가 1.5 km인 터널을 통과할 때 기차가 완전히 보이지 않는 시간은 1분이다. 이때, 기차의 길이가 몇 m인지 구하시오.

15

서술형

진철이는 20 km를 달리는 마라톤에 참가하여 출발 후 15분 동안 달리고 3분 동안 걷기를 반복하여 출발한 지 1시간 52분 만에 완주했다. 진철이의 달리는 속력과 걷는 속력의 차가 시속 8 km일 때, 진철이가 달리는 속력은 시속 a km이다. 이때, a의 값을 구하시오. (단, 진철이가 달리는 속력과 걷는 속력은 각각 일정하고, 달리는 속력이 걷는 속력보다 빠르다.)

16

도전 문제

은정이네 식구와 재욱이네 식구가 재욱이네 집에서 240 km 떨어진 여행지까지 가족별로 각각 차량 한 대씩을 이용하여 가기로 했다. 재욱이네 집 앞에서 모여 함께 출발하기로 하였는데 재욱이네는 준비가 덜 되어 은정이네 차가 먼저 출발하고 재욱이네 차는 은정이네 차보다 15분 늦게 출발하였다. 그런데 재욱이네 차가 출발한 지 45분 후에 두 차량이 길 위에서 만났고, 결국 재욱이네 차가 은정이네 차보다 45분 더 먼저 여행지에 도착했을 때, 은정이네 차가 여행지에 도착할 때까지 걸린 시간은? (단, 은정이네 차와 재욱이네 차의 속력은 각각 일정하고, 은정이네 차와 재욱이네 차는 이동 중 쉬는 시간이 없었다.)

① 3시간   ② 3시간 20분   ③ 3시간 40분
④ 4시간   ⑤ 4시간 20분

유형❹ 농도에 대한 문제

17 대표문제

두 소금물 A, B를 1 : 4의 비율로 섞었더니 농도가 9 %인 소금물이 되었고, 2 : 3의 비율로 섞었더니 농도가 10 %인 소금물이 되었다. 이때, 소금물 A의 농도는?

① 13 %   ② 13.5 %   ③ 14 %
④ 14.5 %   ⑤ 15 %

18

4 %의 소금물과 12 %의 소금물의 일부를 한 컵에 섞은 후 물을 증발시켜서 10 %의 소금물 600 g을 만들었다. 증발시킨 물의 양은 처음 컵에 섞은 4 %의 소금물의 양의 절반일 때, 처음 컵에 섞은 4 %의 소금물의 양은?

① 400 g   ② 450 g   ③ 500 g
④ 550 g   ⑤ 600 g

19

어느 카페에서 레모네이드를 파는데 레몬의 함유량을 조절하기 위해 실험을 했다. 기존 레모네이드 320 g에 레몬 $\frac{1}{6}$개를 잘라 넣었더니 레몬 함유량이 20 %가 되고, 기존 레모네이드 600 g에 레몬 $\frac{2}{3}$개를 잘라 넣었더니 레몬 함유량이 25 %가 되었다고 할 때, 레몬 1개의 무게를 구하시오.

$\left(\text{단, 레몬의 무게는 모두 일정하고, 레몬의 함유량은} \dfrac{(\text{레몬의 무게})}{(\text{레모네이드의 무게})}\times100(\%)\text{로 계산한다.}\right)$

유형⑤ 일에 대한 문제

20 대표문제

A가 혼자 하면 6시간이 걸리는 일을 A, B, C가 함께 하면 2시간이 걸린다. 또한, 이 일을 A, B가 1시간 30분 동안 함께 한 뒤, 나머지 일을 B, C가 2시간 동안 함께 하면 끝낼 수 있다. B가 이 일을 혼자서 할 때, 걸리는 시간은?

① 10시간   ② 12시간   ③ 14시간
④ 16시간   ⑤ 18시간

21

선영이와 미선이가 120개의 물건을 만드는데 선영이가 혼자서 6시간 동안 만들고, 나머지를 미선이가 혼자서 8시간 동안 만들면 전체 양을 모두 만들 수 있다. 또한, 선영이와 미선이가 함께 4시간 동안 만들고, 나머지를 선영이 혼자서 4시간 동안 만들면 전체 양의 $\frac{5}{6}$만큼 만들 수 있다. 선영이와 미선이가 함께 136개의 물건을 만들 때, 걸리는 시간을 구하시오.

22

어느 비어 있는 600 L 용량의 물탱크에 두 개의 관 A, B를 함께 사용하여 물을 가득 채우는 데 12분이 걸리고, 관 C를 사용하여 가득 채워진 물탱크에서 물을 모두 빼내는 데 1시간이 걸린다. 또한, 이미 260 L가 채워진 물탱크에 먼저 관 A를 열어 8분 동안 물을 채우고, 관 A를 잠그고 10분 동안 관 B를 열어 물을 채우는 동시에 관 C를 열어 물을 빼내면 물탱크를 가득 채울 수 있다. 이때, 관 A만을 열어 빈 물탱크를 가득 채우는 데 걸리는 시간은? (단, 관 A, B, C로 물을 채우거나 빼내는 속력은 각각 일정하다.)

① 20분   ② 21분   ③ 22분
④ 23분   ⑤ 24분

유형⑥ 도형에 대한 문제

23 대표문제

오른쪽 그림과 같이 가로의 길이와 세로의 길이가 각각 12 cm, 4 cm인 직사각형에서 가로의 길이와

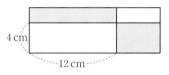

세로의 길이를 늘여서 새로운 직사각형을 만들었다. 가로로 늘인 길이는 세로로 늘인 길이보다 4 cm만큼 길고, 새로 만들어진 직사각형에서 색칠한 부분의 넓이는 처음 직사각형의 넓이와 같을 때, 새로운 직사각형의 가로의 길이를 구하시오.

24

다음 그림은 정사각형 6개의 변을 이어 붙여 만든 것이다. 정사각형 A의 넓이가 9이고 정사각형 B와 C의 넓이는 서로 같을 때, a, b의 값을 각각 구하시오.

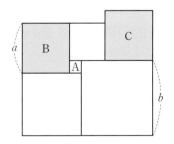

01

아래의 이야기를 읽고 말과 당나귀가 지고 있는 짐은 각각 몇 자루인지 구하시오.

> 뜨거운 여름 날 말과 당나귀가 각자 짐을 지고 힘겹게 걸어가고 있었습니다. 말이 당나귀에게 "너무 무거워! 내 짐 좀 덜어줘."라고 하자 당나귀가 말에게 "내가 네 짐을 한 자루를 가져오면 내 짐의 수는 네 짐의 수의 3배가 돼. 하지만 네가 내 짐을 한 자루 가져가면 네 짐과 내 짐의 수가 똑같아지는 데 뭘 그리 투덜대는 거야?"라고 하였습니다.

02

6명의 학생이 팔씨름 시합을 하여 이기는 학생에게는 2점, 지는 학생에게는 0점을 주기로 하였다. 6명의 학생은 모두 서로 한 번씩 시합을 하였고 총 15번의 시합 중 비기는 경우는 없었다. 다음은 학생들이 받은 점수를 조사하여 표로 나타낸 것이다. 물음에 답하시오.

받은 점수(점)	학생 수(명)
2	1
4	a
6	b
8	1
합계	6

(1) a, b를 사용하여 미지수가 2개인 연립방정식을 세우고 a, b의 값을 각각 구하시오.

(2) 학생들이 받은 점수의 평균을 m점이라 할 때, m의 값을 구하시오.

03

어느 음악회에서 연주되는 곡은 4분, 5분, 6분짜리의 세 종류가 있다. 6분짜리 곡은 4분짜리 곡과 5분짜리 곡의 수를 더한 것보다 1곡이 많고, 4분짜리 곡의 총 연주 시간이 5분짜리 곡의 총 연주 시간보다 6분이 더 길다. 곡과 곡 사이에는 다음 곡을 준비하는 시간 1분이 필요하고, 첫 곡이 시작된 후 마지막 곡이 끝날 때까지 총 1시간 20분이 소요될 때, 이 음악회에서 연주된 4분짜리 곡의 수를 구하시오.

04

컵 A에는 흰색 물감과 검은색 물감이 3 : 2의 비율로 섞인 물감이 들어 있고 컵 B에는 흰색 물감과 검은색 물감이 2 : 3의 비율로 섞인 물감이 들어 있을 때, 다음 물음에 답하시오.

(1) 두 컵 A, B에 들어 있는 물감을 섞어서 흰색 물감과 검은색 물감이 5 : 6의 비율로 섞인 물감 275 g을 새로 만들 때, 두 컵 A, B에 들어 있는 물감의 양을 각각 구하시오.

(2) (1)에서 새로 만든 물감에 들어 있는 흰색 물감의 양을 구하시오.

05

어느 회사에서 사원 80명에게 연수를 실시하고 연수 점수에 따라 상위 25 %를 뽑아 해외 여행을 보내 주기로 하였다. 해외 여행을 가는 사원의 최저 연수 점수는 전체 사원의 평균 연수 점수보다 8점이 높고, 해외 여행을 가지 않는 사원들의 평균 연수 점수보다는 18점이 높았다. 또한, 해외 여행을 가는 사원의 최저 연수 점수는 해외 여행을 가는 사원들의 평균 연수 점수의 $\frac{2}{3}$배보다 2점이 높았다. 이때, 해외 여행을 가는 사원의 최저 연수 점수를 구하시오.

06

두 컵 A, B에 설탕물이 각각 300 g, 400 g이 들어 있다. 컵 A의 설탕물 200 g을 컵 B에 넣고 잘 섞은 후 컵 B에 있는 설탕물의 $\frac{1}{6}$을 다시 컵 A에 넣고 잘 섞은 다음 농도를 측정하니 두 컵 A, B에 들어 있는 설탕물의 농도는 각각 9 %, 10 %이었다. 처음에 두 컵 A, B의 설탕물에 들어 있던 설탕의 양이 각각 a g, b g일 때, $b-a$의 값을 구하시오.

07

어느 맞춤 양복점의 장인은 양복 한 벌을 만드는 데 3일이 걸리고, 코트 한 벌을 만드는 데 2일이 걸린다. 장인은 옷 한 벌을 다 만들 때마다 하루의 휴일을 보내며, 일요일은 항상 쉰다고 한다. 만약 장인의 휴일과 일요일이 겹친다면 다음날인 월요일도 쉰다. 장인은 양복과 코트를 합하여 22벌의 주문을 받고 목요일부터 일을 시작하여 98일이 지난 후에 모두 완성하였다. 이 기간 동안 장인은 몇 벌의 양복을 만들었는지 구하시오.

(단, 장인은 한 번에 한 벌의 옷만 만든다.)

08

어느 학교 학생들이 A, B 두 조로 나뉘어 학교로부터 28 km 떨어진 양로원으로 봉사 활동을 간다. 학교 앞에서 동시에 출발하여 A조는 시속 6 km로 걸어가고, B조는 시속 60 km로 달리는 승용차를 타고 갔다. 도중에 어떤 지점에서 B조 학생들은 승용차에서 내려서 시속 6 km로 걸어가고, 승용차는 바로 되돌아가 걸어오던 A조 학생들을 태우고 시속 60 km로 다시 양로원까지 갔다. B조가 A조보다 18분 늦게 양로원에 도착했을 때, A조와 B조가 승용차를 타고 이동한 거리를 각각 구하시오. (단, A, B 두 조가 걷는 속력과 승용차의 속력은 각각 일정하다.)

blacklabel
미리보는 학력평가

정답체크 p. 3 | 정답과 해설 pp. 61~62

유형 1 | 수, 나이에 대한 활용 문제

출제경향 수나 나이에 대한 연립방정식의 활용 문제가 출제된다. 문제에서 수량 사이의 관계를 파악하여 연립방정식을 세우고 푼 다음, 문제의 뜻에 맞는 답을 찾는다.

공략비법 수, 나이에 대한 식 세우기
(1) 현재 x세인 사람의
 ① a년 후의 나이는 $(x+a)$세
 ② a년 전의 나이는 $(x-a)$세
(2) 처음 두 자리의 자연수의 십의 자리의 숫자를 x, 일의 자리의 숫자를 y라 하면
 ① 처음 수는 $10x+y$
 ② 각 자리의 숫자를 바꾼 수는 $10y+x$

---

1 대표 ・2010년 3월 교육청 | 3점

다음 두 조건을 모두 만족하는 아들의 현재 나이는?

> (개) 현재 아버지와 아들 나이의 합은 67세이다.
> (내) 16년 후, 아버지의 나이는 아들의 나이의 2배이다.

① 16세　　② 17세　　③ 18세
④ 19세　　⑤ 20세

---

2 유사 ・2006년 3월 교육청 | 4점

한영이는 네 자리 수로 되어 있는 전자우편 비밀번호를 자꾸 잊어버려 다음과 같이 힌트를 적어 두었다.

> (개) 끝의 두 자리의 수는 25이다.
> (내) 각 자리의 숫자의 합은 19이다.
> (대) 천의 자리와 십의 자리 숫자의 합에서 백의 자리와 일의 자리 숫자의 합을 빼면 3이다.

한영이의 전자우편 비밀번호의 각 자리 숫자의 곱을 구하시오.

유형 2 | 개수, 가격에 대한 활용 문제

출제경향 개수나 가격에 대한 연립방정식의 활용 문제가 출제된다. 문제에서 수량 사이의 관계를 파악하여 연립방정식을 세우고 푼 다음 문제의 뜻에 맞게 답을 찾는다.

공략비법 개수, 가격에 대한 식 세우기
(1) a가 x개, b가 y개 있을 때, 전체 개수는 $(x+y)$개
(2) a원짜리 x개, b원짜리 y개가 있을 때, 총 금액은 $(ax+by)$원
(3) 정가가 x원인 물건을 a % 할인한 판매 가격은 $\left(1-\dfrac{a}{100}\right)x$원
(4) (이익)=(판매 가격)-(원가)

---

3 대표 ・2013년 3월 교육청 | 4점

월드컵 축구 중계 방송이 끝나고 3분간 광고 방송을 하려고 한다. 10초짜리 a개, 20초짜리 b개, 30초짜리 3개로 총 10개의 광고 방송을 할 때, $a-b$의 값은?
(단, 두 광고 사이에 시간의 공백은 없다.)

① -3　　② -1　　③ 1
④ 3　　⑤ 5

---

4 유사 ・2015년 3월 교육청 | 4점

어느 매장에서 두 상품 A, B를 정가로 판매할 때와 할인가로 판매할 때의 1개당 가격은 다음 표와 같다.

	상품 A	상품 B
정가	6000원	4000원
할인가	5000원	2000원

어느 날 이 매장에서 두 상품 A, B를 모두 할인가로 판매하였더니 매출액은 340000원이었다. 이는 이날 판매한 상품을 모두 정가로 판매했을 때의 매출액보다 140000원이 적은 금액이다. 이날 판매한 두 상품 A, B의 개수를 각각 a, b라 할 때, $a+b$의 값을 구하시오.

IV

함수

07

일차함수와 그래프

100점 노트

Ⓐ 함수 $y=f(x)$에서 f는 함수를 뜻하는 function의 첫 글자이다.

Ⓑ **함수 $y=f(x)$에서 $f(a)$의 의미**
(1) $x=a$일 때의 함숫값
(2) $x=a$일 때의 y의 값
(3) $f(x)$의 x 대신 a를 대입하여 얻은 값

Ⓒ **평행이동**
$$y=ax \xrightarrow[\text{b만큼 평행이동}]{\text{y축의 방향으로}} y=ax+b$$
(1) $b>0$일 때 : y축을 따라 위로 b만큼 평행이동
(2) $b<0$일 때 : y축을 따라 아래로 b의 절댓값만큼 평행이동

Ⓓ **기울기**
(1) 기울기는 x의 값이 1만큼 증가할 때, y의 값의 증가량을 나타낸다.
(2) 서로 다른 두 점 (x_1, y_1), (x_2, y_2)를 지나는 일차함수의 그래프의 기울기 a는
$$a=\frac{y_2-y_1}{x_2-x_1}=\frac{y_1-y_2}{x_1-x_2}$$
▶ STEP 2 | 17번, STEP 3 | 03번

100점 공략

Ⓔ **일차함수의 그래프의 평행, 일치**
두 일차함수 $y=ax+b$, $y=cx+d$의 그래프에 대하여
(1) 평행 ⇨ 기울기가 같고, y절편이 다르다.
　　　⇨ $a=c$, $b\neq d$
(2) 일치 ⇨ 기울기가 같고, y절편도 같다.
　　　⇨ $a=c$, $b=d$

Ⓕ **일차함수의 활용**
일차함수의 활용 문제는 다음과 같은 순서대로 푼다.
(ⅰ) 문제의 뜻을 파악하고, 변수 x, y를 정한다.
(ⅱ) x, y 사이의 관계식을 세운다.
　　⇨ $y=f(x)$
(ⅲ) 문제를 푸는 데 필요한 x의 값 또는 $f(x)$의 값을 구한다.
(ⅳ) 구한 값이 문제의 뜻에 맞는지 확인한다.
▶ STEP 2 | 31번, STEP 3 | 01번

함수와 함숫값 Ⓐ Ⓑ

(1) 함수
　① 두 변수 x, y에 대하여 x의 값이 변함에 따라 y의 값이 하나씩 정해지는 대응 관계가 성립할 때, y를 x의 함수라 한다.
　② y가 x의 함수일 때, 이것을 기호로 $y=f(x)$와 같이 나타낸다.
　예 배구공을 한 상자에 6개씩 담는다고 하자. 상자 x개에 담긴 배구공의 개수를 y라 할 때, $y=6x$이고 상자 수인 x의 값이 변함에 따라 배구공의 개수인 y의 값이 하나씩 정해지므로 y는 x의 함수이다.
　예 y가 x에 정비례 또는 반비례할 때, 즉 $y=ax$ 또는 $y=\frac{a}{x}$ $(a\neq0)$일 때도 x의 값이 변함에 따라 y의 값이 하나씩 정해지므로 y는 x의 함수이다.

(2) 함숫값
　함수 $y=f(x)$에서 x의 값에 따라 하나씩 정해지는 y의 값, 즉 $f(x)$를 x에서의 함숫값이라 한다.
　예 함수 $y=f(x)$에서 $f(x)=3x$이면
　　$x=2$일 때의 함숫값은 $f(2)=3\times2=6$이다.

일차함수 Ⓒ

(1) 일차함수 : 함수 $y=f(x)$에서 y가 x에 대한 일차식
　　$y=ax+b$ (단, a, b는 상수, $a\neq0$)
　로 나타내어질 때, 이 함수를 x에 대한 일차함수라 한다.
(2) 일차함수 $y=ax+b$ $(b\neq0)$의 그래프는 일차함수 $y=ax$의 그래프를 y축의 방향으로 b만큼 평행이동한 직선이다.

일차함수 $y=ax+b$의 그래프 Ⓓ Ⓔ

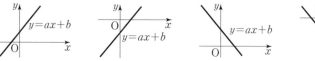
(1) $\underset{\text{$x$의 값}}{\underline{x\text{절편} : -\frac{b}{a}}}$, $\underset{\text{$x=0$일 때 y의 값}}{\underline{y\text{절편} : b}}$
(2) $(\text{기울기})=\frac{(y\text{의 값의 증가량})}{(x\text{의 값의 증가량})}=a$

(3) 그래프의 성질
　① $a>0$일 때, x의 값이 증가하면 y의 값도 증가 ⇨ 오른쪽 위로 향하는 직선
　② $a<0$일 때, x의 값이 증가하면 y의 값은 감소 ⇨ 오른쪽 아래로 향하는 직선

| $a>0, b>0$ | $a>0, b<0$ | $a<0, b>0$ | $a<0, b<0$ |

일차함수의 식 구하기

(1) 기울기가 a, y절편이 b인 그래프가 나타내는 일차함수의 식 ⇨ $y=ax+b$
(2) 기울기가 a이고 점 (x_1, y_1)을 지나는 그래프가 나타내는 일차함수의 식
　⇨ $y=ax+b$라 하고 $x=x_1$, $y=y_1$을 대입하여 b의 값을 구한다.
(3) 서로 다른 두 점 (x_1, y_1), (x_2, y_2)를 지나는 그래프가 나타내는 일차함수의 식
　⇨ 두 점의 좌표를 이용하여 기울기를 구한 후, (2)와 같은 방법으로 구한다.
　⇨ 두 점의 좌표를 $y=ax+b$에 대입하고 연립하여 a, b의 값을 구한다.

01 함수의 뜻

• 보기 •에서 y가 x의 함수인 것을 모두 고른 것은?

┌─ • 보기 •─────────────────────┐
ㄱ. x의 약수 y
ㄴ. 자연수 x를 2로 나눈 나머지 y
ㄷ. 절댓값이 x인 정수 y
ㄹ. 자연수 x의 소인수의 개수 y
ㅁ. 자연수 x와 서로소인 자연수 y
└──────────────────────────┘

① ㄱ, ㄴ　　　　② ㄴ, ㄷ　　　　③ ㄴ, ㄹ
④ ㄷ, ㅁ　　　　⑤ ㄹ, ㅁ

02 함숫값

함수 $f(x)=-\dfrac{1}{4}x+2$에 대하여 $f(4a)=-\dfrac{1}{3}a$를 만족시키는 a의 값을 구하시오.

03 함숫값 – 함수의 식 완성하기

함수 $f(x)=\dfrac{9}{x}-a$에 대하여

$$f(3)=5,\ f(k)=-4f(-3)-f(-1)$$

일 때, 상수 k의 값은? (단, a는 상수이다.)

① -3　　　　② -2　　　　③ 1
④ 2　　　　　⑤ 3

04 함숫값 – $f(x)=$ (x에 대한 조건) 꼴의 함수

함수 $y=f(x)$에 대하여 $f(x)=$ (x보다 작은 소수의 개수)라 할 때, $f(23)-f(11)$의 값은?

① 3　　　　　② 4　　　　　③ 5
④ 6　　　　　⑤ 7

05 일차함수의 뜻

• 보기 •에서 y가 x에 대한 일차함수인 것을 모두 고른 것은?

┌─ • 보기 •─────────────────────┐
ㄱ. 한 권에 x원 하는 공책 5권의 가격 y원
ㄴ. 60 km의 거리를 시속 x km로 달릴 때, 걸린 시간 y시간
ㄷ. 넓이가 10 cm²이고 가로의 길이가 x cm인 직사각형의 세로의 길이 y cm
ㄹ. 2000원을 가지고 문방구에서 한 자루에 300원 하는 연필 x자루를 사고 남은 거스름돈 y원
└──────────────────────────┘

① ㄱ, ㄷ　　　　② ㄱ, ㄹ　　　　③ ㄴ, ㄷ
④ ㄴ, ㄹ　　　　⑤ ㄷ, ㄹ

06 일차함수의 그래프 위의 점

점 $A(2, a)$가 함수 $y=-2x+9$의 그래프 위의 점일 때, a의 값은? [2014년 3월 교육청]

① 1　　　　　② 3　　　　　③ 5
④ 7　　　　　⑤ 9

07 일차함수의 그래프의 평행이동

일차함수 $y=2ax+5$의 그래프를 y축의 방향으로 -7만큼 평행이동하였더니 일차함수 $y=4x+b$의 그래프와 일치하였다. 이때, 두 상수 a, b에 대하여 $a-b$의 값을 구하시오.

08 일차함수의 그래프의 x절편과 y절편

일차함수 $y=-\dfrac{4}{3}x+4$의 그래프의 x절편을 a, y절편을 b라 할 때, 다음 중 그 그래프가 점 (a, b)를 지나는 일차함수는?

① $y=-\dfrac{4}{3}x$　　② $y=-\dfrac{4}{3}x+3$　　③ $y=-\dfrac{3}{4}x+1$
④ $y=\dfrac{4}{3}x+1$　　⑤ $y=\dfrac{2}{3}x+2$

09 일차함수의 그래프의 기울기

일차함수 $y=f(x)$에 대하여
$$f(2)-f(5)=12$$
일 때, 일차함수 $y=f(x)$의 그래프의 기울기를 구하시오.

10 일차함수 그래프의 성질

일차함수 $y=-\dfrac{2}{3}x+1$의 그래프에 대한 설명으로
• 보기 •에서 옳은 것을 모두 고른 것은?

┌─ 보기 ────────────────────────┐
ㄱ. 일차함수 $y=\dfrac{2}{3}x+1$의 그래프와 평행하다.

ㄴ. y절편은 x절편보다 크다.

ㄷ. x의 값이 3만큼 증가하면 y의 값은 2만큼 감소한다.

ㄹ. 오른쪽 위로 향하는 직선이다.
└──────────────────────────────┘

① ㄴ   ② ㄷ   ③ ㄱ, ㄷ
④ ㄴ, ㄷ   ⑤ ㄷ, ㄹ

11 일차함수의 그래프 그리기

일차함수 $y=ax+2a-b$의 그래프
는 오른쪽 그림과 같은 일차함수의
그래프와 평행하고 제4 사분면을
지날 때, b의 값의 범위는?
（단, a, b는 상수이다.）

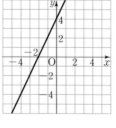

① $b<-1$ ② $b>0$
③ $b>4$ ④ $b\leq5$
⑤ $b\leq6$

12 일차함수의 식 구하기 – 기울기와 한 점의 좌표를 알 때

다음 그래프와 평행하고, x절편이 -2인 직선을 그래프로
하는 일차함수의 식을 구하시오.

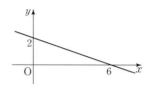

13 일차함수의 식 구하기 – 두 점의 좌표를 알 때

오른쪽 그림과 같이 두 점 $(5, 2)$,
$(-2, -5)$를 지나는 일차함수의
그래프가 x축, y축과 만나는 점을
각각 A, B라 하자. A$(a, 0)$,
B$(0, b)$일 때, $a+b$의 값은?

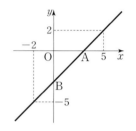

① -1 ② 0
③ 3 ④ 5
⑤ 6

14 일차함수의 활용

섭씨온도는 1기압에서 물의 어는점을 $0\,^\circ\text{C}$, 끓는점을 $100\,^\circ\text{C}$
로 정하여 그 사이를 100등분한 온도 체계이고, 화씨온도는
1기압에서 물의 어는점을 $32\,^\circ\text{F}$, 끓는점을 $212\,^\circ\text{F}$로 정하여
그 사이를 180등분한 온도 체계이다. 섭씨온도 $x\,^\circ\text{C}$를 화씨
온도로 나타내면 $y\,^\circ\text{F}$라 할 때, 다음 관계식이 성립한다.
$$y=ax+b \ (a, b는 상수)$$
섭씨온도 $20\,^\circ\text{C}$를 화씨온도로 나타내면 $t\,^\circ\text{F}$일 때, t의 값은?

[2012년 3월 교육청]

① 68   ② 70   ③ 72
④ 74   ⑤ 76

유형❶ 함수의 뜻

01 대표문제

• 보기 • 에서 y가 x의 함수가 <u>아닌</u> 것을 모두 고른 것은?

• 보기 •

ㄱ. 1통에 12000원 하는 수박 x통의 값 y원
ㄴ. 키가 x cm인 사람의 몸무게 y kg
ㄷ. 농도가 x %인 소금물 300 g에 들어 있는 소금의 양 y g
ㄹ. 우유 20 L를 학생 x명이 똑같이 남김없이 나누어 마셨을 때, 한 명이 마신 우유의 양 y L
ㅁ. 둘레의 길이가 x cm인 직사각형의 넓이 y cm²

① ㄱ, ㄴ   ② ㄱ, ㄹ   ③ ㄴ, ㄷ
④ ㄴ, ㅁ   ⑤ ㄷ, ㄹ

02   앗! 실수

x, y가 자연수일 때, 다음 중 y가 x의 함수인 것은?

(정답 2개)

① x보다 작은 짝수 y
② x의 모든 약수의 합 y
③ 절댓값이 x가 되는 수 y
④ x로 나눈 나머지가 1이 되는 수 y
⑤ 십의 자리 숫자가 x인 두 자리 자연수 y

유형❷ 함숫값

03 대표문제

함수 $y=f(x)$에 대하여

$$f(-2)=9, f\left(\frac{-4x+2}{5}\right)=ax-3$$

일 때, 상수 a의 값을 구하시오.

04

함수 $f(x)=|x-2|+|x-5|$에 대하여 다음 중 옳지 <u>않은</u> 것은?

① $f(3)=f(4)$ ② $f(5)=3$
③ $f(-1)>f(1)$ ④ $f(6)<f(8)$
⑤ $f(-2)<f(0)$

05

함수 $f(x)=($자연수 x의 약수의 개수$)$에 대하여 다음 중 옳은 것은?

① $f(12)=4$
② $f(6)=f(9)$
③ $1+f(13)=f(13^2)$
④ 자연수 n에 대하여 $f(n^2)=3$이다.
⑤ $f(x)=2$를 만족시키는 자연수 x는 하나뿐이다.

06

두 수 a, b와 함수 $f(x)$에 대하여 $a-\boxed{f(x)}-b$는 $f(a)=b$를 의미한다. 세 함수 $f(x)=4x$, $g(x)=-\dfrac{12}{x}$, $h(x)=-x+3$에 대하여 다음 ①~⑤에 들어갈 것으로 옳은 것은?

| (가) ① $-\boxed{g(x)}-(-3)-\boxed{②}-6-\boxed{g(x)}-③$ |
| (나) $2-\boxed{f(x)}-④-\boxed{⑤}-\left(-\dfrac{3}{2}\right)$ |

① 12   ② $f(x)$ ③ -2
④ -8 ⑤ $h(x)$

07

일차방정식 $4(x-1)=10-3x$의 해를 $x=a$, 일차방정식 $5-x=\dfrac{x-1}{3}$의 해를 $x=b$라 하자. 함수 $f(x)=x+k$에 대하여 $f(-1)=\dfrac{b}{a}$일 때, 상수 k의 값을 구하시오.

08
　　　　　　　　　　　　　　　　　　　　［도전 문제］

자연수 n에 대하여 $f(n)=(n$의 일의 자리의 숫자$)$라 하자. 예를 들어, $f(125)=5$, $f(4797)=7$이다. $f(n)=f(n^2)$을 만족시키는 모든 $f(n)$의 값의 합은?

① 12 　　　　　② 14 　　　　　③ 16
④ 18 　　　　　⑤ 20

　　　유형❸ 일차함수의 뜻

09 　대표문제

y를 x에 관한 식으로 나타내면 y가 x의 일차함수이고, 이 함수를 $y=f(x)$라 할 때, 다음 중 옳은 것은?

① x각형의 외각의 크기의 합 $y°$, $f(5)=360$
② 전체 학생이 42명인 학급에서 남학생이 x명일 때, 여학생 y명, $f(30)=12$
③ 넓이가 20 cm²인 마름모의 한 대각선의 길이가 x cm일 때, 다른 대각선의 길이 y cm, $f(4)=5$
④ 1초에 10장씩 복사하는 복사기가 y장을 복사하는데 걸리는 시간 x초, $f(2)=5$
⑤ 반지름의 길이가 x cm인 원의 넓이 y cm², $f(3)=9\pi$

10

$y=6(a-x)-a(3x+5)$가 x에 대한 일차함수가 되도록 하는 상수 a의 값으로 다음 중 옳지 <u>않은</u> 것은?

① -2 　　　　② -1 　　　　③ 1
④ 2 　　　　　⑤ 3

　　　유형❹ 일차함수의 그래프의 평행이동

11 　대표문제

일차함수 $y=3x+a$의 그래프를 y축의 방향으로 4만큼 평행이동한 그래프가 두 점 $(3, 14)$, $(-1, b)$를 지날 때, $a+b$의 값은? (단, a는 상수이다.)

① -3 　　　　② -1 　　　　③ 1
④ 3 　　　　　⑤ 5

12

좌표평면 위의 점 $A(3, 3)$과 x축에 대하여 대칭인 점을 B라 할 때, 일차함수 $y=\dfrac{1}{3}x$의 그래프를 y축의 방향으로 a만큼 평행이동하면 점 B를 지난다. 이때, a의 값을 구하시오.

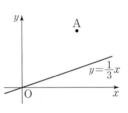

13

점 $(3, 3)$을 지나는 일차함수 $y=ax+b$의 그래프를 y축의 방향으로 4만큼 평행이동하면 점 $(-1, -1)$을 지난다. 일차함수 $y=ax-b$의 그래프 위의 점 중에서 y좌표가 x좌표의 3배가 되는 점의 x좌표는? (단, a, b는 상수이다.)

① 1 　　　　　② 2 　　　　　③ 3
④ 4 　　　　　⑤ 5

유형⑤ 일차함수의 그래프의 기울기와 x절편, y절편

14 대표문제

기울기가 같은 두 일차함수 $y=ax-5$, $y=\dfrac{5}{3}x+b$의 그래프가 x축과 만나는 점을 각각 P, Q라 하자. $\overline{PQ}=6$일 때, 두 상수 a, b에 대하여 $3a+b$의 값을 구하시오. (단, $a>b$)

15

오른쪽 그림과 같이 두 일차함수 $y=-x+11$, $y=-\dfrac{1}{3}x+3$의 그래프 및 x축, y축으로 둘러싸인 도형의 넓이를 구하시오.

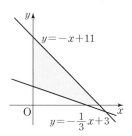

16

세 점 $(-2, 4-2a)$, $(1, a)$, (a, b)가 한 직선 위에 있을 때, 이 직선을 그래프로 하는 일차함수 $y=-2x+k$에서 $a+b+k$의 값은? (단, k는 상수이다.)

① $\dfrac{7}{3}$ ② $\dfrac{8}{3}$ ③ 3

④ $\dfrac{10}{3}$ ⑤ $\dfrac{11}{3}$

17

좌표평면 위에 오른쪽 그림과 같은 15개의 점이 있다. 일차함수 $f(x)=ax+b$의 그래프가 이들 15개의 점 중에서 두 점 이상을 지날 때, 서로 다른 a의 값의 개수를 구하시오. (단, a, b는 상수이다.)

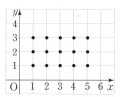

18

세 일차함수 $f(x)=-\dfrac{1}{3}x+2$, $g(x)=ax+2$, $h(x)=bx+2$가 있다. 두 함수 $y=g(x)$, $y=h(x)$의 그래프가 $y=f(x)$의 그래프 및 x축, y축으로 둘러싸인 삼각형의 넓이를 삼등분할 때, $a+2b$의 값을 구하시오. (단, a, b는 상수이고 $a<b$이다.)

19

오른쪽 그림과 같이 두 일차함수 $y=x+p$, $y=-3x+q$의 그래프와 x축의 교점을 각각 A, B라 하고 y축의 교점을 각각 C, D라 하자. $\overline{AB}=\overline{BO}$이고 $\overline{CD}=10$일 때, 두 상수 p, q에 대하여 $p+q$의 값을 구하시오. (단, O는 원점이다.)

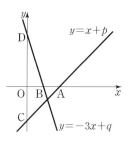

20

오른쪽 그림과 같이 $\angle B = 90°$인 직각삼각형 ABC가 있다. $\triangle ABC$의 내부에 한 점 P를 잡고, 점 P에서 변 AB, BC에 내린 수선의 발을 각각 D, E라 하자. $\overline{AD} = a$, $\overline{DP} = b$, $\overline{PE} = c$, $\overline{EC} = d$라 할 때, •보기•에서 옳은 것을 모두 고른 것은?

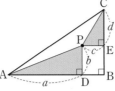

┌─ 보기 ────────────────────────────┐
ㄱ. $\dfrac{b}{a} < \dfrac{d}{c}$ ㄴ. $\dfrac{b}{a} < \dfrac{b+d}{a+c}$ ㄷ. $\dfrac{b+d}{a+c} < \dfrac{d}{c}$
└────────────────────────────────────┘

① ㄱ   ② ㄱ, ㄴ   ③ ㄱ, ㄷ
④ ㄴ, ㄷ   ⑤ ㄱ, ㄴ, ㄷ

유형❻ 일차함수의 그래프의 성질

21 대표문제

일차함수 $y = ax - b$의 그래프가 오른쪽 그림과 같을 때, 일차함수 $y = bx + a$의 그래프에 대한 설명으로 •보기•에서 옳은 것을 모두 고른 것은? (단, a, b는 상수이다.)

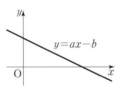

┌─ 보기 ────────────────────────────┐
ㄱ. 일차함수 $y = bx + a$의 그래프의 x절편은 일차함수 $y = ax - b$의 그래프의 x절편보다 크다.

ㄴ. 일차함수 $y = bx + a$의 그래프를 y축의 방향으로 $-a$만큼 평행이동한 그래프는 원점을 지난다.

ㄷ. 일차함수 $y = bx + a$의 그래프가 지나지 않는 사분면은 제 3 사분면이다.
└────────────────────────────────────┘

① ㄱ   ② ㄴ   ③ ㄷ
④ ㄱ, ㄴ   ⑤ ㄴ, ㄷ

22

다음 중 일차함수 $y = -2x + 7$의 그래프에 대한 설명으로 옳지 <u>않은</u> 것은?

① 오른쪽 아래로 향하는 직선이다.
② x의 값이 3만큼 증가할 때 y의 값은 6만큼 감소한다.
③ 일차함수 $y = 2x - 7$의 그래프와 x축에서 만난다.
④ 제1, 2, 4사분면을 지난다.
⑤ 일차함수 $y = -2x$의 그래프를 y축의 방향으로 -7만큼 평행이동한 직선이다.

23

일차함수 $y = (-a + 2)x - 4$의 그래프가 제1사분면을 지나지 않을 때, 점 $(2 - a, -3a)$의 위치가 될 수 있는 곳을 •보기•에서 모두 고른 것은? (단, a는 상수이다.)

┌─ 보기 ────────────────────────────┐
ㄱ. 제1사분면   ㄴ. 제2사분면
ㄷ. 제3사분면   ㄹ. 제4사분면
ㅁ. x축   ㅂ. y축
└────────────────────────────────────┘

① ㄴ   ② ㄷ   ③ ㄱ, ㄹ
④ ㄴ, ㅁ   ⑤ ㄷ, ㅂ

24   〔서술형〕

일차함수 $y = \dfrac{1}{2}ax + 5$의 그래프는 일차함수 $y = -3x + 1$의 그래프와 만나지 않고, 일차함수 $y = -\dfrac{3}{2}bx + (c-2)$의 그래프와 x축, y축 위에서 각각 만난다. 이때, 상수 a, b, c에 대하여 $a + b + c$의 값을 구하시오.

유형 ⑦ 일차함수의 식 구하기

25 대표문제

일차함수 $y=f(x)$에 대하여 $\dfrac{f(2b)-f(3a)}{3a-2b}=-3$이고 그 그래프는 점 $(2, -4)$를 지난다. $f(x)=mx+n$일 때, $m+n$의 값은? (단, a, b, m, n은 상수이고, $3a \neq 2b$이다.)

① -10 ② -7 ③ -1

④ 7 ⑤ 10

26

일차함수 $y=ax-2$의 그래프가 상수 a의 값에 관계없이 항상 지나는 점을 A라 하고, 일차함수 $y=\dfrac{3}{4}x+1$의 그래프와 평행한 일차함수 $y=bx+3$의 그래프가 x축과 만나는 점을 B라 하자. 이때, 두 점 A, B를 지나는 그래프가 나타내는 일차함수의 식은?

① $y=-\dfrac{1}{2}x-4$ ② $y=-\dfrac{1}{2}x-2$ ③ $y=\dfrac{1}{2}x-4$

④ $y=\dfrac{1}{2}x-2$ ⑤ $y=2x+2$

27

다음 그림과 같이 x절편과 y절편이 각각 -3, 3인 어떤 일차함수의 그래프 위의 점 P에서 x축, y축에 내린 수선의 발을 각각 A, B라 하자. $\overline{PA}=2\overline{PB}$를 만족시킬 때, 두 점 A, B를 지나는 직선을 그래프로 하는 일차함수의 식은?

(단, 점 P는 제2사분면 위의 점이다.)

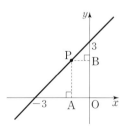

① $y=x+2$ ② $y=x+3$ ③ $y=2x+1$

④ $y=2x+2$ ⑤ $y=2x+3$

28

일차함수 $y=ax+b$의 그래프를 그리는데 민영이는 기울기 a를 잘못 보고 두 점 $(-1, 1)$, $(2, -11)$을 지나는 직선을 그렸고, 영준이는 y절편 b를 잘못 보고 두 점 $(-2, -5)$, $(1, 7)$을 지나는 직선을 그렸다. 원래의 함수의 그래프가 점 (c, c)를 지날 때, $a-b+c$의 값은?

(단, a, b는 상수이다.)

① 8 ② 9 ③ 10

④ 11 ⑤ 12

29

두 점 $A(-2, 3)$, $B(-2, -2)$를 잇는 $\overline{AB}$ 위의 점과 두 점 $C(3, 4)$, $D(3, 6)$을 잇는 $\overline{CD}$ 위의 점을 지나는 직선을 그래프로 하는 일차함수의 식이 $y=ax+b$일 때, b의 최댓값과 최솟값의 합은? (단, a, b는 상수이다.)

① $\dfrac{21}{5}$ ② $\dfrac{22}{5}$ ③ $\dfrac{23}{5}$

④ $\dfrac{24}{5}$ ⑤ 5

30

다음 그림의 세 점 $A(8, 5)$, $B(3, 6)$, $C(2, 4)$와 점 P가 평행사변형 PABC의 네 꼭짓점을 이루고 선분 BP는 평행사변형의 대각선이 된다고 할 때, 점 P와 점 B를 지나는 직선을 그래프로 하는 일차함수의 식을 구하시오.

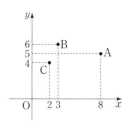

유형❻ 일차함수의 활용

31 대표문제

기온이 0 °C일 때, 공기 중에서 소리의 속력은 초속 331 m이고, 기온이 1 °C 오를 때마다 속력은 초속 0.6 m씩 증가한다고 한다. 기온이 25 °C인 어느 날 진학이는 친구와 등산을 하고 산 정상에 올라가 앞의 절벽을 향해 '야호'하고 소리를 지른 다음 2초 후에 메아리 소리를 들었다. 이때, 산 정상과 절벽 사이의 거리는 몇 m인지 구하시오. (단, 소리의 이동 경로는 산 정상과 절벽 사이의 직선 거리이다.)

32

오른쪽 그림과 같이 $\overline{AD}=10$ cm, $\overline{CD}=6$ cm인 직사각형 ABCD에서 점 P는 점 B를 출발하여 선분 AB를 따라 점 A까지 초속 2 cm로 이동하고 있다. 점 P가 점 B를 출발한 지 x초 후의 삼각형 APD의 넓이를 y cm²라 하자. x와 y 사이의 관계를 좌표평면 위에 그래프로 나타내었을 때, 이 그래프와 x축, y축으로 둘러싸인 도형의 넓이를 구하시오. (단, $0 \le x < 3$)

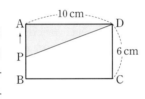

33

다음 그림과 같이 식탁을 이어 붙여 자리를 만들려고 한다. 20명의 사람이 자리에 앉았을 때의 식탁의 개수를 구하시오. (단, 빈 자리는 없다.)

[식탁 1개]　　[식탁 2개]　　[식탁 3개]　　…

34

〔서술형〕

다음 그림에서 점 P는 점 B를 출발하여 점 C까지 초속 3 cm로 $\overline{BC}$ 위를 움직이고 점 P가 점 B를 출발한 지 x초 후 두 삼각형 ABP, CDP의 넓이의 합을 y cm²라 하자. 이때, x와 y 사이의 관계식을 구하고, 두 삼각형 ABP, CDP의 넓이의 합이 408 cm²가 되는 것은 점 P가 출발한 지 몇 초 후인지 구하시오. (단, $0 < x < 20$)

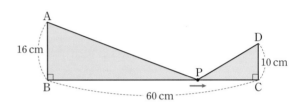

35

길이가 30 cm인 용수철 저울을 사용하여 어떤 물체의 무게를 측정하는데 물체의 무게가 20 g 증가할 때마다 용수철의 길이는 5 cm씩 늘어난다고 한다. 무게가 x g인 물체를 이 용수철 저울에 매달았을 때 용수철의 길이를 y cm라 하면 다음 관계식이 성립한다.

$y = ax + b$ (a, b는 상수)

무게가 200 g인 물체를 이 용수철 저울에 매달았을 때, 용수철의 길이가 c cm이었다. $4a + b + c$의 값을 구하시오.

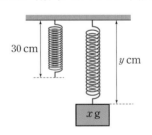

종합 사고력 도전 문제

01

다음 그림과 같은 방법으로 붉은색 구슬과 푸른색 구슬을 연결하여 고리를 만들려고 한다. 다음 물음에 답하시오.

[고리 1개]　　[고리 2개]　　　[고리 3개]　　…

(1) 고리의 개수를 x, 붉은색 구슬의 개수를 y라 할 때, x, y 사이의 관계를 식으로 나타내고 고리가 20개일 때, 사용된 붉은색 구슬의 개수를 구하시오.

(2) 고리의 개수를 x, 푸른색 구슬의 개수를 y라 할 때, x, y 사이의 관계를 식으로 나타내고 고리가 20개일 때, 사용된 푸른색 구슬의 개수를 구하시오.

02

x가 자연수일 때, 함수 $y=f(x)$에서
$$f(x)=(\text{자연수 } x \text{ 이하의 소수의 개수})$$
이다. 두 수 a, b에 대하여 $a \leq b$일 때,
$$M(a, b)=M(b, a)=b$$
이다. $M(f(x), 5)=5$를 만족시키는 모든 x의 값의 합을 구하시오.

03

일차함수 $y=f(x)$가 다음을 만족시킬 때, $f(120)-f(117)$의 값을 구하시오.

$$\frac{f(100)-f(1)}{99}+\frac{f(99)-f(2)}{97}+\frac{f(98)-f(3)}{95}+\cdots$$
$$+\frac{f(51)-f(50)}{1}$$
$$=250$$

04

세 점 $A(6, 3)$, $B(2, 1)$, $C(3, 0)$에 대하여 다음 그림과 같이 $\overline{AB}$와 $\overline{BC}$는 직사각형 OPQR를 두 부분으로 나누는 경계선이다. 이 경계선을 두 부분의 넓이의 변화 없이 점 A를 지나는 하나의 직선으로 바꿀 때, 이 직선을 그래프로 하는 일차함수의 식을 구하시오. (단, O는 원점이다.)

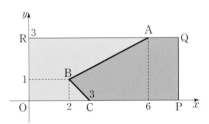

05

세 점 O(0, 0), A(1, 3), B(4, 2a+1)을 각각 다음 규칙에 따라 이동시켰더니 이동시킨 세 점이 하나의 일차함수의 그래프 위에 있었다. 이때, 모든 상수 a의 값을 구하시오.

> (가) $x \geq y$이면 점 (x, y)를 점 (y, x)로 이동시킨다.
> (나) $x < y$이면 점 (x, y)를 점 $(x+y, x-y)$로 이동시킨다.

07

두 유리수 x, y에 대하여 함수 $y = f(x)$가 다음 조건을 모두 만족시킬 때, $f\left(\dfrac{125}{8}\right)$의 값을 구하시오.

> (가) $f(ab) = f(a) + f(b)$
> (나) $f(100) = 10$, $f(50) = 3$

06

다음 그림과 같이 일차함수 $y = \dfrac{1}{3}x + 1$의 그래프와 x축 사이에 두 개의 정사각형이 놓여 있다. 두 정사각형의 각각의 둘레의 길이의 합이 28일 때, 작은 정사각형의 넓이를 구하시오.

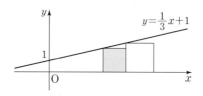

08

다음 그림과 같이 가로의 길이가 3 m, 세로의 길이가 9 m인 직사각형 모양의 수영장에서 수영을 하고 있는 학생이 있다. 이 학생이 점 D에서 출발하여 벽면 AB와 BC를 차례대로 찍고 벽면 DC를 삼등분한 점 중에서 점 C에 가까운 점 E에 도착하였다. 학생이 수영을 해서 움직인 거리가 최소가 될 때, 벽면 AB, BC에 찍은 점을 각각 P, Q라 하자. 이때, 삼각형 PBQ의 넓이를 구하시오.

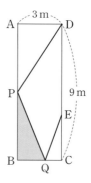

┌─ **유형 1 | 일차함수의 그래프** ─┐

출제경향 일차함수의 식이 주어졌을 때 그래프의 기울기 또는 x절편, y절편을 구하는 문제가 출제된다.

공략비법
일차함수의 식이 $y=ax+b$ (a, b는 상수)일 때
(1) 기울기가 같은 두 일차함수의 그래프는 어느 하나를 y축의 방향으로 적당히 평행이동하면 다른 하나와 겹쳐진다.
(2) 일차함수의 그래프에서 $x=0$일 때의 y의 값이 y절편이므로 위의 식에서 y절편은 b이다.
(3) 일차함수의 그래프에서 $y=0$일 때의 x의 값이 x절편이므로 위의 식에서 x절편은 $-\dfrac{b}{a}$이다.

1 대표
•2017년 3월 교육청 | 3점

일차함수 $y=2x$의 그래프를 평행이동하였더니 일차함수 $y=ax+b$의 그래프와 겹쳐졌다. 이 그래프의 x절편이 3일 때, $a+b$의 값은? (단, a, b는 상수이다.)

① -8 ② -7 ③ -6
④ -5 ⑤ -4

2 유사
•2013년 3월 교육청 | 3점

직선 $y=ax+b$는 직선 $y=2x-3$과 서로 평행하고, 직선 $y=x+1$과 y축 위에서 만난다. $a+b$의 값을 구하시오.
(단, a, b는 상수이다.)

┌─ **유형 2 | 일차함수의 식 구하기** ─┐

출제경향 그래프의 '기울기와 y절편' 또는 '기울기와 지나는 한 점' 또는 '지나는 두 점'이 주어졌을 때 일차함수의 식을 구하는 문제가 출제된다.

공략비법
(1) 기울기가 a, y절편이 b인 그래프가 나타내는 일차함수의 식은
$$y=ax+b$$
(2) 기울기가 a이고 점 (x_1, y_1)을 지나는 그래프가 나타내는 일차함수의 식을 $y=ax+b$라 하고 주어진 점의 좌표를 이용하여, 즉 $x=x_1$, $y=y_1$을 대입하여 b의 값을 구한다.
(3) 서로 다른 두 점 (x_1, y_1), (x_2, y_2)를 지나는 그래프가 나타내는 일차함수의 식을 $y=ax+b$라 할 때, 두 점의 좌표를 이용하여 기울기 a를 구하고 (2)와 같은 방법으로 b의 값을 구한다.

3 대표
•2018년 3월 교육청 | 3점

기울기가 4이고 점 $(2, 30)$을 지나는 일차함수의 그래프의 y절편을 구하시오.

4 유사
•2015년 11월 교육청 | 3점

좌표평면에서 두 점 $(-2, -3)$, $(2, 5)$를 지나는 직선이 점 $(a, 7)$을 지날 때, 상수 a의 값을 구하시오.

08

IV. 함수

일차함수와 일차방정식의 관계

100점 노트

Ⓐ 미지수가 2개인 일차방정식의 그래프

(1) x, y가 자연수 또는 정수일 때
⇨ 점으로 표현된다.

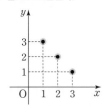

x, y가 자연수일 때, 일차방정식
$x+y=4$의 해는 $(1, 3)$, $(2, 2)$,
$(3, 1)$의 3개이다.

(2) x, y의 값의 범위가 수 전체일 때
⇨ 직선으로 표현된다.

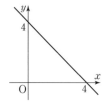

x, y의 값의 범위가 수 전체일 때, 일차
방정식 $x+y=4$의 해는 무수히 많다.

[100점 공략]

Ⓑ 좌표축에 평행한 직선의 방정식

(1) y축에 평행한 직선
  ① 그래프의 방정식은 $x=p$이다.
  ② 점 $(p, 0)$을 지난다.
  ③ 함수가 아니다.
  ④ 직선 $x=0$은 y축을 나타낸다.

(2) x축에 평행한 직선
  ① 그래프의 방정식은 $y=q$이다.
  ② 점 $(0, q)$를 지난다.
  ③ 함수이다.
  ④ 직선 $y=0$은 x축을 나타낸다.

▶ STEP 2 | 22번

[참고]

Ⓒ 두 직선의 위치 관계

(1) 한 점에서 만난다.

(2) 평행하다.

(3) 일치한다.

▶ STEP 2 | 18번

일차함수와 일차방정식의 관계 Ⓐ

(1) x, y의 값의 범위가 수 전체일 때, 일차방정식
$$ax+by+c=0 \ (단, \ a\neq0, \ b\neq0)$$
의 해의 순서쌍 (x, y)는 무수히 많고, 이 순서쌍들을 좌표평면 위에 나타내면 직선이 된다.

이 직선을 일차방정식 $ax+by+c=0$ $(a\neq0, \ b\neq0)$의 그래프라 하고, 일차방정식 $ax+by+c=0$을 직선의 방정식이라 한다.

(2) 미지수가 2개인 일차방정식 $ax+by+c=0$ $(a\neq0, \ b\neq0)$의 그래프는 일차함수 $y=-\dfrac{a}{b}x-\dfrac{c}{b}$의 그래프와 같다.

$$\boxed{ax+by+c=0 \ (단, \ a\neq0, \ b\neq0)} \ \longleftrightarrow \ \boxed{y=-\dfrac{a}{b}x-\dfrac{c}{b}}$$

일차방정식   일차함수

일차방정식 $x=p$, $y=q$의 그래프 Ⓑ

(1) 일차방정식 $x=p$의 그래프는 점 $(p, 0)$을 지나고, y축에 평행한 (x축에 수직인) 직선이다.

(2) 일차방정식 $y=q$의 그래프는 점 $(0, q)$를 지나고, x축에 평행한 (y축에 수직인) 직선이다.

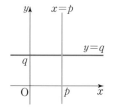

연립방정식의 해와 그래프 Ⓒ

(1) 미지수가 2개인 두 일차방정식
$$ax+by+c=0, \ a'x+b'y+c'=0$$
으로 이루어진 연립방정식의 해는 두 일차함수
$$y=-\frac{a}{b}x-\frac{c}{b}, \ y=-\frac{a'}{b'}x-\frac{c'}{b'}$$의 그래프의
교점의 좌표와 같다.

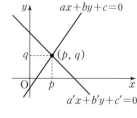

⇨ $\begin{cases} ax+by+c=0 \\ a'x+b'y+c'=0 \end{cases}$ 의 해는 $x=p$, $y=q$
$\begin{cases} y=-\frac{a}{b}x-\frac{c}{b} \\ y=-\frac{a'}{b'}x-\frac{c'}{b'} \end{cases}$

(2) 연립방정식 $\begin{cases} ax+by+c=0 \\ a'x+b'y+c'=0 \end{cases}$ 의 해의 개수는 각 일차방정식의 그래프인 두 직선의 교점의 개수와 같다.

연립방정식의 해	한 쌍이다.	없다.	무수히 많다.
두 직선의 위치 관계	한 점에서 만난다.	서로 평행하다.	서로 일치한다.
기울기와 y절편	기울기가 다르다.	기울기는 같고, y절편은 다르다.	기울기와 y절편이 각각 같다.
a, b, c, a', b', c' 사이의 관계	$\dfrac{a}{a'}\neq\dfrac{b}{b'}$	$\dfrac{a}{a'}=\dfrac{b}{b'}\neq\dfrac{c}{c'}$	$\dfrac{a}{a'}=\dfrac{b}{b'}=\dfrac{c}{c'}$

Step ❶ 시험에 꼭 나오는 문제

01 일차함수와 일차방정식

다음 중 일차방정식 $-2x+y+3=0$의 그래프에 대한 설명으로 옳은 것은?

① 점 $(-2, 3)$을 지난다.
② 제1사분면, 제2사분면, 제4사분면을 지난다.
③ 일차함수 $y=2x+1$의 그래프와 평행하다.
④ 일차함수 $y=-2x-3$의 그래프와 일치한다.
⑤ x의 값이 1만큼 증가할 때, y의 값은 2만큼 감소한다.

02 일차방정식의 그래프의 모양

세 양수 a, b, c에 대하여 일차방정식 $ax-by-c=0$의 그래프가 지나지 <u>않는</u> 사분면은?

① 제1사분면   ② 제2사분면
③ 제3사분면   ④ 제4사분면
⑤ 제1사분면, 제3사분면

03 좌표축에 평행한 직선

두 점 $(-3a+8, -4)$, $(a-4, 2a)$를 지나는 직선이 x축에 평행할 때, 상수 a의 값은?

① -3 ② -2 ③ 1
④ 2 ⑤ 3

04 연립방정식의 해와 그래프

두 일차방정식 $x+y-5=0$, $2x-y-4=0$의 그래프의 교점을 지나고 x축에 수직인 직선의 방정식은?

① $x=-3$ ② $x=2$ ③ $x=3$
④ $y=2$ ⑤ $y=3$

05 교점의 좌표를 알 때, 미지수의 값 구하기

오른쪽 그림은 두 일차방정식 $x-2y-a=0$, $ax+y-9=0$의 그래프이다. 이때, 상수 a의 값을 구하시오.

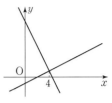

06 한 점에서 만나는 세 직선

세 일차방정식 $3x-y-5=0$, $ax-by+8=0$, $x-3y+1=0$의 그래프가 한 점에서 만날 때, 상수 a, b에 대하여 $\dfrac{a}{2}-\dfrac{b}{4}$의 값은?

① -4 ② -2 ③ -1
④ 2 ⑤ 4

07 연립방정식의 해의 개수와 그래프

두 일차방정식 $3x-ay=4$, $5x+3y=b$의 그래프의 교점이 없도록 하는 두 상수 a, b의 조건은 $a=p$, $b\neq q$일 때, pq의 값을 구하시오.

08 직선으로 둘러싸인 도형의 넓이

다음 그림과 같이 두 일차방정식 $kx-3y+10k=0$, $x=5$의 그래프와 x축으로 둘러싸인 삼각형 ABC의 넓이가 60일 때, $50k$의 값을 구하시오. (단, $k>0$)

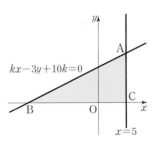

<hr>

유형❶ 일차함수와 일차방정식

01 대표문제

일차방정식 $ax-y+b=0$의 그래프가 오른쪽 그림과 같을 때, 다음 중 일차함수 $y=bx-a$의 그래프가 지나는 점이 <u>아닌</u> 것은? (단, a, b는 상수이다.)

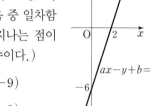

① $(0, -3)$　　② $(1, -9)$

③ $\left(\dfrac{1}{6}, 0\right)$　　④ $(-1, 3)$

⑤ $\left(\dfrac{1}{2}, -6\right)$

02

일차함수 $y=-ax+4$의 그래프와 일차방정식 $2x+by-8=0$의 그래프가 서로 같을 때, $a+b$의 값은? (단, a, b는 0이 아닌 상수이다.)

① -2　　　　② -1　　　　③ 1

④ 2　　　　⑤ 3

03

다음 직선 중 다른 네 직선과 평행하지 <u>않은</u> 직선은?

① 일차방정식 $2x+y-1=0$의 그래프와 일치하는 직선

② 점 $(-2, -1)$을 지나고, y절편이 -5인 직선

③ 기울기가 -2이고, 점 $\left(\dfrac{1}{2}, -\dfrac{1}{2}\right)$을 지나는 직선

④ x절편이 -3, y절편이 6인 직선

⑤ 두 점 $(-1, 4)$, $(1, 0)$을 지나는 직선

04

다음 중 일차방정식 $ax+by+1=0$의 그래프에 대한 설명으로 옳지 <u>않은</u> 것은?
(단, a, b는 상수이고, $a \neq 0$ 또는 $b \neq 0$이다.)

① $a>0$, $b>0$이면 제2사분면, 제3사분면, 제4사분면을 지난다.

② $a<0$, $b>0$이면 제1사분면, 제3사분면, 제4사분면을 지난다.

③ $a<0$, $b<0$이면 제1사분면, 제2사분면, 제3사분면을 지난다.

④ $a=0$, $b \neq 0$이면 x축에 평행한 직선이다.

⑤ $a \neq 0$, $b=0$이면 y축에 평행한 직선이다.

05

일차방정식 $ax-\dfrac{1}{b}y+\dfrac{c}{a}=0$의 그래프가 오른쪽 그림과 같을 때, 일차방정식 $bx+\dfrac{1}{c}y-a=0$의 그래프가 될 수 있는 것을 •보기•에서 모두 고른 것은? (단, $a \neq 0$, $b \neq 0$, $c \neq 0$)

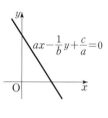

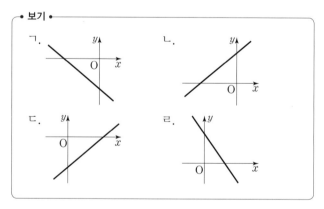

① ㄱ, ㄴ　　② ㄱ, ㄷ　　③ ㄴ, ㄷ

④ ㄴ, ㄹ　　⑤ ㄷ, ㄹ

유형② 좌표축에 평행한 직선

06 대표문제

점 $(-3, 6)$을 지나면서 x축에 평행한 직선과 점 $(4, -5)$를 지나면서 y축에 평행한 직선의 교점의 좌표를 (p, q)라 할 때, $p+q$의 값은?

① 8   ② 10   ③ 12

④ 14   ⑤ 16

07

세 점 $A(-4, 4)$, $B(3, 2)$, $C(-1, -2)$를 꼭짓점으로 하는 삼각형 ABC와 x축에 평행한 직선이 두 점 P, Q에서 만날 때, $\overline{PQ}$의 길이의 최댓값은?

(단, 점 P의 x좌표는 점 Q의 x좌표보다 작다.)

① $\dfrac{17}{3}$ ② 6   ③ $\dfrac{19}{3}$

④ $\dfrac{20}{3}$ ⑤ 7

08

다음 그림과 같이 일차방정식 $4x-y+2=0$의 그래프 위의 점 A와 일차방정식 $2x+3y-36=0$의 그래프 위의 점 D 및 x축 위의 두 점 B, C를 꼭짓점으로 하는 직사각형 ABCD가 $\overline{AB} : \overline{AD} = 3 : 4$일 때, 직선 AD의 방정식을 구하시오. (단, 두 점 A, D는 제1사분면 위의 점이다.)

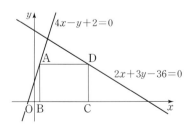

유형③ 연립방정식의 해와 그래프

09 대표문제

두 일차방정식 $ax+y+b=0$, $2x-3y+c=0$의 그래프가 오른쪽 그림과 같을 때, $a+b+c$의 값을 구하시오.

(단, a, b, c는 상수이다.)

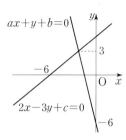

10

다음 그림은 좌표평면에 두 직선 l, m을 나타낸 것인데 일부가 찢어져 교점이 보이지 않는다. 이때, 두 직선 l, m의 교점의 좌표를 구하시오.

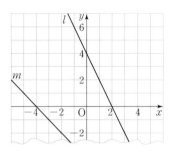

11

오른쪽 그림과 같이 일차방정식 $2x-y+8=0$의 그래프가 y축과 만나는 점을 A, 일차방정식 $x+y-14=0$의 그래프와 만나는 점을 B라 하자. 제1사분면 위의 점 C에 대하여 사각형 AOCB가 평행사변형일 때, 점 C의 좌표는? (단, O는 원점이다.)

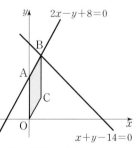

① $(1, 2)$ ② $(1, 4)$ ③ $(2, 4)$

④ $(2, 6)$ ⑤ $(2, 8)$

12

다음 네 직선이 한 점에서 만날 때, 상수 a, b에 대하여 $a-b$의 값을 구하시오.

$$6x-ay+b+1=0,\ 2x-3y-12=0,$$
$$ax-7y-b-3=0,\ 4x+5y-2=0$$

13
[앗! 실수]

오른쪽 그림은 길이가 다른 두 양초 A, B에 동시에 불을 붙인 후 x분이 지났을 때, 남은 양초의 길이 y cm를 그래프로 나타낸 것이다. 다음 중 그래프에 대한 설명으로 옳지 않은 것은?

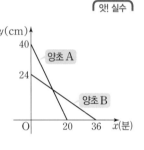

① 양초 A가 양초 B보다 빠르게 줄어든다.
② 양초 B가 모두 타는 데 36분이 걸린다.
③ 불을 붙인 후 15분 동안 줄어든 양초 A의 길이는 30 cm 이다.
④ 두 양초 A, B의 길이가 같아지는 것은 불을 붙인 지 10분 후이다.
⑤ 불을 붙이고 15분 후에 남은 양초의 길이는 B가 A보다 길다.

14
[도전 문제]

세 직선 $x+2y-6=0$, $x-y-3=0$, $2x-5y-12=0$으로 둘러싸인 삼각형 ABC가 다음 그림과 같다. 일차함수 $y=ax-4$의 그래프가 △ABC를 삼각형과 사각형으로 나눌 때, 상수 a의 값의 범위를 구하시오.

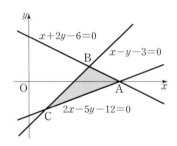

유형❹ 연립방정식의 해의 개수와 그래프

15
대표문제

상수 a, b에 대하여 일차방정식 $ax-y-b=0$의 그래프가 일차방정식 $-4x+2y+5=0$의 그래프와 평행하고, 일차방정식 $2x+y-1=0$의 그래프와 y축 위에서 만난다. 이때, ab의 값은? (단, $a\neq0$)

① -3 ② -2 ③ 1
④ 2 ⑤ 3

16
[서술형]

두 자연수 m, n에 대하여 일차방정식 $3x-y+2=0$의 그래프가 점 $(2, mn)$을 지나면서 일차방정식 $3x-y+m=0$의 그래프와 평행할 때, 자연수 m의 개수를 구하시오.

17

두 일차방정식 $ax+y+b=0$, $x-2y+6=0$의 그래프의 교점이 존재하지 않을 때, 두 그래프가 y축과 만나는 점을 각각 A, B라 하면 $\overline{AB}=4$이다. 이때, 상수 a, b에 대하여 $a+b$의 값은? (단, $b>0$)

① -1 ② $-\dfrac{1}{2}$ ③ 0
④ $\dfrac{1}{2}$ ⑤ 1

18

세 직선 $2x+y=7$, $x-y=2$, $ax+y=2a-2$에 의하여 삼각형이 만들어지지 않을 때, 자연수 a의 값은?

① 1   ② 2   ③ 3
④ 4   ⑤ 5

유형⑤ 직선으로 둘러싸인 도형의 넓이

19 대표문제

두 일차방정식 $ax-y+b=0$, $bx-y-2b=0$의 그래프가 x축 위에서 만난다. y축과 두 일차방정식의 그래프로 둘러싸인 삼각형의 넓이가 15일 때, 상수 a, b에 대하여 $2a-b$의 값은? (단, $a>0$)

① 6   ② 7   ③ 8
④ 9   ⑤ 10

20

오른쪽 그림과 같은 두 직선
$l : x-y-2=0$,
$m : 3x+2y+12=0$
에 대하여 직선 m과 x축의 교점을 A, 두 직선 l, m의 교점을 B, 직선 l과 y축과 교점을 C라 하자. 이때, 사각형 ABCO의 넓이는?

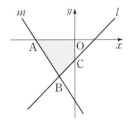

① $\dfrac{44}{5}$ ② $\dfrac{46}{5}$ ③ $\dfrac{48}{5}$

④ $\dfrac{52}{5}$ ⑤ $\dfrac{54}{5}$

21

다음 네 방정식의 그래프로 둘러싸인 도형의 넓이가 54일 때, 상수 k의 값을 모두 구하시오.

$$y+k=0,\ y-2k=0,\ x+4=0,\ x-5=0$$

22

세 직선 $2x-3y-6=0$, $x+3y-3=0$, $x=0$으로 둘러싸인 삼각형의 넓이를 이등분하는 직선이 원점을 지날 때, 이 직선의 기울기를 구하시오.

23 도전 문제

다음 그림과 같이 두 일차함수 $y=-2x+8$, $y=4x-28$의 그래프와 x축 및 x축에 평행한 한 직선으로 둘러싸인 사다리꼴 ABCD가 있다. 점 A는 y축 위의 점이고 일차방정식 $x=k$의 그래프가 사다리꼴 ABCD의 넓이를 이등분할 때, 상수 k의 값을 구하시오. (단, 두 점 P, Q는 일차방정식 $x=k$의 그래프와 사다리꼴 ABCD의 교점이다.)

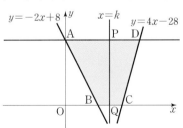

01

다음 그림은 연립방정식의 해를 구하기 위하여 연립방정식을 이루는 두 일차방정식의 그래프를 각각 그린 것이다. 물음에 답하시오.

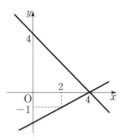

(1) 두 일차방정식으로 이루어진 연립방정식을 구하시오.

(2) (1)에서 구한 연립방정식의 해를 구하시오.

02

다음 그림의 세 직선 중에서 두 개의 직선은 일차방정식 $x+y=3$, $2x-y=3$의 그래프일 때, 물음에 답하시오.

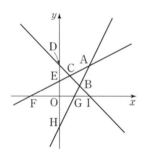

(1) 연립방정식 $\begin{cases} x+y=3 \\ 2x-y=3 \end{cases}$의 해를 나타내는 점을 9개의 점 A~I 중에서 고르시오.

(2) (1)에서 구한 점의 좌표를 구하시오.

03

다음 그림의 두 직선 l, m과 x축 및 y축으로 둘러싸인 부분을 y축을 회전축으로 하여 1회전시킨 회전체의 부피를 V라 할 때, $\dfrac{3V}{\pi}$의 값을 구하시오.

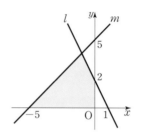

04

오른쪽 그림은 어느 공장의 생산 비용과 수익의 변화를 시간에 따라 그래프로 나타낸 것이다. 이 공장이 운영을 시작할 때에 50억 원의 초기 생산 비용이 들었고 생산 비용은 매월 2억 원씩 증가한다. 또한, 이 공장을 운영하면 수익이 매월 4억 원씩 증가한다고 할 때, 다음 물음에 답하시오.

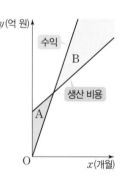

(1) 수익이 생산 비용 이상이 되려면 최소 몇 개월 동안 공장을 운영해야 하는지 구하시오.

(2) A 부분의 넓이를 손실 구간, B 부분의 넓이를 이익 구간이라 할 때, 손실 구간과 이익 구간이 같아지는 때는 공장 운영을 시작한 지 몇 개월 후인지 구하시오.

05

해가 $x=m$, $y=4$인 연립방정식 $\begin{cases} ax-y=b \\ bx-y=a \end{cases}$ 를 이루는 두 일차방정식의 그래프와 y축으로 둘러싸인 삼각형의 넓이가 $\dfrac{3}{2}$일 때, 상수 m, a, b의 값을 각각 구하시오.

(단, $b<a<0$)

07

두 일차방정식 $x-2y+2a=0$, $2x-y=0$의 그래프의 교점을 A, 일차방정식 $x-2y+2a=0$의 그래프가 y축과 만나는 점을 B라 하자. x축 위의 점 P에 대하여 $\overline{AP}+\overline{BP}$의 값이 최소가 되는 점 P의 좌표가 $\left(\dfrac{6}{7}, 0\right)$일 때, 상수 a의 값을 구하시오. (단, $a>0$)

06

다음 그림과 같이 좌표평면 위에 두 정사각형 ABCD, BEFG가 있다. A(1, 0), D(0, 2), E(4, 0)일 때, 두 정사각형의 넓이를 동시에 이등분하는 직선의 방정식을 구하시오.

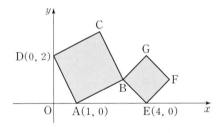

08

다음 그림과 같이 A(2, 6), B(0, 3), C(3, 0), D(5, 0), E(6, 4)를 꼭짓점으로 하는 오각형 ABCDE가 있다. 점 A를 지나면서 오각형 ABCDE의 넓이를 이등분하는 직선의 방정식이 $ax+3y+b=0$일 때, 상수 a, b에 대하여 $a-b$의 값을 구하시오. (단, $a>0$)

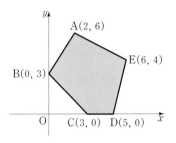

유형 1 | 연립방정식의 해와 그래프

출제경향 두 직선의 교점의 좌표는 각 직선의 방정식으로 이루어진 연립방정식의 해와 같음을 이용하는 문제가 주로 출제된다.

공략비법
두 직선 $ax+by+c=0$, $a'x+b'y+c'=0$의 교점의 좌표는
연립방정식 $\begin{cases} ax+by+c=0 \\ a'x+b'y+c'=0 \end{cases}$ 의 해와 같으므로 가감법 혹은 대입법을 이용하여 푼다.

1 대표 · 2018년 3월 교육청 | 3점

두 일차함수 $y=x+3$, $y=2x-3$의 그래프의 교점의 좌표를 (a, b)라 할 때, $a+b$의 값은?

① 15   ② 16   ③ 17

④ 18   ⑤ 19

2 유사 · 2016년 9월 교육청 | 3점

좌표평면에서 두 직선 $x-2y+2=0$, $2x+y-6=0$이 만나는 점과 점 $(4, 0)$을 지나는 직선의 y절편은?

① $\dfrac{5}{2}$ ② 3   ③ $\dfrac{7}{2}$

④ 4   ⑤ $\dfrac{9}{2}$

유형 2 | 직선과 x축, y축으로 둘러싸인 도형의 넓이

출제경향 일차함수의 그래프와 x축, y축 등 여러 개의 직선으로 둘러싸인 도형의 넓이를 구하는 문제가 주로 출제된다.

공략비법
(1) 일차함수의 그래프는 직선이므로 두 직선의 교점의 좌표는 연립방정식의 해로 구한다.
(2) 두 직선의 교점, x절편, y절편 등을 이용하여 도형의 넓이를 구하는 데 필요한 선분의 길이를 구한다.

3 대표 · 2009년 3월 교육청 | 4점

오른쪽 그림과 같이 두 직선 $y=ax+b$와 $y=bx+a$가 y축과 만나는 점을 각각 A, B라 하고, 이 두 직선이 만나는 점을 C라 하자. 점 C의 y좌표가 8이고, 삼각형 ABC의 넓이가 3일 때, $2a+b$의 값은? (단, $0<a<b$)

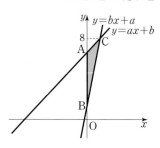

① 9   ② 10   ③ 11

④ 12   ⑤ 13

4 유사 · 2015년 3월 교육청 | 4점

오른쪽 그림과 같이 일차함수 $y=-\dfrac{4}{3}x+4$의 그래프가 x축, y축과 만나는 점을 각각 A, B라 하자. 일차함수 $y=ax+2$의 그래프가 y축과 만나는 점을 C, 일차함수 $y=-\dfrac{4}{3}x+4$의 그래프

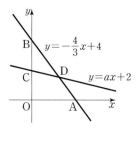

와 제1사분면에서 만나는 점을 D라 하자. 삼각형 BCD와 사각형 COAD의 넓이의 비가 1 : 2일 때, 상수 a의 값은? (단, O는 원점이다.)

① $-\dfrac{1}{6}$ ② $-\dfrac{1}{5}$ ③ $-\dfrac{1}{4}$

④ $-\dfrac{1}{3}$ ⑤ $-\dfrac{1}{2}$

OX로 개념을 적용하는
고등 국어 문제 기본서

더 THE 개념
블랙라벨

국어

국어 문학   국어 독서   국어 문법

개념은 빠짐없이! 설명은 분명하게!
연습은 충분하게! 내신과 수능까지!

B L A C K L A B E L

짧은 호흡, 다양한 도식과 예문으로	꼼꼼한 OX 문제, 충분한 드릴형 문제로	내신형 문제부터 수능 고난도까지
직관적인 개념 학습	**국어 개념 완벽 훈련**	**내신 만점 수능 만점**

더 확장된 개념의 이해와 적용
단계별 학습을 위한
플러스 기본서

더 THE 개념
블랙라벨

수학

15개정 교육과정	고등 수학(상) 고등 수학(하)	수학Ⅰ 수학Ⅱ	확률과 통계 미적분	22개정 교육과정	공통수학1 공통수학2 (출시 예정)

더 확장된 개념! 더 최신 트렌드!
더 어려운 문제! 더 친절한 해설!

B L A C K L A B E L

사고력을 키워 주고 문제해결에 필요한	예시와 증명으로 스스로 학습 가능한	트렌드를 분석하여 엄선한 필수 문제로
확 장 된 개 념	자 세 한 설 명	최 신 기출 문제

블랙라벨은 최고의 제품에만 허락되는 이름입니다

blacklabel

A등급을 위한 명품 수학 블랙라벨

2015 개정교과 중학 수학 **2**-1

정답과 해설

블랙라벨 A 등 급 을 위 한 명 품 수 학

'진짜 A등급 문제집'을 만나고 싶어?

따져봐! 누 가 **집 필** 했 나 ····· 특목고·강남8학군 교사 집필

살펴봐! 누 가 **검 토** 했 나 ····· 강남8학군 유명 강사 검토

알아봐! 누 가 **공 부** 하 나 ····· 상위 4% 학생들의 필독서

blacklabel
Answer

정답과 해설

A등급을 위한 명품 수학

블랙라벨

Ⅰ 유리수와 순환소수

01. 유리수와 순환소수

Step 1 / 시험에 꼭 나오는 문제	p.9

01 ⑤ 02 ③ 03 ② 04 3 05 ⑤
06 63 07 3057 08 ⑤

Step 2 / A등급을 위한 문제					pp.10~14

01 116 02 ② 03 ③ 04 2 05 ② 06 ④ 07 ②
08 ② 09 ④ 10 ④ 11 154 12 ③ 13 53 14 $\frac{17}{80}$
15 65 16 ⑤ 17 ④ 18 ③ 19 $\frac{8}{333}$ 20 $0.1\dot{4}$ 21 225
22 ② 23 7 24 ④ 25 $53.\dot{7}$ 26 54 27 14 28 ③
29 ①

Step 3 / 종합 사고력 도전 문제	pp.15~16

01 33
02 (1) $b-a=4$ (2) $a=3$, $b=7$ (3) $\frac{10}{9}$
03 4117647, 7번
04 $a=9$, $n=750$
05 C, E   06 6   07 $\frac{19}{33}$ 08 22

미리보는 학력평가	p.17

1 ⑤   2 ④
3 40   4 21

Ⅱ 식의 계산

02. 단항식의 계산

Step 1 / 시험에 꼭 나오는 문제	p.21

01 ③ 02 ⑤ 03 10 04 ① 05 ①
06 11 07 17 08 ②

Step 2 / A등급을 위한 문제					pp.22~24

01 ② 02 ③ 03 18 04 9 05 24 06 ③, ⑤
07 ② 08 ③ 09 ④ 10 60 11 $\frac{16}{81}$배 12 $\frac{4ab}{a^3-8b^2}$
13 −10 14 ⑤ 15 ③ 16 x^3y^3 17 ③ 18 $\frac{3}{b}$ 19 $\frac{1}{4}a^2$

Step 3 / 종합 사고력 도전 문제	pp.25~26

01 (1) 6자리 (2) 1 (3) 3   02 6번
03 (1) 2 (2) 2   04 $-8x^7$ 05 3 : 1
06 6   07 7   08 15가지

미리보는 학력평가	p.27

1 ③   2 24
3 ③   4 ⑤

03. 다항식의 계산

Step 1 / 시험에 꼭 나오는 문제	p.29

01 ⑤ 02 5 03 ④ 04 ③ 05 ⑤
06 $-4a-16b+48$ 07 11 08 ④

Step 2 / A등급을 위한 문제						pp.30~32

01 ① 02 ③ 03 5 04 ③ 05 32 06 60 07 ①
08 ⑤ 09 ③ 10 $-32a^3b^3-32a^5b^5$ 11 ③
12 $4x^2-6x-4$ 13 ① 14 $2x-2y$ 15 $96x^2y^2-48xy^3$
16 94 17 2π 18 $(18a^2+4\pi a^2)$ cm^2

Step 3 / 종합 사고력 도전 문제	pp.33~34

01 (1) $2x^2+5xy-6y^2$
  (2) $2x^2-5xy$ (3) $4x^2-6y^2$
02 $\frac{1}{2}\pi a+\frac{3}{2}\pi b$
03 (1) $l=2\pi x+4y$ (2) $S=4\pi x^2+8xy$
04 $\frac{25}{2}$ 05 $4x^2-7x+7$
06 $x^2y^2+3y^3$ 07 15   08 $\frac{3}{2}a$

미리보는 학력평가	p.35

1 ①   2 ②
3 ③   4 ④

Ⅲ 부등식과 방정식

04. 일차부등식과 그 활용

Step 1 / 시험에 꼭 나오는 문제	pp.40~41

01 ⑤ 02 ② 03 ④ 04 18 05 ②
06 ② 07 ② 08 ① 09 $12\leq a<14$
10 ① 11 ⑤ 12 ③ 13 6개
14 $\frac{5}{4}$ km 15 ④ 16 12 m

Step 2 / A등급을 위한 문제				pp.42~45

01 ③, ⑤ 02 ⑤ 03 ⑤ 04 ④ 05 $2<x\leq3$
06 0 07 −7 08 ⑤ 09 ② 10 6 11 $\frac{1}{2}$ 12 −10
13 ② 14 6 15 15 16 ③ 17 36번째 18 ④
19 7장 20 ③ 21 20분 22 ④ 23 ④ 24 2 cm 25 ①
26 7장

Step 3 / 종합 사고력 도전 문제	pp.46~47

01 (1) 풀이 참조 (2) 0 02 A, D, C, B
03 2   04 80개 05 11권
06 $x\geq-\frac{7}{5}$ 07 10   08 6명

미리보는 학력평가	p.48

1 5   2 ③
3 13   4 ②

05. 연립일차방정식

Step 1 / 시험에 꼭 나오는 문제   p.50

01 ⑤   02 ⑤   03 $2y+11$ 04 ③
05 $x=11$, $y=4$ 06 -3 07 ③

Step 2 / A등급을 위한 문제   pp.51~54

01 $a\neq9$, $b\neq\dfrac{4}{3}$ 02 ⑤   03 ②   04 ②   05 6

06 $a=-5$, $b=2$ 07 ②   08 11   09 4   10 ①   11 -62

12 ③   13 ①   14 ④   15 ②   16 -52 17 -3 18 $\dfrac{19}{4}$

19 ①   20 $a=-8$, $b=8$ 21 $p=8$, $q=18$, $k=30$ 22 18

23 -2 24 ③

Step 3 / 종합 사고력 도전 문제   pp.55~56

01 (1) 풀이 참조 (2) $a=3$, $b=-2$

02 $\dfrac{1}{2}$ 03 $x=\dfrac{5}{6}$, $y=\dfrac{38}{99}$

04 (1) $x=\dfrac{1}{3}$, $y=\dfrac{4}{3}$ (2) $x=19$, $y=-8$

05 $x=8$, $y=6$ 06 36

07 $x=2$, $y=5$ 08 18

미리보는 학력평가   p.57

1 5   2 ⑤
3 32   4 22

06. 연립일차방정식의 활용

Step 1 / 시험에 꼭 나오는 문제   p.59

01 52   02 2   03 2   04 ①   05 4 km
06 ③   07 ④   08 20

Step 2 / A등급을 위한 문제   pp.60~63

01 ④   02 ④   03 7   04 단체 손님의 수 : 33, 탁자의 개수 : 8

05 ②   06 2   07 쌀 : 100 g, 콩 : 50 g   08 ②

09 111000원   10 ①   11 360원 12 ④   13 ①   14 180 m

15 12   16 ④   17 ①   18 ⑤   19 120 g 20 ⑤   21 8시간

22 ①   23 18 cm   24 $a=12$, $b=18$

Step 3 / 종합 사고력 도전 문제   pp.64~65

01 말 : 3자루, 당나귀 : 5자루

02 (1) $a=2$, $b=2$ (2) 5   03 4

04 (1) A : 75 g, B : 200 g (2) 125 g

05 50점   06 20   07 19벌

08 A : 24 km, B : 22 km

미리보는 학력평가   p.66

1 ②   2 270
3 ④   4 95

Ⅳ 함수

07. 일차함수와 그래프

Step 1 / 시험에 꼭 나오는 문제   pp.69~70

01 ③   02 3   03 ③   04 ②   05 ②
06 ③   07 4   08 ⑤   09 -4 10 ②
11 ③   12 $y=-\dfrac{1}{3}x-\dfrac{2}{3}$ 13 ②
14 ①

Step 2 / A등급을 위한 문제   pp.71~76

01 ④   02 ②, ③   03 4   04 ⑤   05 ③   06 ③

07 3   08 ①   09 ②   10 ①   11 ④   12 -4 13 ③

14 -10 15 47   16 ④   17 12   18 -2 19 2   20 ⑤

21 ②   22 ⑤   23 ②   24 3   25 ②   26 ②   27 ④

28 ①   29 ③   30 $y=-\dfrac{3}{4}x+\dfrac{33}{4}$ 31 346 m   32 45

33 9   34 $y=9x+300$, 12초 후   35 111

Step 3 / 종합 사고력 도전 문제   pp.77~78

01 (1) $y=2x+4$, 44 (2) $y=2x-2$, 38

02 78   03 15   04 $y=\dfrac{3}{5}x-\dfrac{3}{5}$

05 $-\dfrac{9}{2}$, $\dfrac{11}{2}$ 06 9   07 -27

08 $\dfrac{9}{4}$

미리보는 학력평가   p.79

1 ⑤   2 3
3 22   4 3

08. 일차함수와 일차방정식의 관계

Step 1 / 시험에 꼭 나오는 문제   p.81

01 ③   02 ②   03 ②   04 ③   05 2
06 ②   07 -12 08 80

Step 2 / A등급을 위한 문제   pp.82~85

01 ③   02 ⑤   03 ④   04 ⑤   05 ①   06 ②   07 ②

08 $y=6$ 09 24   10 $(8,-12)$ 11 ③   12 1   13 ④

14 $\dfrac{2}{3}<a<\dfrac{5}{4}$ 또는 $\dfrac{5}{4}<a<2$ 15 ②   16 3   17 ④

18 ②   19 ⑤   20 ①   21 2, -2 22 $-\dfrac{2}{9}$ 23 5

Step 3 / 종합 사고력 도전 문제   pp.86~87

01 (1) $\begin{cases} x+y-4=0 \\ x-2y-4=0 \end{cases}$ (2) $x=4$, $y=0$

02 (1) 점 B (2) $(2, 1)$

03 122   04 (1) 25개월 (2) 50개월

05 $m=-1$, $a=-\dfrac{1}{2}$, $b=-\dfrac{7}{2}$

06 $x+5y-9=0$ 07 3   08 42

미리보는 학력평가   p.88

1 ①   2 ④
3 ①   4 ④

I 유리수와 순환소수

01 유리수와 순환소수

01 ⑤	02 ③	03 ②	04 3	05 ⑤
06 63	07 3057	08 ⑤		

01

$$\frac{3}{40}=\frac{3}{2^3\times 5}=\frac{3\times \boxed{5^2}}{2^3\times 5\times \boxed{5^2}}=\frac{\boxed{75}}{10^3}=\boxed{0.075}$$

답 ⑤

02

① $1.010101\cdots=1.\dot{0}\dot{1}$: 순환마디는 01

② $0.222\cdots=0.\dot{2}$: 순환마디는 2

③ $1.010010010\cdots=1.\dot{0}1\dot{0}$: 순환마디는 010

④ $3.14151515\cdots=3.14\dot{1}\dot{5}$: 순환마디는 15

⑤ $9.099099099\cdots=9.\dot{0}9\dot{9}$: 순환마디는 099

따라서 순환소수와 순환마디를 바르게 짝지은 것은 ③이다.

답 ③

03

① $\frac{5}{6}=0.8333\cdots=0.8\dot{3}$

② $\frac{3}{11}=0.272727\cdots=0.\dot{2}\dot{7}$

③ $\frac{5}{12}=0.41666\cdots=0.41\dot{6}$

④ $\frac{5}{14}=0.3571428571428\cdots=0.3\dot{5}7142\dot{8}$

⑤ $\frac{1}{15}=0.0666\cdots=0.0\dot{6}$

따라서 분수를 순환소수로 바르게 나타낸 것은 ②이다.   답 ②

04

$$\frac{5}{37}=0.135135135\cdots=0.\dot{1}3\dot{5}$$

이때, $2021=3\times 673+2$이므로 소수점 아래 2021번째 자리의 숫자는 순환마디 135의 두 번째 숫자인 3이다.   답 3

05

주어진 분수를 기약분수로 나타내었을 때, 분모의 소인수가 2나 5뿐이면 그 분수는 유한소수로 나타낼 수 있다.

① $\frac{10}{60}=\frac{1}{2\times 3}$: 순환소수

② $\frac{11}{230}=\frac{11}{2\times 5\times 23}$: 순환소수

③ $\frac{2\times 5}{9}=\frac{10}{3^2}$: 순환소수

④ $\frac{2}{2\times 5\times 3}=\frac{1}{3\times 5}$: 순환소수

⑤ $\frac{21}{2\times 3\times 5\times 7}=\frac{1}{2\times 5}$: 유한소수

따라서 유한소수로 나타낼 수 있는 분수는 ⑤이다.   답 ⑤

blacklabel 특강   오답피하기

분수를 유한소수로 나타낼 수 있는지 판별할 때는 반드시 주어진 분수를 기약분수로 나타낸 후 분모에 2나 5 이외의 소인수가 있는지 확인한다.

예를 들어, $\frac{21}{2\times 3\times 5\times 7}$에서 분모에 소인수 3과 7이 있으므로 유한소수로 나타낼 수 없다고 생각하면 안 된다. 왜냐하면 분모의 소인수 3과 7은 분자 21과 약분할 수 있으므로 주어진 분수를 기약분수로 나타내면 $\frac{1}{2\times 5}$이 되어 유한소수가 될 수 있기 때문이다.

06

정수가 아닌 유리수 $\frac{x}{105}=\frac{x}{3\times 5\times 7}$가 유한소수로 나타내어지려면 x는 3과 7의 공배수이어야 하므로 $x=3\times 7\times a$ (a는 5의 배수가 아닌 자연수) 꼴이다.

한편, 정수가 아닌 유리수 $\frac{105}{x}=\frac{3\times 5\times 7}{3\times 7\times a}=\frac{5}{a}$는 유한소수로 나타낼 수 없으므로 자연수 a는 2나 5 이외의 소인수를 가져야 한다.

따라서 이를 만족시키는 두 자리의 자연수 x는

$(3\times 7)\times 3=63$ 답 63

07

$1.04\dot{5}$를 x라 하면 $x=1.0454545\cdots$이므로

$\boxed{1000}\,x=1045.454545\cdots$ ……①

$\boxed{10}\,x=10.454545\cdots$ ……②

①에서 ②를 변끼리 빼면 $\boxed{990}\,x=\boxed{1035}$

$\therefore x=\dfrac{1035}{990}=\dfrac{23}{\boxed{22}}$

따라서 ㈎~㈐에 알맞은 모든 수를 더하면

$1000+10+990+1035+22=3057$ 답 3057

08

㈎는 '정수가 아닌 유리수'이다.

①, ②, ③ 정수

④ 순환하지 않는 무한소수

⑤ 순환소수

따라서 ㈎에 해당하는 수는 ⑤이다. 답 ⑤

blacklabel 특강 필수개념

유리수와 소수의 분류

(1) 유리수의 분류

$$\text{유리수}\begin{cases}\text{정수}\begin{cases}\text{양의 정수(자연수)}\\0\\\text{음의 정수}\end{cases}\\\text{정수가 아닌 유리수}\end{cases}$$

(2) 소수의 분류

$$\text{소수}\begin{cases}\text{유한소수}\longrightarrow\text{유리수}\\\text{무한소수}\begin{cases}\text{순환소수}\longrightarrow\text{유리수}\\\text{순환하지 않는 무한소수 — 유리수가 아니다.}\end{cases}\end{cases}$$

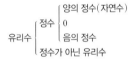

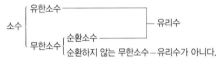

Step 2	A등급을 위한 문제			pp. 10~14
01 116	02 ②	03 ③	04 2	05 ②
06 ④	07 ②	08 ②	09 ④	10 ④
11 154	12 ③	13 53	14 $\dfrac{17}{80}$	15 65
16 ⑤	17 ④	18 ③	19 $\dfrac{8}{333}$	20 $0.1\dot{4}$
21 225	22 ②	23 7	24 ④	25 $53.\dot{7}$
26 54	27 14	28 ③	29 ①	

01

$\dfrac{7}{625}=\dfrac{7}{5^4}=\dfrac{2^4\times7}{2^4\times5^4}=\dfrac{112}{10^4}=\dfrac{1120}{10^5}=\cdots$

따라서 a의 최솟값은 112, n의 최솟값은 4이므로

$a+n$의 최솟값은

$112+4=116$ 답 116

02

주어진 분수를 소수로 나타내어 순환마디를 구하면 다음과 같다.

① $\dfrac{1}{3}=0.333\cdots=0.\dot{3}$: 순환마디는 3

② $\dfrac{16}{9}=1.777\cdots=1.\dot{7}$: 순환마디는 7

③ $\dfrac{2}{15}=0.1333\cdots=0.1\dot{3}$: 순환마디는 3

④ $\dfrac{7}{30}=0.2333\cdots=0.2\dot{3}$: 순환마디는 3

⑤ $\dfrac{46}{75}=0.61333\cdots=0.61\dot{3}$: 순환마디는 3

따라서 순환마디가 나머지 넷과 다른 하나는 ②이다. 답 ②

blacklabel 특강 오답피하기

순환소수 $0.333\cdots$의 소수점 아래에서 되풀이되는 부분은 3, 33, 333 등 다양하게 말할 수 있으나 최소 부분인 3이 순환마디임에 주의한다.

03

① $1.\dot{9}=1.999\cdots$이므로

$1.\dot{9}>1.9$

② $0.\dot{7}\dot{2}=0.727272\cdots$, $0.\dot{7}=0.777\cdots$

이때, $0.727272\cdots<0.777\cdots$이므로

$0.\dot{7}\dot{2}<0.\dot{7}$

③ $0.3\dot{5}=0.3555\cdots$이므로

$0.3\dot{5}>0.35$

④ $0.2\dot{2}\dot{1}=0.2212121\cdots$, $0.\dot{2}2\dot{1}=0.221221221\cdots$

이때, $0.2212121\cdots<0.221221221\cdots$이므로

$0.2\dot{2}\dot{1}<0.\dot{2}2\dot{1}$

⑤ $0.\dot{1}4\dot{2}=0.142142142\cdots$, $0.1\dot{4}\dot{2}=0.14222\cdots$

이때, $0.142142142\cdots<0.14222\cdots$이므로

$0.\dot{1}4\dot{2}<0.1\dot{4}\dot{2}$

따라서 대소 관계가 옳은 것은 ③이다. 답 ③

04

$\dfrac{17}{51}=0.333\cdots$으로 무한소수이므로

$17 \blacklozenge 51=2$

$\dfrac{14}{25}=0.56$으로 유한소수이므로

$14 \blacklozenge 25=1$

$\dfrac{46}{16}=2.875$로 유한소수이므로

$46 \blacklozenge 16=1$

$\therefore (17 \blacklozenge 51)-(14 \blacklozenge 25)+(46 \blacklozenge 16)=2-1+1=2$ 답 2

| 다른풀이 |

분수를 기약분수로 나타내었을 때, 분모의 소인수가 2나 5뿐이면 유한소수이고 분모가 2나 5 이외의 소인수를 가지면 순환소수이므로 각 분수를 기약분수로 나타내고 분모의 소인수를 확인한다.

$\dfrac{17}{51}=\dfrac{1}{3}$은 순환소수, 즉 무한소수이므로 $17 \blacklozenge 51=2$

$\dfrac{14}{25}=\dfrac{14}{5^2}$는 유한소수이므로 $14 \blacklozenge 25=1$

$\dfrac{46}{16}=\dfrac{23}{8}=\dfrac{23}{2^3}$은 유한소수이므로 $46 \blacklozenge 16=1$

$\therefore (17 \blacklozenge 51)-(14 \blacklozenge 25)+(46 \blacklozenge 16)=2-1+1=2$

05

$\dfrac{21}{35}=\dfrac{3}{5}$에서 분모 5를 10의 거듭제곱으로 만들기 위하여 곱해야 할 가장 작은 자연수는 2이므로

$<21,\ 35>=2$

$\dfrac{27}{60}=\dfrac{9}{20}$에서 분모 $20=2^2 \times 5$를 10의 거듭제곱으로 만들기 위하여 곱해야 할 가장 작은 자연수는 5이므로

$<27,\ 60>=5$

$\therefore <21,\ 35>+<27,\ 60>=2+5=7$ 답 ②

06

① $3.5\dot{3}=3.5333\cdots,\ 100 \times 3.5\dot{3}=353.333\cdots$이므로

   $<3.5\dot{3}>=0.5\dot{3},\ <100 \times 3.5\dot{3}>=0.\dot{3}$

② $9.\dot{2}3\dot{5}=9.235235235\cdots,$

   $100 \times 9.\dot{2}3\dot{5}=923.523523523\cdots$이므로

   $<9.\dot{2}3\dot{5}>=0.\dot{2}3\dot{5},\ <100 \times 9.\dot{2}3\dot{5}>=0.\dot{5}2\dot{3}$

③ $12.31\dot{4}=12.31444\cdots,\ 100 \times 12.31\dot{4}=1231.444\cdots$이므로

   $<12.31\dot{4}>=0.31\dot{4},\ <100 \times 12.31\dot{4}>=0.\dot{4}$

④ $17.\dot{9}\dot{1}=17.919191\cdots,\ 100 \times 17.\dot{9}\dot{1}=1791.919191\cdots$이므로

   $<17.\dot{9}\dot{1}>=0.\dot{9}\dot{1},\ <100 \times 17.\dot{9}\dot{1}>=0.\dot{9}\dot{1}$

⑤ $21.1\dot{4}\dot{5}=21.1454545\cdots,\ 100 \times 21.1\dot{4}\dot{5}=2114.545454\cdots$이므로 $<21.1\dot{4}\dot{5}>=0.1\dot{4}\dot{5},\ <100 \times 21.1\dot{4}\dot{5}>=0.\dot{5}\dot{4}$

따라서 a의 값이 될 수 있는 것은 ④이다.   답 ④

> **blacklabel 특강**   풀이첨삭
>
> a에 100을 곱하면 소수점의 위치가 기존 위치에서 두 칸 뒤로 이동하므로 a와 $100a$의 소수 부분이 같으려면 a는 소수점 아래 첫 번째 자리부터 순환마디가 시작되어야 하고, 순환마디의 숫자는 1개 또는 2개이어야 한다.
> 따라서 a의 값이 될 수 있는 것은 ④이다.

07

$\dfrac{3}{14}=0.2\dot{1}4285\dot{7}$이므로 순환마디는 142857이고, 순환마디의 숫자는 6개이다.

이때, $50=1+6 \times 8+1$이므로 구하는 합은

$2+(1+4+2+8+5+7) \times 8+1=219$ 답 ②

08

$\dfrac{15}{10^2}-\dfrac{5}{10^3}+\dfrac{5}{10^4}-\dfrac{5}{10^5}+\dfrac{5}{10^6}-\cdots$

$=\left(\dfrac{150}{10^3}-\dfrac{5}{10^3}\right)+\left(\dfrac{50}{10^5}-\dfrac{5}{10^5}\right)+\left(\dfrac{50}{10^7}-\dfrac{5}{10^7}\right)+\cdots$

$=\dfrac{145}{10^3}+\dfrac{45}{10^5}+\dfrac{45}{10^7}+\cdots$

$=0.145+0.00045+0.0000045+\cdots$

$=0.1454545\cdots=0.1\dot{4}\dot{5}$

이때, $100=1+2 \times 49+1$이므로 소수점 아래 100번째 자리의 숫자는 순환마디 45의 첫 번째 자리의 숫자인 4이다.   답 ②

09

$\dfrac{2}{7}=0.\dot{2}8571\dot{4}$

① 소수점 아래 두 번째 자리의 숫자는 8이므로

   $f(2)=8$

② $1000=6 \times 166+4$이므로 소수점 아래 1000번째 자리의 숫자는 소수점 아래 네 번째 자리의 숫자와 같다.

   $\therefore f(1000)=f(4)=7$

③ 순환마디의 숫자가 6개이고, $30=6\times5$이므로 소수점 아래 n번째 자리의 숫자는 소수점 아래 $(n+30)$번째 자리의 숫자와 같다.

$\therefore f(n)=f(n+30)$

④ 순환마디의 숫자가 2, 8, 5, 7, 1, 4이므로 $f(n)=6$을 만족시키는 n은 존재하지 않는다.

⑤ $f(1)+f(2)+\cdots+f(19)+f(20)$

$=\{f(1)+f(2)+f(3)+f(4)+f(5)+f(6)\}$
$\quad+\{f(7)+f(8)+f(9)+f(10)+f(11)+f(12)\}$
$\quad+\{f(13)+f(14)+f(15)+f(16)+f(17)+f(18)\}$
$\quad+f(19)+f(20)$

$=\{f(1)+f(2)+f(3)+f(4)+f(5)+f(6)\}\times3$
$\qquad\qquad\qquad\qquad\qquad\qquad+f(1)+f(2)$

$=(2+8+5+7+1+4)\times3+2+8$

$=91$

따라서 옳지 않은 것은 ④이다. 답 ④

10 해결단계

❶단계	순환소수의 순환마디를 구한다.
❷단계	조건을 모두 만족시키는 순환소수를 구한다.
❸단계	주어진 식의 값을 구한다.

조건 ㈐에서 순환마디는 소수점 아래 두 번째 자리부터 6개의 숫자이고 $29=1+6\times4+4$이므로 소수점 아래 29번째 자리의 숫자 3은 순환마디의 4번째 자리의 숫자이다.

이때, 소수점 아래 29번째 자리부터 소수점 아래 34번째 자리까지의 숫자가 차례대로 3, 8, 5, 1, 7, 4이므로 조건을 만족시키는 순환소수의 순환마디는 174385이다.

또한, 조건 ㈎, ㈏에서 순환소수의 값은 1보다 작은 양수이고, 소수점 아래 첫 번째 자리의 숫자가 2이므로 세 조건을 모두 만족시키는 순환소수는 $0.2\dot{1}7438\dot{5}$이다.

즉, 소수점 아래 n번째 자리의 숫자를 x_n이라 하면

$x_1=2$, $x_2=1$, $x_3=7$, $x_4=4$, $x_5=3$, $x_6=8$, $x_7=5$, $\cdots$이고 $x_n=x_{n+6}$ (단, $n>1$인 자연수)을 만족시킨다.

한편, $100=1+6\times16+3$이므로

$x_1-x_2+x_3-x_4+\cdots+x_{99}-x_{100}$

$=x_1+(-x_2+x_3-x_4+x_5-x_6+x_7)+\cdots$
$\qquad+(-x_{92}+x_{93}-x_{94}+x_{95}-x_{96}+x_{97})-x_{98}+x_{99}-x_{100}$

$=x_1+(-x_2+x_3-x_4+x_5-x_6+x_7)\times16-x_2+x_3-x_4$

$=2+(-1+7-4+3-8+5)\times16-1+7-4$

$=2+2\times16+2=36$ 답 ④

11

조건 ㈐에서 $\dfrac{x}{1100}=\dfrac{x}{2^2\times5^2\times11}$가 유한소수가 되려면 x는 11의 배수이어야 한다.

이때, 조건 ㈎에서 x는 7의 배수이므로 x는 7과 11의 공배수, 즉 77의 배수이다.

또한, 조건 ㈏에서 x는 세 자리의 자연수이므로 x의 최솟값은 $77\times2=154$ 답 154

12

구하는 분수를 $\dfrac{n}{35}$이라 하면

$\dfrac{2}{7}<\dfrac{n}{35}<\dfrac{4}{5}$ $\therefore \dfrac{10}{35}<\dfrac{n}{5\times7}<\dfrac{28}{35}$

이를 만족시키는 자연수 n은 11, 12, 13, $\cdots$, 27이다.

이때, n이 7의 배수, 즉 $n=14$ 또는 $n=21$이면 $\dfrac{n}{35}$이 유한소수가 되므로 유한소수로 나타낼 수 없는 분수는

$17-2=15(개)$ 답 ③

13

분수 $\dfrac{A}{120}=\dfrac{A}{2^3\times3\times5}$를 유한소수로 나타낼 수 있을 때, A가 될 수 있는 가장 작은 자연수 a는

$a=3$

분수 $\dfrac{B}{450}=\dfrac{B}{2\times3^2\times5^2}$가 소수점 아래 첫 번째 자리부터 순환마디가 시작되는 순환소수가 되려면 기약분수로 나타내었을 때 분모의 소인수에 2나 5가 없어야 하므로 B가 될 수 있는 가장 작은 자연수 b는

$b=2\times5^2=50$

$\therefore a+b=3+50=53$ 답 53

blacklabel 특강 참고

소수점 아래 첫 번째 자리부터 순환마디가 시작되는 순환소수

어떤 분수가 소수점 아래 첫 번째 자리부터 순환마디가 시작되는 순환소수로 나타낼 수 있으려면 주어진 분수를 기약분수로 나타내었을 때, 분모의 소인수에 2나 5가 없어야 한다.

예 $\dfrac{1}{3}=0.333\cdots=0.\dot{3}$이지만

$\dfrac{1}{2\times3}=0.1666\cdots=0.1\dot{6}$, $\dfrac{1}{5\times3}=0.0666\cdots=0.0\dot{6}$이다.

14

분수 $\dfrac{b}{2 \times 3 \times 5 \times a}$가 유한소수가 되려면 이 분수를 기약분수로

나타낼 때, 분모의 소인수가 2나 5뿐이어야 한다.

(i) $\dfrac{b}{2 \times 3 \times 5 \times a}$가 가장 큰 수가 되는 경우

    a는 가장 작은 수인 1이어야 하고 b는 3의 배수 중 가장 큰

    수인 6이어야 하므로

$$M = \dfrac{6}{2 \times 3 \times 5 \times 1} = \dfrac{1}{5}$$

(ii) $\dfrac{b}{2 \times 3 \times 5 \times a}$가 가장 작은 수가 되는 경우

    a는 가장 큰 수인 8이어야 하고 b는 3의 배수 중 가장 작은

    수인 3이어야 하므로

$$m = \dfrac{3}{2 \times 3 \times 5 \times 8} = \dfrac{1}{2 \times 5 \times 8} = \dfrac{1}{80}$$

(i), (ii)에서 $M + m = \dfrac{1}{5} + \dfrac{1}{80} = \dfrac{17}{80}$ 답 $\dfrac{17}{80}$

15

분수 $\dfrac{a}{225} = \dfrac{a}{3^2 \times 5^2}$가 유한소수가 되려면 a는 $3^2 = 9$의 배수이어

야 한다.

이때, $20 < a < 50$이므로 a로 가능한 값은 27, 36, 45이다.

(i) $a = 27$이면 $\dfrac{27}{225} = \dfrac{3}{25}$이므로

    $b = 3$, $c = 25$

    $\therefore a + b + c = 27 + 3 + 25 = 55$

(ii) $a = 36$이면 $\dfrac{36}{225} = \dfrac{4}{25}$이므로

    $b = 4$, $c = 25$

    $\therefore a + b + c = 36 + 4 + 25 = 65$

(iii) $a = 45$이면 $\dfrac{45}{225} = \dfrac{1}{5}$이므로

    $b = 1$, $c = 5$

    $\therefore a + b + c = 45 + 1 + 5 = 51$

(i), (ii), (iii)에서 $a + b + c$의 최댓값은 65이다.   답 65

16 해결단계

❶단계	69개의 점이 나타내는 수를 구하고 크기가 작은 것부터 차례대로 나열한다.
❷단계	유한소수로 나타낼 수 있는 정수가 아닌 유리수의 개수를 구한다.
❸단계	유한소수로 나타낼 수 없는 수를 크기가 작은 것부터 차례대로 나열하였을 때, 60번째 수가 69개의 점이 나타내는 수 중에서 마지막 수임을 알고 그 값을 구한다.

수직선 위의 두 점 A(1), B(3)에 대하여 선분 AB의 길이는

$3 - 1 = 2$이므로 선분 AB를 70등분한 점들 중에서 이웃한 두 점

사이의 거리는 $\dfrac{2}{70} = \dfrac{1}{35}$이다.

즉, 두 점 A, B가 나타내는 수는 각각 $1 = \dfrac{35}{35}$, $3 = \dfrac{105}{35}$이므로

69개의 점이 나타내는 수를 크기가 작은 것부터 차례대로 나열

하면

$$\dfrac{36}{35}, \dfrac{37}{35}, \dfrac{38}{35}, \cdots, \dfrac{104}{35} \qquad \cdots\cdots \text{㉠}$$

이때, $35 = 5 \times 7$이므로 ㉠의 분수 중에서 분자가 7의 배수인 경

우를 생각해보면 유한소수로 나타낼 수 있는 분수는

$$\dfrac{42}{35}, \dfrac{49}{35}, \dfrac{56}{35}, \dfrac{63}{35}, \dfrac{77}{35}, \dfrac{84}{35}, \dfrac{91}{35}, \dfrac{98}{35}\text{의 8개,}$$

정수는 $\dfrac{70}{35} = 2$의 1개이므로

유한소수로 나타낼 수 없는 정수가 아닌 유리수는

$69 - 8 - 1 = 60(\text{개})$

따라서 유한소수로 나타낼 수 없는 정수가 아닌 유리수를 크기가

작은 것부터 차례대로 나열하였을 때의 60번째 수는 69개의 점

이 나타내는 수를 크기가 작은 것부터 차례대로 나열하였을 때의

69번째 수와 같으므로 구하는 분수는 $\dfrac{104}{35}$이다.   답 ⑤

17

$x = 0.3\dot{2}3\dot{7} = 0.3237237237\cdots$이므로

$10000x = 3237.237237237\cdots \qquad \cdots\cdots \text{㉠}$

$10x = 3.237237237\cdots \qquad \cdots\cdots \text{㉡}$

㉠에서 ㉡을 변끼리 빼면

$9990x = 3234 \qquad \therefore x = \dfrac{3234}{9990} = \dfrac{539}{1665}$

따라서 필요한 식은 ④ $10000x - 10x$이다.   답 ④

18

$$\dfrac{1}{2}\left(\dfrac{1}{10} + \dfrac{1}{100} + \dfrac{1}{1000} + \cdots\right) = \dfrac{1}{2}(0.1 + 0.01 + 0.001 + \cdots)$$

$$= \dfrac{1}{2} \times 0.\dot{1} = \dfrac{1}{2} \times \dfrac{1}{9}$$

$$= \dfrac{1}{18} = \dfrac{1}{A}$$

$\therefore A = 18$ 답 ③

19

주어진 악보대로 연주되는 알람 소리는 '도미솔'의 음이 반복되므로 입력한 분수를 순환소수로 나타내었을 때의 순환마디는 024이다.

이때, 입력하는 기약분수는 0보다 크고 1보다 작으므로 순환소수로 나타내면 $0.\dot{0}2\dot{4}$이고, 이를 기약분수로 나타내면

$$0.\dot{0}2\dot{4}=\frac{24}{999}=\frac{8}{333}$$

답 $\dfrac{8}{333}$

20

마음이가 잘못 본 기약분수는 $0.\dot{1}\dot{3}=\dfrac{13}{99}$

고은이가 잘못 본 기약분수는 $0.1\dot{2}=\dfrac{12-1}{90}=\dfrac{11}{90}$

마음이는 $\dfrac{13}{99}$에서 분자를 바르게 보았으므로 분자는 13이다.

고은이는 $\dfrac{11}{90}$에서 분모를 바르게 보았으므로 분모는 90이다.

따라서 처음에 주어진 기약분수는 $\dfrac{13}{90}$이므로

$$\frac{13}{90}=0.1444\cdots=0.1\dot{4}$$

답 $0.1\dot{4}$

21

$0.3\dot{3}\dot{a}=\dfrac{330+a}{999}$이고 $\dfrac{b}{333}=\dfrac{3b}{999}$이므로

$330+a=3b$ ……㉠

이때, 330과 $3b$가 3의 배수이므로 a도 3의 배수이다.

즉, 한 자리의 자연수 a로 가능한 값은 3, 6, 9이다.

또한, $\dfrac{b}{333}$는 기약분수이고 $333=3^2\times37$이므로 자연수 b의 소인수 중에 3, 37이 포함되면 안 된다. ……㉡ —(가)

(ⅰ) $a=3$일 때,

㉠에서 $330+3=3b$ ∴ $b=111=3\times37$

이는 ㉡을 만족시키지 않는다.

(ⅱ) $a=6$일 때,

㉠에서 $330+6=3b$ ∴ $b=112=2^4\times7$

(ⅲ) $a=9$일 때,

㉠에서 $330+9=3b$ ∴ $b=113$ —(나)

(ⅰ), (ⅱ), (ⅲ)에서 구하는 모든 자연수 b의 값의 합은

$112+113=225$ —(다)

답 225

단계	채점 기준	배점
(가)	a, b의 조건을 구한 경우	40%
(나)	a의 값에 따라 경우를 나누어 b의 값을 구한 경우	40%
(다)	자연수 b의 값의 합을 구한 경우	20%

22

$\dfrac{3}{11}<0.\dot{a}<\dfrac{5}{8}$에서 $0.\dot{a}=0.aaa\cdots$이고

$\dfrac{3}{11}=0.272727\cdots=0.\dot{2}\dot{7}$, $\dfrac{5}{8}=0.625$이므로

$0.272727\cdots<0.aaa\cdots<0.625$

이때, a는 한 자리의 자연수이므로 a의 값으로 가능한 것은 3, 4, 5이다.

따라서 자연수 a의 값의 합은

$3+4+5=12$

답 ②

| 다른풀이 |

$0.\dot{a}=\dfrac{a}{9}$이므로 주어진 식은 $\dfrac{3}{11}<\dfrac{a}{9}<\dfrac{5}{8}$

(ⅰ) $\dfrac{3}{11}<\dfrac{a}{9}$에서 $\dfrac{3}{11}=\dfrac{27}{99}$이므로

$\dfrac{22}{99}<\dfrac{3}{11}<\dfrac{33}{99}$ ∴ $\dfrac{2}{9}<\dfrac{3}{11}<\dfrac{3}{9}$

(ⅱ) $\dfrac{a}{9}<\dfrac{5}{8}$에서 $\dfrac{5}{8}=\dfrac{45}{72}$이므로

$\dfrac{40}{72}<\dfrac{5}{8}<\dfrac{48}{72}$ ∴ $\dfrac{5}{9}<\dfrac{5}{8}<\dfrac{6}{9}$

(ⅰ), (ⅱ)에서 $\dfrac{2}{9}<\dfrac{3}{11}<\dfrac{a}{9}<\dfrac{5}{8}<\dfrac{6}{9}$

따라서 주어진 식을 만족시키는 한 자리의 자연수 a의 값은 3, 4, 5이므로 구하는 합은 12이다.

23

$\dfrac{1}{x-1}=0.\dot{1}6\dot{2}$에서 $0.\dot{1}6\dot{2}=\dfrac{162}{999}=\dfrac{6}{37}$이므로

$\dfrac{1}{x-1}=\dfrac{6}{37}$, $x-1=\dfrac{37}{6}$

∴ $x=\dfrac{43}{6}=7.1\dot{6}$

따라서 $a=1$, $b=6$이므로

$a+b=1+6=7$

답 7

24

주어진 조건을 식으로 나타내면

$A\times1.3\dot{6}-A\times1.36=0.3$ ……㉠

이때, $1.3\dot{6}=\dfrac{136-13}{90}=\dfrac{123}{90}=\dfrac{41}{30}$이므로 ㉠에서

$A\times\dfrac{41}{30}-A\times\dfrac{136}{100}=\dfrac{3}{10}$, $410A-408A=90$

$2A=90$ ∴ $A=45$

답 ④

| 다른풀이 |

주어진 조건을 식으로 나타내면

$A \times 1.3\dot{6} - A \times 1.36 = 0.3$

$A \times 1.3666\cdots - A \times 1.36 = 0.3$

$A(1.3666\cdots - 1.36) = 0.3$

$A \times 0.00666\cdots = 0.3$, $A \times 0.00\dot{6} = 0.3$

$A \times \dfrac{6}{900} = \dfrac{3}{10}$

$\therefore A = \dfrac{3}{10} \times \dfrac{900}{6} = 45$

25

$3.\dot{6} = \dfrac{36-3}{9} = \dfrac{33}{9} = \dfrac{11}{3}$ 이고, 점 $\mathrm{P}(3.\dot{6}, a)$는 $y = -2x$의 그래프

위의 점이므로

$a = -2 \times 3.\dot{6} = -2 \times \dfrac{11}{3} = -\dfrac{22}{3}$

$\therefore \mathrm{P}\left(\dfrac{11}{3}, -\dfrac{22}{3}\right)$

점 P와 x축에 대하여 대칭인

점 A의 좌표는 $\left(\dfrac{11}{3}, \dfrac{22}{3}\right)$

점 P와 y축에 대하여 대칭인

점 B의 좌표는 $\left(-\dfrac{11}{3}, -\dfrac{22}{3}\right)$

점 P와 원점에 대하여 대칭인

점 C의 좌표는 $\left(-\dfrac{11}{3}, \dfrac{22}{3}\right)$

따라서 삼각형 ABC의 넓이는

$\dfrac{1}{2} \times \overline{\mathrm{AC}} \times \overline{\mathrm{CB}} = \dfrac{1}{2} \times \left\{\dfrac{11}{3} - \left(-\dfrac{11}{3}\right)\right\} \times \left\{\dfrac{22}{3} - \left(-\dfrac{22}{3}\right)\right\}$

$= \dfrac{1}{2} \times \dfrac{22}{3} \times \dfrac{44}{3} = \dfrac{484}{9} = 53.\dot{7}$ 답 $53.\dot{7}$

26

평행선에서의 엇각의 크기는 서로 같으므로 두 직선 m, q가 이루는 각의 크기는 두 직선 l, q가 이루는 각의 크기와 같다.

이때, 삼각형의 세 내각의 크기의 합은 $180°$이므로

$0.\dot{8} \times x + 1.\dot{3} \times x + 60 = 180$

$\dfrac{8}{9}x + \dfrac{13-1}{9}x = 120$

$\dfrac{8}{9}x + \dfrac{12}{9}x = 120$, $\dfrac{20}{9}x = 120$

$\therefore x = 120 \times \dfrac{9}{20} = 54$ 답 54

blacklabel 특강   참고

평행선의 성질

평행한 두 직선이 한 직선과 만날 때

(1) 동위각의 크기는 같다.

$\Rightarrow l /\!/ m$이면 $\angle a = \angle b$

(2) 엇각의 크기는 같다.

$\Rightarrow l /\!/ m$이면 $\angle c = \angle d$

27

$0.\dot{a} : 0.0\dot{b} = 0.0\dot{b} : 0.00\dot{c}$에서 $0.\dot{a} = \dfrac{a}{9}$, $0.0\dot{b} = \dfrac{b}{90}$, $0.00\dot{c} = \dfrac{c}{900}$

이므로

$\dfrac{a}{9} : \dfrac{b}{90} = \dfrac{b}{90} : \dfrac{c}{900}$

$\left(\dfrac{b}{90}\right)^2 = \dfrac{a}{9} \times \dfrac{c}{900}$, $\dfrac{b^2}{8100} = \dfrac{ac}{8100}$

$\therefore b^2 = ac$ $\cdots\cdots$ ㉠

이때, $2 \le a \le 6$, $4 \le c \le 8$이므로 ㉠을 만족시키는 세 자연수 a, b, c의 순서쌍 (a, b, c)는

$(2, 4, 8)$, $(4, 4, 4)$, $(5, 5, 5)$, $(6, 6, 6)$

그런데 $a < b < c$이므로 $a = 2$, $b = 4$, $c = 8$

$\therefore a + b + c = 2 + 4 + 8 = 14$ 답 14

28

ㄱ. 유한소수와 순환소수는 모두 유리수이다.

ㄴ, ㄷ. 기약분수 중에서 유한소수로 나타낼 수 없는 것은 순환소수로 나타낼 수 있다.

ㄹ. $0.3 \times 0.\dot{3} = \dfrac{3}{10} \times \dfrac{3}{9} = \dfrac{1}{10} = 0.1$과 같이 유한소수와 순환소수의 곱이 항상 순환소수가 되는 것은 아니다.

따라서 옳은 것은 ㄱ, ㄴ, ㄷ이다.   답 ③

29

(i) 철수의 간식

    순환소수는 무한소수이다. : 옳다.

    → 순환소수는 유리수이다. : 옳다.

    → 우유

(ii) 영희의 간식

유한소수는 유리수이다. : 옳다.

→ 모든 유리수는 유한소수로 나타낼 수 있다. : 옳지 않다.

$\left(\text{유리수 } \dfrac{1}{3} \text{은 } 0.333\cdots\text{으로 무한소수이다.}\right)$

┈┉→ 과자

(i), (ii)에서 철수의 간식은 우유이고 영희의 간식은 과자이다.

답 ①

Step 3 종합 사고력 도전 문제   pp. 15~16

01 33   **02** (1) $b-a=4$ (2) $a=3$, $b=7$ (3) $\dfrac{10}{9}$

03 4117647, 7번   **04** $a=9$, $n=750$ **05** C, E

06 6   **07** $\dfrac{19}{33}$ **08** 22

---

01 해결단계

❶단계	자연수 n에 대하여 a_n과 $\dfrac{a_{n+1}}{a_n}$의 값을 차례대로 구한다.
❷단계	$\dfrac{a_{n+1}}{a_n}$이 정수가 아닌 유리수일 때, 이 수를 유한소수로 나타낼 수 없도록 하는 n의 값을 구한다.
❸단계	조건을 만족시키는 n의 값의 합을 구한다.

자연수 n에 대하여 a_n과 $\dfrac{a_{n+1}}{a_n}$의 값을 차례대로 구하여 표로 나타내면 다음과 같다.

n	1	2	3	4	5	6	7	8	9	10	$\cdots$
a_n	1	2	3	5	8	13	21	34	55	89	$\cdots$
$\dfrac{a_{n+1}}{a_n}$	2	$\dfrac{3}{2}$	$\dfrac{5}{3}$	$\dfrac{8}{5}$	$\dfrac{13}{8}$	$\dfrac{21}{13}$	$\dfrac{34}{21}$	$\dfrac{55}{34}$	$\dfrac{89}{55}$	$\cdots$	$\cdots$

$n=1$일 때 $\dfrac{a_2}{a_1}=2$로 정수이고, $n\geq2$에 대하여 $\dfrac{a_{n+1}}{a_n}$을 유한소수로 나타낼 수 없는 경우는 a_n이 2나 5 이외의 소인수를 가지는 경우이므로 조건을 만족시키는 한 자리의 자연수 n의 값은 3, 6, 7, 8, 9이다.

따라서 구하는 자연수 n의 값의 합은

$3+6+7+8+9=33$ 답 33

---

blacklabel 특강   교과 외 지식

피보나치 수

피보나치 수열은 1, 1, 2, 3, 5, 8, 13, $\cdots$과 같이 앞의 두 수를 더해 그 다음 수를 만들어 배열한 것을 말한다. 이때, 이 수열의 각 수를 피보나치 수라 한다.

피보나치 수는 해바라기의 씨, 나뭇가지의 수, 앵무조개의 껍질 등에서 찾아볼 수 있는데 이는 최적의 성장 방법을 찾는 자연의 경향성에서 비롯된 것으로 알려져 있다.

연속한 두 피보나치 수의 비율을 계산하면

$\dfrac{1}{1}=1$, $\dfrac{2}{1}=2$, $\dfrac{3}{2}=1.5$, $\dfrac{5}{3}=1.\dot{6}$, $\dfrac{8}{5}=1.6$, $\dfrac{13}{8}=1.625$, $\cdots$이다.

이와 같은 방식으로 비율을 계속 구해 보면 인간이 가장 아름답다고 여겼던 황금비율인 약 1.618에 가까워짐을 알 수 있다.

---

02 해결단계

(1)	❶단계	주어진 조건을 식으로 나타낸다.
	❷단계	두 홀수 a, b 사이의 관계식을 구한다.
(2)	❸단계	두 홀수 a, b의 값을 각각 구한다.
(3)	❹단계	$0.\dot{a}\dot{b}+0.\dot{b}\dot{a}$의 값을 구한다.

(1) $b>a$이므로 $0.\dot{b}\dot{a}>0.\dot{a}\dot{b}$이다.

주어진 조건을 식으로 나타내면

$0.\dot{b}\dot{a}-0.\dot{a}\dot{b}=0.\dot{3}\dot{6}$

$\dfrac{10b+a}{99}-\dfrac{10a+b}{99}=\dfrac{36}{99}$

$\dfrac{(10b+a)-(10a+b)}{99}=\dfrac{36}{99}$

$\dfrac{9b-9a}{99}=\dfrac{36}{99}$

$9b-9a=36$

$\therefore b-a=4$

(2) $b-a=4$이고 $1<a<b<9$이므로 두 홀수 a, b의 값은

$a=3$, $b=7$

(3) $a=3$, $b=7$이므로

$0.\dot{a}\dot{b}+0.\dot{b}\dot{a}=0.\dot{3}\dot{7}+0.\dot{7}\dot{3}=\dfrac{37}{99}+\dfrac{73}{99}=\dfrac{110}{99}=\dfrac{10}{9}$

답 (1) $b-a=4$ (2) $a=3$, $b=7$ (3) $\dfrac{10}{9}$

---

03 해결단계

❶단계	순환마디의 나머지 부분을 구한다.
❷단계	순환마디의 16개의 숫자 중에서 4가 몇 번 나오는지 구한다.
❸단계	소수점 아래 첫 번째 자리의 숫자부터 소수점 아래 60번째 자리의 숫자까지 4가 몇 번 나오는지 구한다.

$\dfrac{1}{17}$을 순환소수로 나타내면 소수점 아래 첫 번째 자리부터 순환마디가 시작되고 순환마디의 숫자가 16개이므로 첫 번째와 아홉 번째, 두 번째와 열 번째, 세 번째와 열한 번째, $\cdots$, 여덟 번째와 열여섯 번째의 숫자가 서로 마주 보게 된다. 이때, 첫 번째의 숫자 0과 아홉 번째의 숫자 9의 합은 9이므로 마주 보는 숫자의 합이 9가 되도록 나머지 숫자를 정하면 된다.

따라서 순환마디의 나머지 부분은 4117647이다.

즉, 순환마디는 0588235294117647이고 순환마디 하나마다 4는 두 번씩 나타난다.

이때, $60=16\times3+12$이고, 순환마디의 12번째 숫자까지 4가 한 번 더 나타나므로 $\dfrac{1}{17}$을 순환소수로 나타내었을 때 소수점 아래 첫 번째 자리의 숫자부터 소수점 아래 60번째 자리의 숫자까지 숫자 4가 나타나는 횟수는

$2\times3+1=7$(번)   답 4117647, 7번

04 해결단계

❶단계	$0.\dot{a}2\dot{5}$를 분수로 나타낸다.
❷단계	$4a+1$이 37의 배수이어야 함을 보인다.
❸단계	음이 아닌 한 자리의 정수 a의 값을 구한다.
❹단계	조건을 만족시키는 n의 값을 구한다.

$0.\dot{a}2\dot{5}=\dfrac{100a+25}{999}$이므로

$\dfrac{100a+25}{999}=\dfrac{n}{810}$, $999n=81000a+25\times810$

$37n=3000a+750$

$\therefore 37n=750(4a+1)$ ······ ㉠

이때, 37과 750은 서로소이므로 ㉠에서 $4a+1$이 37의 배수이어야 한다. a가 음이 아닌 한 자리의 정수이므로

$4\times0+1\le4a+1\le4\times9+1$

$\therefore 1\le4a+1\le37$

따라서 $4a+1=37$이므로

$a=9$, $n=750$ 답 $a=9$, $n=750$

05 해결단계

❶단계	각 분수의 분모를 소인수분해한다.
❷단계	분자가 보이지 않는 두 개의 분수가 유한소수로 표현 가능한지를 설명한다.
❸단계	바르게 말한 학생을 모두 구한다.

주어진 분수의 분모를 각각 소인수분해하면

$\dfrac{7}{40}=\dfrac{7}{2^3\times5}$, $\dfrac{\text{⬢}}{55}=\dfrac{\text{⬢}}{5\times11}$, $\dfrac{\text{⬢}}{105}=\dfrac{\text{⬢}}{3\times5\times7}$,

$\dfrac{33}{240}=\dfrac{11}{80}=\dfrac{11}{2^4\times5}$

이들 중 $\dfrac{\text{⬢}}{55}=\dfrac{\text{⬢}}{5\times11}$, $\dfrac{\text{⬢}}{105}=\dfrac{\text{⬢}}{3\times5\times7}$은 ⬢, ⬢의 값이 각각 11과 21의 배수이면 유한소수로 나타낼 수 있다.

또한, $\dfrac{7}{40}=\dfrac{7}{2^3\times5}$, $\dfrac{33}{240}=\dfrac{11}{2^4\times5}$은 분모의 소인수가 2나 5뿐이므로 유한소수로 나타낼 수 있다.

따라서 바르게 말한 학생은 C, E이다. 답 C, E

06 해결단계

❶단계	주어진 식의 분수를 순환소수로 나타낸다.
❷단계	구한 순환소수에서 순환마디의 숫자의 개수와 소수점 아래 20번째 자리의 숫자의 관계를 찾는다.
❸단계	주어진 식의 소수점 아래 20번째 자리의 숫자를 구한다.

$\dfrac{1}{9}+\dfrac{1}{99}+\dfrac{1}{999}+\cdots$에서 소수점 아래 20번째 자리의 숫자를 구하려면 각 분수의 순환마디를 이용한다.

$\dfrac{1}{9}=0.\dot{1}$의 순환마디의 숫자의 개수가 1이므로 소수점 아래 20번째 자리의 숫자는 1이다.

$\dfrac{1}{99}=0.\dot{0}\dot{1}$의 순환마디의 숫자의 개수가 2이므로 소수점 아래 20번째 자리의 숫자는 1이다.

$\dfrac{1}{999}=0.\dot{0}0\dot{1}$의 순환마디의 숫자의 개수가 3이고, $20=6\times3+2$이므로 소수점 아래 20번째 자리의 숫자는 순환마디의 2번째 숫자인 0이다.

이와 같은 방법으로 분모에 사용된 9의 개수가 20의 약수일 때 그 분수를 소수로 나타내면 소수점 아래 20번째 자리의 숫자는 1이고, 분모에 사용된 9의 개수가 20의 약수가 아닐 때 그 분수를 소수로 나타내면 소수점 아래 20번째 자리의 숫자는 0이다.

이때, 20의 약수는 1, 2, 4, 5, 10, 20이므로

$\dfrac{1}{9}$, $\dfrac{1}{99}$, $\dfrac{1}{9999}$, $\dfrac{1}{99999}$, $\dfrac{1}{\underbrace{99\cdots9}_{\text{10개}}}$, $\dfrac{1}{\underbrace{99\cdots9}_{\text{20개}}}$

의 소수점 아래 20번째 자리의 숫자는 1이고 나머지는 0이다.

따라서 $\dfrac{1}{9}+\dfrac{1}{99}+\dfrac{1}{999}+\cdots$을 소수로 나타낼 때, 소수점 아래 20번째 자리의 숫자는 6이다. 답 6

blacklabel 특강   해결실마리

$0.\dot{1}=0.111\cdots$을 제외한 나머지는 다음과 같이 순환마디의 마지막 숫자만 1이므로 순환마디의 숫자의 개수가 k인 경우, 소수점 아래 k의 배수 번째 자리에 숫자 1이 나타난다.

$0.\dot{0}\dot{1}=0.010101\cdots1|$

$0.\dot{0}0\dot{1}=0.001001\cdots100|$

$0.\dot{0}00\dot{1}=0.000100\cdots001\cdots$

따라서 소수점 아래 20번째 자리의 숫자가 1인 경우는 순환마디의 숫자의 개수가 20의 약수일 때이다.

07 해결단계

❶단계	자연수 n에 대하여 14^n, 15^n, 16^n의 일의 자리의 숫자의 규칙성을 각각 확인한다.
❷단계	자연수 n에 대하여 $14^n+15^n+16^n$의 일의 자리의 숫자의 규칙성을 확인하고 a_n의 값을 구한다.
❸단계	주어진 식을 순환소수로 나타낸다.
❹단계	❸단계에서 구한 순환소수를 기약분수로 나타낸다.

14의 일의 자리의 숫자는 4, $14^2=196$의 일의 자리의 숫자는 6, $14^3=2744$의 일의 자리의 숫자는 4, $14^4=38416$의 일의 자리의 숫자는 6, $\cdots$이므로 14^n의 일의 자리의 숫자는 4와 6이 이 순서대로 반복하여 나타난다.

15의 일의 자리의 숫자는 5, $15^2=225$의 일의 자리의 숫자는 5, $\cdots$이므로 15^n의 일의 자리의 숫자는 항상 5이다.

또한, 16의 일의 자리의 숫자는 6, $16^2=256$의 일의 자리의 숫자는 6, $\cdots$이므로 16^n의 일의 자리의 숫자는 항상 6이다.

이때, $14^n+15^n+16^n$의 일의 자리의 숫자는 세 수 14^n, 15^n, 16^n의 일의 자리의 숫자의 합의 일의 자리의 숫자와 같으므로

$n=1$일 때, $4+5+6=15$ $\therefore a_1=5$

$n=2$일 때, $6+5+6=17$ $\therefore a_2=7$

$n=3$일 때, $4+5+6=15$ $\therefore a_3=5$

$n=4$일 때, $6+5+6=17$ $\therefore a_4=7$

$\vdots$

$$\therefore \frac{a_1}{10}+\frac{a_2}{10^2}+\frac{a_3}{10^3}+\frac{a_4}{10^4}+\cdots$$
$$=\frac{5}{10}+\frac{7}{10^2}+\frac{5}{10^3}+\frac{7}{10^4}+\cdots$$
$$=0.5+0.07+0.005+0.0007+\cdots$$
$$=0.\dot{5}\dot{7}$$

따라서 $0.\dot{5}\dot{7}$을 기약분수로 나타내면

$0.\dot{5}\dot{7}=\dfrac{57}{99}=\dfrac{19}{33}$
답 $\dfrac{19}{33}$

blacklabel 특강 참고

자연수 a에 대하여 a의 거듭제곱 a^1, a^2, a^3, $\cdots$의 일의 자리의 숫자를 구할 때는 거듭제곱의 값을 모두 구하지 않고 다음과 같이 일의 자리의 숫자만 계산하여 구해도 된다.

예 3의 일의 자리의 숫자 ⇨ ③

3²의 일의 자리의 숫자 ⇨ $3\times3=$⑨에서 ⑨

3³의 일의 자리의 숫자 ⇨ $9\times3=27$에서 ⑦

3⁴의 일의 자리의 숫자 ⇨ $7\times3=21$에서 ①

$\vdots$

또한, 두 자연수 a와 b에 대하여 $a+b$와 $a-b$의 일의 자리의 숫자 역시 각 숫자의 일의 자리의 숫자만 계산하여 구해도 된다.

예 $a=27$, $b=15$인 경우

$a+b$의 일의 자리의 숫자 ⇨ $7+5=12$의 ②

$a-b$의 일의 자리의 숫자 ⇨ $7-5=2$의 ②

이때, 일의 자리의 두 숫자를 뺀 값이 음수인 경우에는 10을 더해 양의 한 자리의 정수인 일의 자리의 숫자를 구한다.

08 해결단계

❶단계	조건을 만족시키는 b의 값을 모두 구한다.
❷단계	b의 값에 따른 a, c, d의 값을 각각 구한다.
❸단계	$a+b+c+d$의 값을 구한다.

$a\div b=\dfrac{a}{b}=0.c\dot{d}$에서 $\dfrac{a}{b}$는 순환소수로 나타내어지므로 b는 1, 2, 4, 5, 8이 될 수 없다.

즉, b로 가능한 숫자는 3, 6, 7, 9이고 $a\div b<1$에서 $a<b$이다.

(ⅰ) $b=3$인 경우

$a=1$ 또는 $a=2$이면 $a\div b$는 순환마디가 소수점 아래 첫 번째 자리부터 시작하므로 $b\neq3$

(ⅱ) $b=6$인 경우

$a=1$ 또는 $a=5$이면 $a\div b$는 순환마디가 소수점 아래 두 번째 자리부터 시작하고 순환마디의 숫자의 개수가 1이므로 조건을 만족시킨다.

① $a=1$, $b=6$일 때, $1\div6=0.1\dot{6}$

이때, $c=1$, $d=6$이므로 $a=c$

즉, a, b, c, d가 서로 다른 한 자리의 자연수라는 조건에 맞지 않다.

② $a=5$, $b=6$일 때, $5\div6=0.8\dot{3}$

$\therefore c=8$, $d=3$

(ⅲ) $b=7$인 경우

$a\div b$의 순환마디의 숫자의 개수가 6이므로 $b\neq7$

(ⅳ) $b=9$인 경우

$a\div b$의 순환마디가 소수점 아래 첫 번째 자리부터 시작하므로 $b\neq9$

(ⅰ)~(ⅳ)에서 $a=5$, $b=6$, $c=8$, $d=3$

$\therefore a+b+c+d=5+6+8+3=22$
답 22

blacklabel 특강 풀이첨삭

$a\div b=0.c\dot{d}$이므로 $a\div b$가 1보다 작은 경우만 생각할 때 다음과 같다.

(ⅰ) $b=3$인 경우

$a=1$이면 $a\div b=\dfrac{1}{3}=0.\dot{3}$, $a=2$이면 $a\div b=0.\dot{6}$이므로 $a\div b$는 소수점 아래 첫 번째 자리부터 순환마디가 시작한다.

(ⅱ) $b=6$인 경우

$a=3$이면 $a\div b=\dfrac{1}{2}=0.5$로 유한소수가 되어 조건에 맞지 않다.

a가 짝수이면 분자, 분모가 약분되어 (ⅰ)의 경우와 같다.

(ⅲ) $b=7$인 경우

$a=1, 2, 3, 4, 5, 6$이면 $a\div b$의 순환마디의 숫자의 개수가 6이다.

예 $\dfrac{1}{7}=0.\dot{1}4285\dot{7}$

(ⅳ) $b=9$인 경우

$a=1, 2, 3, \cdots, 8$이면 $a\div b$는 소수점 아래 첫 번째 자리부터 순환마디가 시작한다.

예 $\dfrac{1}{9}=0.\dot{1}$

미리보는 학력평가 p. 17

1 ⑤   **2** ④   **3** 40   **4** 21

1

10 미만인 자연수 n에 대하여 $\dfrac{7}{5^2 \times n}$이 유한소수로 나타내어지려면 분모의 소인수가 2나 5뿐이어야 한다.

즉, n의 값은 1 또는 소인수가 2나 5뿐인 자연수이면 되므로

$n=1, 2, 4, 5, 8$

또한, 주어진 분수를 기약분수로 만들었을 때도 분모의 소인수가 2나 5뿐이면 된다. 그런데 $\dfrac{7}{5^2 \times n}$의 분자가 7이므로 $n=7$도 가능하다.

따라서 10 미만인 자연수 중 가능한 n의 값은 1, 2, 4, 5, 7, 8의 6개이다. 답 ⑤

2

분수가 유한소수로 나타내어지려면 기약분수의 분모의 소인수가 2나 5뿐이어야 한다.

$\dfrac{a}{42}=\dfrac{a}{2 \times 3 \times 7}$이므로 $\dfrac{a}{42}$가 유한소수가 되도록 하는 a는 3×7의 배수이다.

$\dfrac{a}{165}=\dfrac{a}{3 \times 5 \times 11}$이므로 $\dfrac{a}{165}$가 유한소수가 되도록 하는 a는 3×11의 배수이다.

따라서 a의 최솟값은 3×7과 3×11의 최소공배수이어야 하므로

$3 \times 7 \times 11 = 231$ 답 ④

3

$a=0.\dot{3}=\dfrac{1}{3}$이므로

$120a = 120 \times \dfrac{1}{3} = 40$ 답 40

4

$2.\dot{3}=\dfrac{23-2}{9}=\dfrac{21}{9}=\dfrac{7}{3}$

따라서 $\dfrac{7}{3} \times a = (\text{자연수})^2$이 되도록 하는 가장 작은 자연수 a의 값은

$a=3 \times 7=21$ 답 21

II 식의 계산

02 단항식의 계산

Step 1	시험에 꼭 나오는 문제			p. 21
01 ③	02 ⑤	03 10	04 ①	05 ①
06 11	07 17	08 ②		

01

$2 \times 3 \times 4 \times 5 \times 6 \times 7 \times 8 \times 9 \times 10 \times 11 \times 12$

$= 2 \times 3 \times 2^2 \times 5 \times (2 \times 3) \times 7 \times 2^3 \times 3^2 \times (2 \times 5) \times 11 \times (2^2 \times 3)$

$= 2^{10} \times 3^5 \times 5^2 \times 7 \times 11$

따라서 $a=10$, $b=5$, $c=2$, $d=1$, $e=1$이므로

$a+b+c+d+e=19$ 답 ③

02

$3^{6(x-2)} \div 9^{3x-7} = 3^{6x-12} \div (3^2)^{3x-7}$

$= 3^{6x-12} \div 3^{6x-14}$

$= 3^{(6x-12)-(6x-14)}$

$= 3^2 = 9$ 답 ⑤

03

$\left(\dfrac{pc}{a^2 b^q}\right)^r = \dfrac{-8c^3}{a^s b^9}$이라 하면

$\left(\dfrac{pc}{a^2 b^q}\right)^r = \dfrac{p^r c^r}{a^{2r} b^{qr}} = \dfrac{-8c^3}{a^s b^9}$

$c^r = c^3$에서 $r=3$

$p^r = -8$에서 $p^3 = -8$ $\therefore p=-2$

$b^{qr} = b^9$에서 $qr=9$, $3q=9$ $\therefore q=3$

$a^{2r} = a^s$에서 $2r=s$, $2 \times 3 = s$ $\therefore s=6$

따라서 □ 안에 알맞은 정수들의 합은

$p+q+r+s=(-2)+3+3+6=10$ 답 10

04

$5^{x+2}+5^{x+1}+5^x=775$에서 $5^2\times5^x+5\times5^x+5^x=775$

$25\times5^x+5\times5^x+5^x=775$

$(25+5+1)\times5^x=775$

$31\times5^x=775$, $5^x=25$, $5^x=5^2$

$\therefore x=2$ 답 ①

05

$a=2^{x+1}$에서 $a=2^x\times2$이므로

$2^x=\dfrac{a}{2}$

$\therefore 4^{x-1}=4^x\div4=4^x\times\dfrac{1}{4}=(2^x)^2\times\dfrac{1}{4}$

$\qquad=\left(\dfrac{a}{2}\right)^2\times\dfrac{1}{4}=\dfrac{1}{16}a^2$ 답 ①

06

1마리의 황소개구리가 2^a개의 알을 낳으므로 100마리의 황소개

구리가 낳은 알의 수는 (100×2^a)개이다.

이때, 알에서 부화된 올챙이가 모두 자라 다시 1마리당 2^a개씩 알

을 낳으면 알의 수는

$(100\times2^a)\times2^a=(2^2\times5^2)\times2^{2a}=5^2\times2^{2a+2}$

즉, $5^2\times2^{2a+2}=5^b\times2^{28}$이므로

$b=2$이고

$2a+2=28$, $2a=26$ $\therefore a=13$

$\therefore a-b=13-2=11$ 답 11

07

$(3x^Ay^4)^2\times x^3y^2\div\left(\dfrac{x}{y^2}\right)^B=9x^{2A}y^8\times x^3y^2\times\dfrac{y^{2B}}{x^B}$

$\qquad\qquad\qquad\qquad\qquad=9x^{2A+3-B}y^{10+2B}$

$\qquad\qquad\qquad\qquad\qquad=Cx^7y^{18}$

따라서 $C=9$, $2A+3-B=7$, $10+2B=18$이므로

$10+2B=18$에서 $2B=8$ $\therefore B=4$

$2A+3-B=7$에서 $2A+3-4=7$, $2A=8$ $\therefore A=4$

$\therefore A+B+C=4+4+9=17$ 답 17

08

직사각형의 넓이는

$8a^2b^3\times5a^3b=40a^5b^4$

삼각형의 밑변의 길이를 x라 하면 삼각형의 넓이는

$\dfrac{1}{2}\times x\times4a^4b^2=2a^4b^2x$

직사각형과 삼각형의 넓이가 서로 같으므로

$40a^5b^4=2a^4b^2x$

$\therefore x=40a^5b^4\div2a^4b^2=\dfrac{40a^5b^4}{2a^4b^2}=20ab^2$

따라서 삼각형의 밑변의 길이는 $20ab^2$이다. 답 ②

Step 2 A등급을 위한 문제				pp. 22~24
01 ②	02 ③	03 18	04 9	05 24
06 ③, ⑤	07 ②	08 ③	09 ④	10 60
11 $\dfrac{16}{81}$배	12 $\dfrac{4ab}{a^3-8b^2}$	13 -10	14 ⑤	15 ③
16 x^3y^3	17 ③	18 $\dfrac{3}{b}$	19 $\dfrac{1}{4}a^2$	

01

$A=(-a)^3=-a^3$, $B=(-a)^2=a^2$, $C=(a^2)^4=a^8$이므로

① $A\times B\times C=-a^3\times a^2\times a^8=-a^{13}$

② $A\div B\div C=-a^3\div a^2\div a^8=-\dfrac{1}{a^7}$

③ $A\div B\times C=-a^3\div a^2\times a^8=-a^9$

④ $A\times B\div C=-a^3\times a^2\div a^8=-\dfrac{1}{a^3}$

⑤ $B\times C\div A=a^2\times a^8\div(-a^3)=-a^7$

이때, $a>1$이므로

$\dfrac{1}{a^7}<\dfrac{1}{a^3}<a^7<a^9<a^{13}$에서

$-a^{13}<-a^9<-a^7<-\dfrac{1}{a^3}<-\dfrac{1}{a^7}$

따라서 가장 큰 것은 ②이다. 답 ②

02

ㄱ. (좌변)$=E[4^x\times4^y]=E[4^{x+y}]=x+y$

　(우변)$=E[4^x]\times E[4^y]=xy$

　이때, $x+y\neq xy$이므로

　$E[4^x\times4^y]\neq E[4^x]\times E[4^y]$

ㄴ. (좌변)$=E[4^x\div4^y]=E[4^{x-y}]=x-y$ $(\because x>y)$

　(우변)$=E[4^x]-E[4^y]=x-y$

　$\therefore E[4^x\div4^y]=E[4^x]-E[4^y]$

ㄷ. (좌변)$=E[(4^x)^y]=E[4^{xy}]=xy$

(우변)$=(E[4^x])^y=x^y$

이때, $xy \neq x^y$이므로

$E[(4^x)^y] \neq (E[4^x])^y$

ㄹ. (좌변)$=E[(16^x \times 4^y) \div 64^z]=E[4^{2x} \times 4^y \div 4^{3z}]$

$\qquad =E[4^{2x+y-3z}]=2x+y-3z \ (\because x>y>z)$

(우변)$=2E[4^x]+E[4^y]-3E[4^z]$

$\qquad =2x+y-3z$

$\therefore E[(16^x \times 4^y) \div 64^z]=2E[4^x]+E[4^y]-3E[4^z]$

답 ③

03

$(x^a y^b z^c)^d=x^{ad}y^{bd}z^{cd}=x^{18}y^{30}z^{24}$이므로

$ad=18, \ bd=30, \ cd=24$

이를 만족시키는 가장 큰 자연수 d는 18, 30, 24의 최대공약수이므로 $d=6$이다.

따라서 $6a=18$에서 $a=3$, $6b=30$에서 $b=5$, $6c=24$에서 $c=4$이므로

$a+b+c+d=3+5+4+6=18$

답 18

blacklabel 특강 오답피하기

거듭제곱의 거듭제곱

$(x^a y^b z^c)^d \neq x^{a^d} y^{b^d} z^{c^d}$임에 주의한다.

04

$5^{300}<n^{400}<4^{500}$에서 $(5^3)^{100}<(n^4)^{100}<(4^5)^{100}$이므로

$5^3<n^4<4^5$, $125<n^4<1024$ $\quad\cdots\cdots\ \bigcirc$

이때, $3^4=81$, $4^4=256$, $5^4=625$, $6^4=1296$이므로 $\bigcirc$을 만족시키는 자연수 n의 값은 4, 5이다.

$\therefore 4+5=9$

답 9

blacklabel 특강 필수개념

거듭제곱의 대소 비교

자연수 a, b, m, n에 대하여

(1) $a<b$이면 $a^m<b^m$

$\quad\Rightarrow$ 지수가 같을 때, 밑이 클수록 큰 수이다.

(2) $m<n$이면 $a^m<a^n$ (단, $a \neq 1$)

$\quad\Rightarrow$ 밑이 같을 때, 지수가 클수록 큰 수이다.

05

조건 (개)에서 $\dfrac{3 \times 5 \times a}{210}=\dfrac{3 \times 5 \times a}{2 \times 3 \times 5 \times 7}=\dfrac{a}{2 \times 7}$이므로 이 값이 유한소수가 되려면 자연수 a는 7의 배수이어야 한다.

이때, a는 7의 배수 중에서 가장 작은 수이므로

$a=7$

조건 (내)에서 $7^{3a-5} \div 49^9=\dfrac{1}{7^{10-b}}$

$7^{3a-5} \div (7^2)^9=\dfrac{1}{7^{10-b}}$

$7^{3a-5} \div 7^{18}=\dfrac{1}{7^{10-b}}$

이때, $3a-5=3 \times 7-5=16$이므로

$7^{16} \div 7^{18}=\dfrac{1}{7^{10-b}}$에서

$\dfrac{1}{7^{18-16}}=\dfrac{1}{7^{10-b}}$, $\dfrac{1}{7^2}=\dfrac{1}{7^{10-b}}$

$2=10-b$

$\therefore b=10-2=8$

조건 (대)에서 $(x^2)^{c-1} \div (x^3)^{b-3}=x$

$x^{2c-2} \div x^{3b-9}=x$

이때, $3b-9=3 \times 8-9=15$이므로

$x^{2c-2-15}=x$에서

$2c-2-15=1$

$2c=18 \qquad \therefore c=9$

$\therefore a+b+c=7+8+9=24$

답 24

06

두 자연수 x, y가 $(-1)^x+(-1)^y=0$을 만족시키므로 x, y는 각각 홀수, 짝수이거나 짝수, 홀수이다.

(ⅰ) x가 홀수, y가 짝수일 때,

$x+y$는 홀수이므로

$P=x+\dfrac{(-1)^{x+y}+(-1)^y}{2}=x+\dfrac{-1+1}{2}=x$

(ⅱ) x가 짝수, y가 홀수일 때,

$x+y$는 홀수이므로

$P=x+\dfrac{(-1)^{x+y}+(-1)^y}{2}=x+\dfrac{-1-1}{2}=x-1$

(ⅰ), (ⅱ)에서 $P=\begin{cases} x & (x는\ 홀수) \\ x-1 & (x는\ 짝수) \end{cases}$이므로

P는 항상 홀수이고 x보다 작거나 같다.

따라서 옳은 것은 ③, ⑤이다.

답 ③, ⑤

홀수와 짝수의 덧셈과 곱셈

(1) 홀수와 짝수의 덧셈
 ① (홀수)+(홀수)=(짝수)
 ② (홀수)+(짝수)=(홀수), (짝수)+(홀수)=(홀수)
 ③ (짝수)+(짝수)=(짝수)

(2) 홀수와 짝수의 곱셈
 ① (홀수)×(홀수)=(홀수)
 ② (홀수)×(짝수)=(짝수), (짝수)×(홀수)=(짝수)
 ③ (짝수)×(짝수)=(짝수)

07

$$2^2+2^2+2^3+2^4+2^5+\cdots+2^{10}$$
$$=(2^2+2^2)+2^3+2^4+2^5+\cdots+2^{10}$$
$$=2\times 2^2+2^3+2^4+2^5+\cdots+2^{10}$$
$$=2^3+2^3+2^4+2^5+\cdots+2^{10}$$
$$=(2^3+2^3)+2^4+2^5+\cdots+2^{10}$$
$$=2\times 2^3+2^4+2^5+\cdots+2^{10}$$
$$=2^4+2^4+2^5+\cdots+2^{10}$$
$$=2^5+2^5+\cdots+2^{10}$$
$$\vdots$$
$$=2^{10}+2^{10}$$
$$=2\times 2^{10}$$
$$=2^{11}$$

답 ②

$2^n+2^n=2\times 2^n=2^{n+1}$이 성립하므로 이를 이용하여 앞에서부터 차례대로 계산한다.

08

$x=3^6$이므로
$$(0.\dot 3)^{17}=\left(\frac{3}{9}\right)^{17}=\left(\frac{1}{3}\right)^{17}=\frac{1}{3^{17}}$$
$$=\frac{1}{(3^6)^2\times 3^5}=\frac{1}{243x^2}$$

답 ③

09

$$\left(\frac{25}{3}\right)^{a+3b}\times\left(\frac{3}{25}\right)^{-a+b}=\left(\frac{5^2}{3}\right)^{a+3b}\times\left(\frac{3}{5^2}\right)^{-a+b}$$
$$=\frac{5^{2a+6b}}{3^{a+3b}}\times\frac{3^{-a+b}}{5^{-2a+2b}}$$
$$=\frac{3^{-a+b}}{3^{a+3b}}\times\frac{5^{2a+6b}}{5^{-2a+2b}}$$

이때, a, b는 자연수이고 $a<b$이므로
$$-a+b<a+b<a+3b,\ -2a+2b<2a+2b<2a+6b$$
$$\therefore \left(\frac{25}{3}\right)^{a+3b}\times\left(\frac{3}{25}\right)^{-a+b}=\frac{5^{2a+6b-(-2a+2b)}}{3^{a+3b-(-a+b)}}=\frac{5^{4a+4b}}{3^{2a+2b}}$$
$$=\frac{(5^{a+b})^4}{(3^{a+b})^2}=\frac{d^4}{c^2}$$

답 ④

10

$$(2^{20}+2^{20}+2^{20}+2^{20})(5^{23}+5^{23}+5^{23})\times a$$
$$=(4\times 2^{20})(3\times 5^{23})\times a$$
$$=2^{22}\times 3\times 5^{23}\times a$$
$$=15\times a\times(2\times 5)^{22}$$

이 수가 25자리의 자연수이므로 $15a$는 세 자리의 자연수이다.
즉, $100\le 15a<1000$
이때, $15\times 6=90$, $15\times 7=105$이고,
$15\times 66=990$, $15\times 67=1005$이므로
조건을 만족시키는 자연수 a는
7, 8, 9, $\cdots$, 66의 60개이다.

답 60

11

[1단계]에서 처음으로 생기는 가지의 개수 : 3
[2단계]에서 처음으로 생기는 가지의 개수 : 3^2
[3단계]에서 처음으로 생기는 가지의 개수 : 3^3
$\vdots$
[n단계]에서 처음으로 생기는 가지의 개수 : 3^n이고,

(가)

[1단계]에서 처음으로 생기는 가지 하나의 길이 : $\dfrac{1}{2}$

[2단계]에서 처음으로 생기는 가지 하나의 길이 : $\left(\dfrac{1}{2}\right)^2$

[3단계]에서 처음으로 생기는 가지 하나의 길이 : $\left(\dfrac{1}{2}\right)^3$

$\vdots$

[n단계]에서 처음으로 생기는 가지 하나의 길이 : $\left(\dfrac{1}{2}\right)^n$이다.

(나)

따라서 [2단계]에서 처음으로 생기는 모든 가지의 길이의 합은
$3^2\times\left(\dfrac{1}{2}\right)^2$이고, [6단계]에서 처음으로 생기는 모든 가지의 길이
의 합은 $3^6\times\left(\dfrac{1}{2}\right)^6$이므로

(다)

[2단계]에서 처음으로 생기는 모든 가지의 길이의 합은 [6단계]에서 처음으로 생기는 모든 가지의 길이의 합의

$$\left\{3^2 \times \left(\frac{1}{2}\right)^2\right\} \div \left\{3^6 \times \left(\frac{1}{2}\right)^6\right\} = \left(\frac{3}{2}\right)^2 \div \left(\frac{3}{2}\right)^6 = \frac{3^2}{2^2} \div \frac{3^6}{2^6}$$
$$= \frac{3^2}{2^2} \times \frac{2^6}{3^6} = \frac{2^4}{3^4} = \frac{16}{81}(\text{배})$$

───(라)

답 $\dfrac{16}{81}$ 배

단계	채점 기준	배점
(가)	각 단계에서 처음으로 생기는 가지의 개수를 구한 경우	30%
(나)	각 단계에서 처음으로 생기는 가지 하나의 길이를 구한 경우	30%
(다)	[2단계]와 [6단계]에서 처음으로 생기는 모든 가지의 길이의 합을 각각 구한 경우	30%
(라)	[2단계]에서 처음으로 생기는 모든 가지의 길이의 합이 [6단계]에서 처음으로 생기는 모든 가지의 길이의 합의 몇 배인지 구한 경우	10%

blacklabel 특강 교과 외 지식 / 참고

프랙탈

프랙탈이란 '쪼개다.'란 뜻을 가진 그리스어 '프랙투스'에서 따온 용어로, 작은 부분의 구조가 전체 구조와 닮은 형태로 끝없이 되풀이되는 형태를 말한다. 프랙탈 구조는 자연에서 쉽게 찾을 수 있는데 고사리와 같은 양치식물, 공작의 깃털 무늬, 구름과 산, 해안선의 모양, 은하의 신비스러운 모습 등이 모두 프랙탈 구조라 할 수 있다. 문제의 줄기와 가지 그림에서 알 수 있는 것처럼 어느 부분을 확대해도 전체와 똑같은 모양이 나타나는 성질을 '자기 유사성'이라 하고, 이러한 현상이 무한히 반복되는 것은 '순환성'이라 하는데, 이러한 자기 유사성과 순환성은 프랙탈 이론의 핵심이다.

───

[n단계]에서 처음으로 생기는 모든 가지의 길이의 합은

$$3^n \times \left(\frac{1}{2}\right)^n$$

즉, 두 자연수 α, β $(\alpha < \beta)$에 대하여
[α단계]에서 처음으로 생기는 모든 가지의 길이의 합은 [β단계]에서 처음으로 생기는 모든 가지의 길이의 합의 몇 배인지 구하면

$$\left\{3^\alpha \times \left(\frac{1}{2}\right)^\alpha\right\} \div \left\{3^\beta \times \left(\frac{1}{2}\right)^\beta\right\} = \left(\frac{3}{2}\right)^\alpha \div \left(\frac{3}{2}\right)^\beta = \frac{3^\alpha}{2^\alpha} \div \frac{3^\beta}{2^\beta}$$
$$= \frac{3^\alpha}{2^\alpha} \times \frac{2^\beta}{3^\beta} = \frac{2^{\beta-\alpha}}{3^{\beta-\alpha}} = \left(\frac{2}{3}\right)^{\beta-\alpha}$$

이때, 문제에서 [2단계]에서 처음으로 생기는 모든 가지의 길이의 합이 [6단계]에서 처음으로 생기는 모든 가지의 길이의 합의 몇 배인지 물었으므로 $6-2=4$

$$\therefore \left(\frac{2}{3}\right)^4 = \frac{16}{81}(\text{배})$$

12 해결단계

❶단계	4^x, 3^x을 a, b를 사용하여 나타낸다.
❷단계	$\dfrac{15^x}{20^x - 45^x}$을 간단히 정리한다.
❸단계	❶단계에서 나타낸 식을 이용하여 $\dfrac{15^x}{20^x - 45^x}$을 a, b를 사용하여 나타낸다.

$a = 2^{2x+1}$에서 $a = 4^x \times 2$

$$\therefore 4^x = \frac{a}{2} \qquad \cdots\cdots \text{㉠}$$

$b = 12^x = (4 \times 3)^x = 4^x \times 3^x$

㉠에 의하여 $b = \dfrac{a}{2} \times 3^x$

$$\therefore 3^x = b \times \frac{2}{a} = \frac{2b}{a} \qquad \cdots\cdots \text{㉡}$$

한편,

$$\frac{15^x}{20^x - 45^x} = \frac{(3 \times 5)^x}{(4 \times 5)^x - (9 \times 5)^x}$$
$$= \frac{3^x \times 5^x}{4^x \times 5^x - 9^x \times 5^x}$$
$$= \frac{3^x}{4^x - 9^x}$$
$$= \frac{3^x}{4^x - (3^x)^2}$$

㉠, ㉡을 위의 식에 대입하면

$$\frac{3^x}{4^x - (3^x)^2} = \frac{\dfrac{2b}{a}}{\dfrac{a}{2} - \left(\dfrac{2b}{a}\right)^2} = \frac{4ab}{a^3 - 8b^2}$$

답 $\dfrac{4ab}{a^3 - 8b^2}$

13

$(-2x^a)^b = -8x^{15}$에서 $(-2)^b x^{ab} = -8x^{15}$
$(-2)^b = -8$에서 $b = 3$
$x^{ab} = x^{15}$에서 $ab = 15$, $3a = 15$ $\therefore a = 5$
한편,

$$\left(-\frac{2}{3}ab\right)^3 \div (-2a^2b^3)^2 \times 9a^2b^4$$
$$= -\frac{8}{27}a^3b^3 \div 4a^4b^6 \times 9a^2b^4$$
$$= -\frac{2}{3}ab$$

이때, $a = 5$, $b = 3$이므로 구하는 식의 값은

$$-\frac{2}{3}ab = -\frac{2}{3} \times 5 \times 3 = -10$$

답 -10

14

잘못 계산한 식은

$$A \div \left(-\frac{5}{2}a^3b^2\right) = 4a^2b$$

$$\therefore A = 4a^2b \times \left(-\frac{5}{2}a^3b^2\right) = -10a^5b^3$$

따라서 바르게 계산하면

$$A \times \left(-\frac{5}{2}a^3b^2\right) = -10a^5b^3 \times \left(-\frac{5}{2}a^3b^2\right) = 25a^8b^5$$

답 ⑤

15

$A \div 18x^5y^7 = \dfrac{2x^3y^5}{A}$ 에서

$A^2 = 2x^3y^5 \times 18x^5y^7 = 36x^8y^{12}$

$\qquad = (6x^4y^6)^2$

$\therefore A = 6x^4y^6 \ (\because P > 0)$

따라서 $P=6$, $Q=4$, $R=6$이므로

$P+Q+R=6+4+6=16$ 　　　　　　　답 ③

16

만들 수 있는 가능한 한 작은 정육면체의 한 모서리의 길이는 x^2y, xy^3, y^2의 최소공배수이다.

이때, x, y는 서로소이므로 세 수 x^2y, xy^3, y^2의 최소공배수는 x^2y^3이다.

따라서 정육면체를 만들기 위해 필요한 직육면체 모양의 벽돌의 개수는

$(x^2y^3 \div x^2y) \times (x^2y^3 \div xy^3) \times (x^2y^3 \div y^2) = y^2 \times x \times x^2y$

$\qquad\qquad\qquad\qquad\qquad\qquad\qquad = x^3y^3$ 　　답 x^3y^3

| 다른풀이 |

세 수 x^2y, xy^3, y^2의 최소공배수는 x^2y^3이므로 한 모서리의 길이가 x^2y^3인 정육면체의 부피는

$(x^2y^3)^3 = x^6y^9$

이때, 직육면체 모양의 벽돌 1개의 부피는

$x^2y \times xy^3 \times y^2 = x^3y^6$

따라서 필요한 직육면체 모양의 벽돌의 개수는

$x^6y^9 \div x^3y^6 = x^3y^3$

17

$\boxed{㉠}x^2 \div \boxed{㉡}\dfrac{y}{2}\boxed{㉢} \div \boxed{㉣}2y^3\boxed{㉤} \times 3x\boxed{㉥} = 12x^3y^2$

계산 결과에 x^3이 포함되어 있으므로 x^2과 $\times 3x$는 괄호로 묶이지 않아야 한다.

또한, 계산 결과에 y^2이 포함되어 있으므로 $\div \dfrac{y}{2}$와 $\div 2y^3$은 각각 $\times \dfrac{2}{y}$, $\times 2y^3$으로 바뀌어야 한다.

따라서 ㉡에 '(', ㉤에 ')'를 넣어 계산하면

$x^2 \div \left(\dfrac{y}{2} \div 2y^3 \right) \times 3x = x^2 \div \left(\dfrac{y}{2} \times \dfrac{1}{2y^3} \right) \times 3x$

$\qquad\qquad\qquad\qquad = x^2 \div \dfrac{1}{4y^2} \times 3x$

$\qquad\qquad\qquad\qquad = x^2 \times 4y^2 \times 3x = 12x^3y^2$

따라서 괄호의 위치로 옳은 것은 ③ ㉡, ㉤이다. 　　　답 ③

괄호의 위치에 따른 계산 결과

① ㉠, ㉢ : $\left(x^2 \div \dfrac{y}{2} \right) \div 2y^3 \times 3x = x^2 \times \dfrac{2}{y} \times \dfrac{1}{2y^3} \times 3x = \dfrac{3x^3}{y^4}$

② ㉠, ㉤ : $\left(x^2 \div \dfrac{y}{2} \div 2y^3 \right) \times 3x = \left(x^2 \times \dfrac{2}{y} \times \dfrac{1}{2y^3} \right) \times 3x = \dfrac{3x^3}{y^4}$

④ ㉡, ㉥ : $x^2 \div \left(\dfrac{y}{2} \div 2y^3 \times 3x \right) = x^2 \div \dfrac{3x}{4y^2} = x^2 \times \dfrac{4y^2}{3x} = \dfrac{4xy^2}{3}$

⑤ ㉣, ㉥ : $x^2 \div \dfrac{y}{2} \div (2y^3 \times 3x) = x^2 \times \dfrac{2}{y} \div 6xy^3 = \dfrac{2x^2}{y} \times \dfrac{1}{6xy^3} = \dfrac{x}{3y^4}$

18

주어진 직각삼각형의 밑변을 회전축으로 하여 1회전 시킬 때 생기는 회전체는 밑면의 반지름의 길이가 $9ab$, 높이가 $3ab^2$인 원뿔이므로

$V_1 = \dfrac{1}{3} \times \pi \times (9ab)^2 \times 3ab^2 = 81\pi a^3b^4$

주어진 직각삼각형의 높이를 회전축으로 하여 1회전 시킬 때 생기는 회전체는 밑면의 반지름의 길이가 $3ab^2$, 높이가 $9ab$인 원뿔이므로

$V_2 = \dfrac{1}{3} \times \pi \times (3ab^2)^2 \times 9ab = 27\pi a^3b^5$

$\therefore \dfrac{V_1}{V_2} = \dfrac{81\pi a^3b^4}{27\pi a^3b^5} = \dfrac{3}{b}$ 　　　답 $\dfrac{3}{b}$

직각삼각형을 회전시켜 만든 회전체

오른쪽 그림의 직각삼각형을 직선 l을 회전축으로 하여 1회전 시킬 때 생기는 입체도형은 원뿔이다.

이때, 밑면의 반지름의 길이가 r이고 높이가 h인 원뿔의 부피 V는

$V = \dfrac{1}{3}\pi r^2 h$

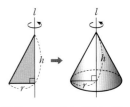

19

$a^2 \div \dfrac{1}{4}a^4 \times \{(-a)^3\}^2 = B \div 4a \times a^2$ 에서

$a^2 \times \dfrac{4}{a^4} \times a^6 = B \times \dfrac{1}{4a} \times a^2$

$4a^4 = \dfrac{a}{4} \times B$

$\therefore B = 4a^4 \div \dfrac{a}{4} = 4a^4 \times \dfrac{4}{a} = 16a^3$

$\{(-a)^3\}^2 \div A \times B = a^2 \div \dfrac{1}{4}a^4 \times \{(-a)^3\}^2$ 에서

$a^6 \times \dfrac{1}{A} \times 16a^3 = 4a^4$

$16a^9 \times \dfrac{1}{A} = 4a^4$

$\therefore A = 16a^9 \div 4a^4 = \dfrac{16a^9}{4a^4} = 4a^5$

─────────────────────────── (나)

$\therefore \dfrac{A}{B} = \dfrac{4a^5}{16a^3} = \dfrac{1}{4}a^2$

─────────────────────────── (다)

답 $\dfrac{1}{4}a^2$

단계	채점 기준	배점
(가)	단항식 B를 구한 경우	40%
(나)	단항식 A를 구한 경우	40%
(다)	$\dfrac{A}{B}$를 구한 경우	20%

Step 3 종합 사고력 도전 문제   pp. 25~26

01 (1) 6자리 (2) 1 (3) 3   02 6번   03 (1) 2 (2) 2
04 $-8x^7$ 05 3 : 1   06 6   07 7   08 15가지

---

01 해결단계

	❶단계	지수법칙을 이용하여 m을 간단히 나타낸다.
(1)	❷단계	m이 몇 자리의 자연수인지 구한다.
(2)	❸단계	m의 최고 자리의 숫자를 구한다.
(3)	❹단계	m의 0이 아닌 각 자리의 숫자를 구하고, 그 합을 구한다.

(1) $m = (2^2 + 2^2 + 2^2 + 2^2 + 2^2 + 2^2)^2$
$\qquad\qquad \times (15^2 + 15^2 + 15^2 + 15^2 + 15^2)^2 \div (45^2 + 45^2 + 45^2)$

$= (6 \times 2^2)^2 \times (5 \times 15^2)^2 \div (3 \times 45^2)$

$= (2 \times 3 \times 2^2)^2 \times (5 \times 3^2 \times 5^2)^2 \div (3 \times 9^2 \times 5^2)$

$= (2^3 \times 3)^2 \times (3^2 \times 5^3)^2 \div (3^5 \times 5^2)$

$= (2^6 \times 3^2) \times (3^4 \times 5^6) \div (3^5 \times 5^2)$

$= \dfrac{(2^6 \times 3^2) \times (3^4 \times 5^6)}{3^5 \times 5^2}$

$= \dfrac{2^6 \times 3^6 \times 5^6}{3^5 \times 5^2}$

$= 2^6 \times 3 \times 5^4$

$= 2^2 \times 3 \times 2^4 \times 5^4$

$= 2^2 \times 3 \times 10^4$

$= 12 \times 10^4$

$\therefore m = 120000$

따라서 m은 6자리의 자연수이다.

(2) (1)에서 $m = 120000$이므로
$\quad m$의 최고 자리의 숫자는 1이다.

(3) (1)에서 $m = 120000$이므로
$\quad m$의 0이 아닌 각 자리의 숫자는 1, 2이고 그 합은 3이다.

답 (1) 6자리   (2) 1   (3) 3

---

02 해결단계

❶단계	종이를 n번 접었을 때의 두께를 n을 사용하여 나타낸다.
❷단계	2 cm가 몇 mm인지 구한다.
❸단계	종이를 몇 번 접어야 두께가 2 cm 이상이 되는지 구한다.

종이를 반으로 한 번 접을 때마다 두께는 2배가 되므로
종이를 n번 접는다고 하면 두께는
(0.4×2^n) mm (단, n은 자연수)
가 된다.

2 cm = 20 mm이므로 종이를 n번 접었을 때 두께가 2 cm 이상
이 되게 하려면
$0.4 \times 2^n \geq 20$

이때, 종이를 5번 접으면
$0.4 \times 2^5 = 0.4 \times 32 = 12.8 \text{(mm)}$

종이를 6번 접으면
$0.4 \times 2^6 = 0.4 \times 64 = 25.6 \text{(mm)}$

이므로
최소한 6번을 접어야 한다.   답 6번

blacklabel 특강   교과 외 지식

종이 접기

충분한 크기의 종이와 에너지가 있으면 얼마든지 원하는 만큼 접을 수 있지만 한 장
의 종이를 원하는 만큼 접는 건 현실적으로 불가능한 이야기이다.

종이는 반으로 1번씩 접을 때마다 그 두께가 2배씩 증가한다. 즉, 2번 접으면 처음보
다 4배의 두께가 된다. 이를 반복해 가면 종이의 두께는 순식간에 늘어난다.

0.1 mm의 종이를 3번 접으면 대략 손톱만큼, 10번 접으면 손의 폭만큼, 또 42번 접
으면 달에 도달하고도 남을 만큼의 두께가 된다.

---

03 해결단계

(1)	❶단계	$\ll 4,\ 2 \gg$의 값을 구한다.
(2)	❷단계	$\ll a,\ 6 \gg$의 값을 구한다.
	❸단계	자연수 a의 값을 구한다.

(1) 자연수 4부터 시작하여 2개의 연속한 자연수의 합은
$\quad 4 + 5 = 9 = 3^2$
$\quad \therefore \ll 4,\ 2 \gg = 2$

(2) $\ll 4,\ 2 \gg = 2$이므로
$\quad \ll 4,\ 2 \gg^{\ll a,\ 6 \gg} = 8$에서 $2^{\ll a,\ 6 \gg} = 2^3$
$\quad \therefore \ll a,\ 6 \gg = 3$

이때,
$a+(a+1)+(a+2)+(a+3)+(a+4)+(a+5)=6a+15$
즉, $\ll a, 6 \gg =3$에서 $6a+15=3^3$
$6a+15=27$ $\quad$ $\therefore a=2$

답 (1) 2 $\quad$ (2) 2

04 해결단계

❶단계	㈎에 알맞은 식을 구한다.
❷단계	㈏에 알맞은 식을 구한다.
❸단계	C에 알맞은 식을 구한다.

x에서 출발하여 사다리를 따라 내려가면 B에 도착하므로
$x \times$ ㈎ $\div x^2 \times (2x^2)^3 = x \times$ ㈎ $\div x^2 \times 8x^6$
$\qquad\qquad\qquad\qquad = x \times$ ㈎ $\times \dfrac{1}{x^2} \times 8x^6$
$\qquad\qquad\qquad\qquad = 8x^5 \times$ ㈎ $= 8x^9$
$\therefore$ ㈎ $= x^4$

x^3에서 출발하여 사다리를 따라 내려가면 A에 도착하므로
$x^3 \div x^2 \div$ ㈏ $= x^3 \times \dfrac{1}{x^2} \times \dfrac{1}{㈏} = \dfrac{x}{㈏} = -\dfrac{1}{x^4}$
$\therefore$ ㈏ $= x \times (-x^4) = -x^5$

따라서 x^2에서 출발하여 사다리를 따라 내려가면 C에 도착하므로
$C = x^2 \times$ ㈎ $\div$ ㈏ $\times (2x^2)^3$
$\quad = x^2 \times x^4 \div (-x^5) \times 8x^6 = -8x^7$

답 $-8x^7$

05 해결단계

❶단계	정육면체 ABCD$-$EFGH의 한 모서리의 길이를 a라 하고 그 부피를 a를 사용하여 나타낸다.
❷단계	정사면체 A$-$CHF의 부피를 a를 사용하여 나타낸다.
❸단계	정육면체와 정사면체의 부피의 비를 가장 간단한 자연수의 비로 나타낸다.

정육면체의 한 변의 길이를 a라 하면
(정육면체의 부피)$= a \times a \times a = a^3$
정사면체의 부피는 정육면체의 부피에서 4개의 삼각뿔의 부피를 뺀 것과 같고
(삼각뿔의 부피)$= \dfrac{1}{3} \times \left(\dfrac{1}{2} \times a \times a \right) \times a = \dfrac{a^3}{6}$
이므로
(정사면체의 부피)$= a^3 - 4 \times \dfrac{a^3}{6} = \dfrac{a^3}{3}$
따라서 정육면체와 정사면체의 부피의 비는
$a^3 : \dfrac{a^3}{3} = 3 : 1$

답 $3 : 1$

06 해결단계

❶단계	주어진 등식을 정리한다.
❷단계	m, n 사이의 관계식을 구한다.
❸단계	순서쌍 (m, n)의 개수를 구한다.

$(-1)^n \times (-2)^{m-5} \times (-2)^{n+1} = (-4)^5 \times (-8)$에서
(좌변)$= (-1)^n \times (-1)^{m-5} \times 2^{m-5} \times (-1)^{n+1} \times 2^{n+1}$
$\qquad = (-1)^{n+(m-5)+(n+1)} \times 2^{(m-5)+(n+1)}$
$\qquad = (-1)^{m+2n-4} \times 2^{m+n-4}$
(우변)$= (-2^2)^5 \times (-2^3) = -2^{10} \times (-2^3) = 2^{13}$
즉, 주어진 등식은
$(-1)^{m+2n-4} \times 2^{m+n-4} = 2^{13}$ $\qquad$ ……㉠
이때, 우변이 양수이므로 $(-1)^{m+2n-4}$의 지수 $m+2n-4$는 짝수이어야 한다. 그런데 $2n$, 4는 짝수이므로 m도 짝수이어야 한다.
또한, ㉠에서 $2^{m+n-4} = 2^{13}$
$m+n-4=13$ $\quad$ $\therefore m+n=17$ $\qquad$ ……㉡
따라서 m이 5보다 큰 짝수이면서 ㉡을 만족시키는 순서쌍 (m, n)은 $(6, 11)$, $(8, 9)$, $(10, 7)$, $(12, 5)$, $(14, 3)$, $(16, 1)$ 의 6개이다.

답 6

07 해결단계

❶단계	1부터 30까지의 자연수의 곱을 소인수만의 곱으로 나타낸다.
❷단계	x의 최댓값은 ❶단계에서 나타낸 식에서 어떤 값과 같은지 찾는다.
❸단계	x의 최댓값을 구한다

1부터 30까지의 자연수를 각각 소인수분해하여 곱하면
$2^a \times 3^b \times 5^c \times 7^d \times 11^e \times 13^f \times 17^g \times 19^h \times 23^i \times 29^j$
$\qquad\qquad$ (단, $a, b, \cdots, j$는 자연수) $\qquad$ ……㉠
와 같이 30보다 작은 소수의 거듭제곱의 곱으로 나타낼 수 있다.
한편, $10^x = (2 \times 5)^x = 2^x \times 5^x$이고, 1부터 자연수 n $(n>1)$까지의 자연수 중에서 2의 배수보다 5의 배수가 항상 더 적게 나타나므로 1부터 30까지의 자연수의 곱을 10^x으로 나누면 나누어 떨어지게 하는 가장 큰 자연수 x는 ㉠에서 5의 지수인 c와 같다.
이때, $30 = 5 \times 6$이므로 1부터 30까지의 자연수 중에서 5의 배수는 6번 나타나고, 그중 $25(=5^2)$가 있으므로
$c = 6+1 = 7$
$\therefore x=7$

답 7

08 해결단계

❶단계	2행 3열에 써넣어야 하는 수를 구한다.
❷단계	각 빈칸에 써넣을 수 있는 수의 개수를 구한다.
❸단계	빈칸을 채우는 경우는 모두 몇 가지인지 구한다.

다음 그림과 같이 빈칸을 각각 ①, ②, ⋯, ⑥이라 하자.

	1열	2열	3열
1행	①	②	③
2행	④	⑤	⑥

이때, $2+2^2+2^3+2^4+2^5<2^6$이므로 2, 2^2, 2^3, 2^4, 2^5, 2^6 중에서 가장 큰 수 2^6은 2행 3열에 써넣어야 한다. 즉, ⑥에는 반드시 2^6을 써넣어야 하므로 ⑥에 수를 써넣을 수 있는 가짓수는 1가지이다. 또한, 2^6을 제외한 어느 두 수를 더하여도 그 합이 2^6보다 작으므로 ③에는 2, 2^2, 2^3, 2^4, 2^5 중에서 어느 수를 써넣어도 조건을 만족시킨다. 즉, ③에 수를 써넣을 수 있는 가짓수는 5가지이다. 같은 방법으로 ③, ⑥에 써넣은 수 2개를 제외하고 남은 4개의 수 중에서 가장 큰 수를 ⑤에 써넣어야 한다. 즉, ⑤에 수를 써넣을 수 있는 가짓수는 1가지이다.

⑤에 써넣은 수를 제외한 어느 두 수의 합도 ⑤에 써넣은 수보다 작으므로 ②에는 남은 3개의 수 중에서 어느 수를 써넣어도 조건을 만족시킨다. 즉, ②에 수를 써넣을 수 있는 가짓수는 3가지이다. 이때, 남은 두 수 중에서 큰 수를 ④, 작은 수를 ①에 써넣으면 조건을 만족시키므로 ④, ①에 수를 써넣을 수 있는 가짓수는 각각 1가지이다.

따라서 조건을 만족시키도록 빈칸을 채우는 경우는

$1\times5\times1\times3\times1\times1=15$(가지)　　　　답 15가지

---

blacklabel 특강　해결실마리

밑이 같은 거듭제곱의 합에는 다음과 같은 성질이 있음을 이용한다.
$2+2^2<2^2+2^2=2\times2^2=2^3$
$\Rightarrow 2+2^2+2^3<2^3+2^3=2\times2^3=2^4$
$\Rightarrow 2+2^2+2^3+2^4<2^4+2^4=2\times2^4=2^5$
$\Rightarrow 2+2^2+2^3+2^4+2^5<2^5+2^5=2\times2^5=2^6$
따라서 2, 2^2, 2^3, 2^4, 2^5을 모두 더한 값이 2^6보다 작으므로 2, 2^2, 2^3, 2^4, 2^5 중 어느 두 수를 더하여도 그 값은 2^6보다 작다.

미리보는 학력평가　　　　p. 27

1 ③	2 24	3 ③	4 ⑤

1

$(7^3\times9)^3=(7^3\times3^2)^3=7^9\times3^6$
즉, $7^9\times3^6=7^a\times3^b$이고, a, b는 자연수이므로
$a=9$, $b=6$
$\therefore a+b=9+6=15$　　　　답 ③

2

$2\times2^6\times2^5=2^{12}$이므로 세 수의 곱은 2^{12}이다.
$2^2\times c\times2^6=2^{12}$에서 $c=2^4=16$
$a\times c\times2^5=a\times2^4\times2^5=2^{12}$에서 $a=2^3=8$
$\therefore a+c=8+16=24$　　　　답 24

3

별 A의 반지름의 길이를 R_A, 별 B의 반지름의 길이를 R_B라 하면 별 A의 반지름의 길이는 별 B의 반지름의 길이의 12배이므로
$R_A=12R_B$
별 A의 표면 온도를 T_A, 별 B의 표면 온도를 T_B라 하면 별 A의 표면 온도는 별 B의 표면 온도의 $\dfrac{1}{2}$배이므로
$T_A=\dfrac{1}{2}T_B$
$\begin{aligned}\therefore \dfrac{L_A}{L_B}&=\dfrac{4\pi R_A{}^2\times\sigma T_A{}^4}{4\pi R_B{}^2\times\sigma T_B{}^4}\\&=\dfrac{4\pi(12R_B)^2\times\sigma\left(\dfrac{1}{2}T_B\right)^4}{4\pi R_B{}^2\times\sigma T_B{}^4}\\&=144\times\dfrac{1}{16}=9\end{aligned}$　　답 ③

---

blacklabel 특강　해결실마리

관계식이 주어진 실생활 활용 문제
⇨ 각 문자의 의미를 파악하고, 주어진 조건을 관계식의 문자에 하나씩 대입한다.

4

행성 A와 A의 위성 사이의 거리를 r_A, 행성 B와 B의 위성 사이의 거리를 r_B라 하면 행성 A와 A의 위성 사이의 거리가 행성 B와 B의 위성 사이의 거리의 45배이므로
$r_A=45r_B$
행성 A의 위성의 공전 속력을 v_A, 행성 B의 위성의 공전 속력을 v_B라 하면 행성 A의 위성의 공전 속력이 행성 B의 위성의 공전 속력의 $\dfrac{2}{3}$배이므로
$v_A=\dfrac{2}{3}v_B$
$\begin{aligned}\therefore M_A&=\dfrac{r_A v_A{}^2}{G}=\dfrac{45r_B\left(\dfrac{2}{3}v_B\right)^2}{G}\\&=20\times\dfrac{r_B v_B{}^2}{G}=20M_B\end{aligned}$
$\therefore \dfrac{M_A}{M_B}=\dfrac{20M_B}{M_B}=20$　　　　답 ⑤

⑱ 다항식의 계산

Step 1 시험에 꼭 나오는 문제 p. 29

01 ⑤	**02** 5	**03** ④	**04** ③	**05** ③
06 $-4a-16b+48$		**07** 11	**08** ④	

01

$$3A-B=3(x+1)-(2x+y-1)$$
$$=3x+3-2x-y+1$$
$$=x-y+4$$
답 ⑤

02

$$(ax^2+3x-5)-(2x^2+bx-2)$$
$$=(a-2)x^2+(3-b)x-3$$
이때, 각 항의 계수 및 상수항이 모두 같으므로
$$a-2=3-b=-3$$
$$\therefore a=-1,\ b=6$$
$$\therefore a+b=5$$
답 5

03

$$7x-[5y+4x-\{5x+\square-(2x-8y)\}]$$
$$=7x-\{5y+4x-(5x+\square-2x+8y)\}$$
$$=7x-\{5y+4x-(3x+8y+\square)\}$$
$$=7x-(5y+4x-3x-8y-\square)$$
$$=7x-(x-3y-\square)$$
$$=7x-x+3y+\square$$
$$=6x+3y+\square$$
즉, $6x+3y+\square=3x+5y$
$$\therefore \square=(3x+5y)-(6x+3y)$$
$$=3x+5y-6x-3y=-3x+2y$$
답 ④

04

주어진 도형의 둘레의 길이는 가로의 길이가 $4a^2+5a-6$, 세로의 길이가 $(3a^2-2a-3)+(7a-8)=3a^2+5a-11$인 직사각형의 둘레의 길이와 같다.
따라서 도형의 둘레의 길이는
$$2(4a^2+5a-6+3a^2+5a-11)=2(7a^2+10a-17)$$
$$=14a^2+20a-34$$
답 ③

05

$$-x(y+3x)+y(2x+1)-2(x^2-xy-4)$$
$$=-xy-3x^2+2xy+y-2x^2+2xy+8$$
$$=-5x^2+3xy+y+8$$
따라서 x^2의 계수는 -5, xy의 계수는 3이므로 그 합은
$$-5+3=-2$$
답 ③

06

어떤 식을 A라 하면 잘못 계산한 식은
$$A\times\frac{1}{4}ab=-\frac{1}{4}a^3b^2-a^2b^3+3a^2b^2$$
$$\therefore A=\left(-\frac{1}{4}a^3b^2-a^2b^3+3a^2b^2\right)\div\frac{1}{4}ab$$
$$=\left(-\frac{1}{4}a^3b^2-a^2b^3+3a^2b^2\right)\times\frac{4}{ab}$$
$$=-a^2b-4ab^2+12ab$$
따라서 바르게 계산한 식은
$$(-a^2b-4ab^2+12ab)\div\frac{1}{4}ab$$
$$=(-a^2b-4ab^2+12ab)\times\frac{4}{ab}$$
$$=-4a-16b+48$$
답 $-4a-16b+48$

07

$$5x(x+y)+(4x^2y-2xy)\div\frac{2}{3}x$$
$$=5x^2+5xy+(4x^2y-2xy)\times\frac{3}{2x}$$
$$=5x^2+5xy+6xy-3y$$
$$=5x^2+11xy-3y$$
따라서 xy의 계수는 11이다.
답 11

08

나머지 선분의 길이를 구하면 다음 그림과 같다.

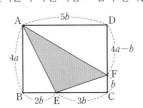

$\triangle ABE = \dfrac{1}{2} \times 2b \times 4a = 4ab$

$\triangle FEC = \dfrac{1}{2} \times 3b \times b = \dfrac{3}{2}b^2$

$\triangle AFD = \dfrac{1}{2} \times 5b \times (4a-b) = 10ab - \dfrac{5}{2}b^2$

$\therefore S = (\text{사각형 ABCD의 넓이}) - (\triangle ABE + \triangle FEC + \triangle AFD)$

$\quad = 5b \times 4a - \left\{ 4ab + \dfrac{3}{2}b^2 + \left(10ab - \dfrac{5}{2}b^2 \right) \right\}$

$\quad = 20ab - 4ab - \dfrac{3}{2}b^2 - 10ab + \dfrac{5}{2}b^2$

$\quad = 6ab + b^2$　　　　　　　　　　　　　　답 ④

Step 2 　A등급을 위한 문제　　　　　　　pp. 30~32

01 ①	**02** ③	**03** 5	**04** ③	**05** 32
06 60	**07** ①	**08** ⑤	**09** ③	
10 $-32a^3b^3-32a^5b^5$	**11** ③	**12** $4x^2-6x-4$		
13 ①	**14** $2x-2y$	**15** $96x^2y^2-48xy^3$		**16** 94
17 2π	**18** $(18a^2+4\pi a^2)$ cm^2			

01

$A + (x^2-5x+3) = 3x^2-4x+6$이므로

$A = (3x^2-4x+6) - (x^2-5x+3)$

$\quad = 2x^2+x+3$

$B - (-2x^2-3x+2) = x^2-7x+5$이므로

$B = (x^2-7x+5) + (-2x^2-3x+2)$

$\quad = -x^2-10x+7$

$\therefore A+B = (2x^2+x+3) + (-x^2-10x+7)$

$\qquad\quad = x^2-9x+10$　　　　　　　　　답 ①

02

주어진 식을 간단히 정리하면

$\dfrac{x^2-x+3}{2} - \dfrac{2x^2-x+4}{3} = \dfrac{3x^2-3x+9}{6} - \dfrac{4x^2-2x+8}{6}$

$\qquad\qquad\qquad\qquad\quad = \dfrac{-x^2-x+1}{6}$

$\qquad\qquad\qquad\qquad\quad = -\dfrac{1}{6}x^2 - \dfrac{1}{6}x + \dfrac{1}{6}$

즉, 계산한 결과는 이차식이다.

이때, x^2의 계수는 $-\dfrac{1}{6}$, x의 계수는 $-\dfrac{1}{6}$로 서로 같고

상수항은 $\dfrac{1}{6}$이므로 x^2의 계수, x의 계수, 상수항의 합은

$-\dfrac{1}{6} - \dfrac{1}{6} + \dfrac{1}{6} = -\dfrac{1}{6}$이다.

따라서 옳은 말을 한 사람은 정현, 미현이다.　　　답 ③

blacklabel 특강　　참고

다항식의 계수의 합

(1) ax^2+bx+c에서 $a+b+c$의 값
　⇨ ax^2+bx+c에 $x=1$을 대입하여 얻은 값과 같다.

(2) ax^2+bx+c에서 c의 값
　⇨ ax^2+bx+c에 $x=0$을 대입하여 얻은 값과 같다.

(3) $ax+by+c$에서 $a+b+c$의 값
　⇨ $ax+by+c$에 $x=1$, $y=1$을 대입하여 얻은 값과 같다.

03

$5x^2-4x+6$	(가)	$2x^2-3x+5$
$2x^2-2x+4$	(나)	(다)
(라)	(마)	$2x^2-4x+1$

왼쪽에서 세 번째의 세로줄에서

$2x^2-3x+5 - (\text{다}) = 2x^2-4x+1$이므로

$(\text{다}) = 2x^2-3x+5 - (2x^2-4x+1)$

$\quad = x+4$

위에서 두 번째의 가로줄에서

$2x^2-2x+4 + (\text{나}) = x+4$이므로

$(\text{나}) = x+4 - (2x^2-2x+4)$

$\quad = -2x^2+3x$

왼쪽에서 첫 번째의 세로줄에서

$5x^2-4x+6 - (2x^2-2x+4) = (\text{라})$이므로

$(\text{라}) = 3x^2-2x+2$

위에서 세 번째의 가로줄에서

$3x^2-2x+2 + (\text{마}) = 2x^2-4x+1$이므로

$(\text{마}) = 2x^2-4x+1 - (3x^2-2x+2)$

$\quad = -x^2-2x-1$

$\therefore (\text{나}) - (\text{마}) = (-2x^2+3x) - (-x^2-2x-1)$

$\qquad\qquad\quad = -x^2+5x+1$

따라서 $a=-1$, $b=5$, $c=1$이므로

$a+b+c = 5$　　　　　　　　　　　　　　답 5

04

$[-0.3]=-1$, $[1.2]=1$, $[-1.1]=-2$이므로

$[-0.3](3x-2y)+[1.2](5x+2y)-[-1.1](x-3y)$

$=-(3x-2y)+(5x+2y)-(-2)(x-3y)$

$=-3x+2y+5x+2y+2x-6y$

$=4x-2y$　　　　　　　　　　　　　　　　　　 답 ③

05

$3A-\{A+2B-(-A+B+2C)\}-2B-C$

$=3A-(A+2B+A-B-2C)-2B-C$

$=3A-(2A+B-2C)-2B-C$

$=3A-2A-B+2C-2B-C$

$=A-3B+C$

위의 식에 $A=2x^2-3x+2$, $B=\dfrac{1}{3}x^2+2$, $C=x^2+x-4$를 대입하면

$A-3B+C=(2x^2-3x+2)-3\left(\dfrac{1}{3}x^2+2\right)+(x^2+x-4)$

$\qquad\qquad=2x^2-3x+2-x^2-6+x^2+x-4$

$\qquad\qquad=2x^2-2x-8$

따라서 $a=2$, $b=-2$, $c=-8$이므로

$abc=2\times(-2)\times(-8)=32$　　　　　　　　 답 32

---

blacklabel 특강　　오답피하기

주어진 식에 바로 A, B, C를 대입하여 계산하여도 결과는 동일하지만 식이 너무 복잡하여 계산 과정에서 실수할 가능성이 커진다. 따라서 이와 같은 문제에서는 주어진 식을 먼저 간단히 정리한 후, 대입하여 실수를 줄일 수 있다.

---

06 해결단계

❶단계	$(P \ast Q) \star (P \star Q)$를 간단히 한다.
❷단계	간단히 한 식에 P, Q를 각각 대입하여 계산한다.
❸단계	$\dfrac{a}{b}$의 값을 구한다.

$P \ast Q=2P-7Q$, $P \star Q=P+4Q$이므로

$(P \ast Q) \star (P \star Q)=(2P-7Q) \star (P+4Q)$

$\qquad\qquad\qquad\qquad=(2P-7Q)+4(P+4Q)$

$\qquad\qquad\qquad\qquad=2P-7Q+4P+16Q$

$\qquad\qquad\qquad\qquad=6P+9Q$　　　　……㉠

이때, $P=x+0.\dot{1} \times y=x+\dfrac{1}{9}y$,

$Q=0.\dot{4} \times x-0.0\dot{5} \times y=\dfrac{4}{9}x-\dfrac{5}{90}y$이므로 ㉠에 대입하면

$6P+9Q=6\left(x+\dfrac{1}{9}y\right)+9\left(\dfrac{4}{9}x-\dfrac{5}{90}y\right)$

$\qquad\qquad=6x+\dfrac{2}{3}y+4x-\dfrac{1}{2}y$

$\qquad\qquad=10x+\dfrac{1}{6}y$

따라서 $a=10$, $b=\dfrac{1}{6}$이므로

$\dfrac{a}{b}=10 \div \dfrac{1}{6}=60$　　　　　　　　　　　　 답 60

07

$B=\dfrac{4x^3y^2+2x^2y^3-12xy}{2xy}=2x^2y+xy^2-6$이므로

$3A-2B-12=3(5x^2y+3xy^2+y^2)-2(2x^2y+xy^2-6)-12$

$\qquad\qquad\qquad=15x^2y+9xy^2+3y^2-4x^2y-2xy^2+12-12$

$\qquad\qquad\qquad=11x^2y+7xy^2+3y^2$

또한, $C=x^6y^4 \div x^6y^3=y$이므로

$\dfrac{3A-2B-12}{C}=\dfrac{11x^2y+7xy^2+3y^2}{y}$

$\qquad\qquad\qquad=11x^2+7xy+3y$　　　　　　 답 ①

08

주어진 계산 과정에 의하여

$(2x^2 \times A) \div 2xy^2=x^2-6x^3y$이므로

$2x^2 \times A=(x^2-6x^3y) \times 2xy^2$

$\qquad\qquad=2x^3y^2-12x^4y^3$

$\therefore A=(2x^3y^2-12x^4y^3) \div 2x^2$

$\qquad=xy^2-6x^2y^3$　　　　　　　　　　　 답 ⑤

09

$\dfrac{15a^2-3ab}{3a}-\dfrac{8ab+4b^2}{4b}=5a-b-2a-b$

$\qquad\qquad\qquad\qquad\qquad=3a-2b$

이때, $a=-2$, $b=-3$이므로 주어진 식의 값은

$3a-2b=3\times(-2)-2\times(-3)$

$\qquad\quad=-6+6=0$　　　　　　　　　　　　 답 ③

10

$(a^2b+a^4b^3) \times (-2ab^2)^3 \div \{\square \div (-2ab)^2\} = a^4b^6$에서

$(a^2b+a^4b^3) \times (-8a^3b^6) \div (\square \div 4a^2b^2) = a^4b^6$

$(-8a^5b^7-8a^7b^9) \div (\square \div 4a^2b^2) = a^4b^6$

$-8a^5b^7-8a^7b^9 = a^4b^6 \times (\square \div 4a^2b^2)$

$-8a^5b^7-8a^7b^9 = \dfrac{\square}{4a^2b^2} \times a^4b^6$

$\therefore \square = (-8a^5b^7-8a^7b^9) \times 4a^2b^2 \div a^4b^6$

$\qquad = \dfrac{(-8a^5b^7-8a^7b^9) \times 4a^2b^2}{a^4b^6}$

$\qquad = \dfrac{-32a^7b^9-32a^9b^{11}}{a^4b^6}$

$\qquad = -32a^3b^3-32a^5b^5$

답 $-32a^3b^3-32a^5b^5$

11

$\dfrac{1}{x}+\dfrac{1}{y}=4$에서 $\dfrac{x+y}{xy}=4$이므로

$x+y=4xy$ $\quad\cdots\cdots\ \bigcirc$

$\therefore \dfrac{2x(x+3y)-2x(x-9y)}{x+y}$

$\quad = \dfrac{2x^2+6xy-2x^2+18xy}{x+y}$

$\quad = \dfrac{24xy}{x+y} = \dfrac{24xy}{4xy} \ (\because \ \bigcirc)$

$\quad = 6$

답 ③

12

마주 보는 면에 적힌 두 식의 곱이 모두 같으므로

$xy^2 \times A = 2x^2y^2 \times B = 4x^2y(xy-2y) = 4x^3y^2-8x^2y^2$ ────(가)

$xy^2 \times A = 4x^3y^2-8x^2y^2$이므로

$A = \dfrac{4x^3y^2-8x^2y^2}{xy^2} = 4x^2-8x$ ────(나)

$2x^2y^2 \times B = 4x^3y^2-8x^2y^2$이므로

$B = \dfrac{4x^3y^2-8x^2y^2}{2x^2y^2} = 2x-4$ ────(다)

$\therefore A+B = (4x^2-8x)+(2x-4)$

$\qquad\quad = 4x^2-6x-4$ ────(라)

답 $4x^2-6x-4$

단계	채점 기준	배점
(가)	마주 보는 면에 적힌 두 식의 곱을 구한 경우	40%
(나)	A를 구한 경우	20%
(다)	B를 구한 경우	20%
(라)	$A+B$를 간단히 나타낸 경우	20%

13

큰 상자의 높이를 p라 하면 큰 상자의 부피는

$2a \times 2 \times p = 4a^2+8ab$

$\therefore p = (4a^2+8ab) \div 4a = a+2b$

작은 상자의 높이를 q라 하면 작은 상자의 부피는

$a \times 2 \times q = 2a^2-4ab$

$\therefore q = (2a^2-4ab) \div 2a = a-2b$

따라서 두 상자의 높이의 합은

$p+q = (a+2b)+(a-2b) = 2a$

답 ①

blacklabel 특강 필수개념

각기둥의 겉넓이와 부피

(1) (각기둥의 겉넓이)=(밑넓이)×2+(옆넓이)

(2) (각기둥의 부피)=(밑넓이)×(높이)

14

$\overline{AB}=\overline{BF}=\overline{EF}=\overline{AE}=y$이므로

$\overline{EG}=\overline{ED}=\overline{AD}-\overline{AE}=x-y$

$\overline{EG}=\overline{ED}=\overline{GH}=\overline{DH}=x-y$이므로

$\overline{GF}=\overline{CH}=\overline{DC}-\overline{DH}=y-(x-y)$

$\qquad = 2y-x$

$\overline{CH}=\overline{IH}=\overline{IJ}=\overline{JC}=2y-x$이므로

$\overline{GI}=\overline{GH}-\overline{IH}=x-y-(2y-x)$

$\qquad = 2x-3y$

따라서 직사각형 GFJI의 둘레의 길이는

$2 \times \overline{GI}+2 \times \overline{GF} = 2 \times (2x-3y)+2 \times (2y-x)$

$\qquad\qquad\qquad = 4x-6y+4y-2x$

$\qquad\qquad\qquad = 2x-2y$

답 $2x-2y$

15

주어진 입체도형은 오른쪽 그림과 같다.
이 입체도형은 직육면체 모양의 상자 8개로
이루어져 있으므로 그 부피는

$8 \times \{3x \times 2y^2 \times (2x-y)\}$
$=96x^2y^2-48xy^3$

답 $96x^2y^2-48xy^3$

16

밑면의 가로의 길이, 세로의 길이, 높이가 각각 $3x$, $4x$, $x+6$인
직육면체의 부피는

$3x \times 4x \times (x+6) = 12x^2(x+6)$
$\qquad\qquad\qquad = 12x^3+72x^2$

밑면의 직각을 낀 두 변의 길이, 높이가 모두 x인 삼각뿔 하나의
부피는

$\dfrac{1}{3} \times \left(\dfrac{1}{2} \times x \times x\right) \times x = \dfrac{1}{6}x^3$

즉, 구하는 입체도형의 부피는

$12x^3+72x^2-6 \times \dfrac{1}{6}x^3 = 12x^3+72x^2-x^3$
$\qquad\qquad\qquad\qquad\quad = 11x^3+72x^2$

따라서 $a=11$, $b=72$, $c=0$이므로
$2a+b-c=22+72=94$

답 94

17

1번 트랙에서 곡선 부분의 트랙의 길이의 합은 반지름의 길이가
r m인 원의 둘레의 길이와 같으므로

$x=2a+2\pi r$

2번 트랙에서 곡선 부분의 트랙의 길이의 합은 반지름의 길이가
$(r+1)$ m인 원의 둘레의 길이와 같으므로

$y=2a+2\pi(r+1)$

$\therefore y-x=\{2a+2\pi(r+1)\}-(2a+2\pi r)$
$\qquad\quad = (2a+2\pi r+2\pi)-(2a+2\pi r)$
$\qquad\quad = 2\pi$

답 2π

blacklabel 특강 참고

구하는 $y-x$는 두 트랙의 길이의 차이인데 두 트랙의 직선 부분의 길이가 a m로 같
으므로 결국 두 트랙의 곡선 부분의 길이의 차를 의미하는 것이다.

또한, 두 트랙의 곡선 부분을 합치면 각각 반지름의 길이가 r m, $(r+1)$ m인 원이
되므로 구하는 $y-x$는 이 두 원의 둘레의 길이의 차와 같음을 알 수 있다.

18 해결단계

❶단계	포장지의 가로, 세로의 길이를 각각 구한다.
❷단계	필요한 포장지의 넓이를 a를 사용하여 나타낸다.

캔의 밑면의 반지름의 길이는
a cm이고 a cm만큼 겹쳐지
는 부분이 있으므로 위에서 본
모습인 오른쪽 그림에서

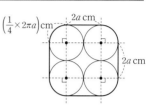

(포장지의 가로의 길이)
$=$(직선 부분의 길이)$+$(곡선 부분의 길이)
$\qquad\qquad\qquad +$(겹쳐지는 부분의 길이)

$=4 \times 2a+4 \times 2\pi \times a \times \dfrac{90}{360}+a$
$=9a+2\pi a$(cm)

(포장지의 세로의 길이)$=$(캔의 높이)$=2a$ cm

따라서 필요한 포장지의 넓이는
$2a(9a+2\pi a)=18a^2+4\pi a^2$(cm²)

답 $(18a^2+4\pi a^2)$ cm²

Step 3 종합 사고력 도전 문제 pp. 33~34

01 (1) $2x^2+5xy-6y^2$ (2) $2x^2-5xy$ (3) $4x^2-6y^2$
02 $\dfrac{1}{2}\pi a+\dfrac{3}{2}\pi b$ 03 (1) $l=2\pi x+4y$ (2) $S=4\pi x^2+8xy$
04 $\dfrac{25}{2}$ 05 $4x^2-7x+7$ 06 $x^2y^2+3y^3$
07 15   08 $\dfrac{3}{2}a$

01 해결단계

(1)	❶단계	$(2x-y, 6y)\triangle(x, x-y)$를 간단히 한다.
(2)	❷단계	$(3xy, x-y)\triangle(-1, 2x)$를 간단히 한다.
(3)	❸단계	주어진 식을 간단히 한다.

(1) $(2x-y, 6y)\triangle(x, x-y)=(2x-y)x+6y(x-y)$
$\qquad\qquad\qquad\qquad\qquad = 2x^2-xy+6xy-6y^2$
$\qquad\qquad\qquad\qquad\qquad = 2x^2+5xy-6y^2$

(2) $(3xy, x-y)\triangle(-1, 2x)=3xy \times (-1)+(x-y)2x$
$\qquad\qquad\qquad\qquad\qquad = -3xy+2x^2-2xy$
$\qquad\qquad\qquad\qquad\qquad = 2x^2-5xy$

(3) $(2x-y,\ 6y)\triangle(x,\ x-y)=2x^2+5xy-6y^2$,

$(3xy,\ x-y)\triangle(-1,\ 2x)=2x^2-5xy$이므로

$\{(2x-y,\ 6y)\triangle(x,\ x-y)\}+\{(3xy,\ x-y)\triangle(-1,\ 2x)\}$

$=(2x^2+5xy-6y^2)+(2x^2-5xy)$

$=4x^2-6y^2$

답 (1) $2x^2+5xy-6y^2$ (2) $2x^2-5xy$ (3) $4x^2-6y^2$

02 해결단계

❶단계	원 O_2의 반지름의 길이를 구한다.
❷단계	원 O_3의 반지름의 길이를 구한다.
❸단계	두 원의 둘레의 길이의 차를 구한다.

$\overline{OO_1}=\overline{OP}+\overline{O_1P}=a+b$이므로

(원 O_2의 반지름의 길이)$=\dfrac{1}{2}\overline{OO_1}=\dfrac{1}{2}(a+b)$

(원 O_3의 반지름의 길이)$=\dfrac{1}{2}\overline{O_2P}=\dfrac{1}{2}(\overline{OP}-\overline{OO_2})$

$=\dfrac{1}{2}\left(a-\dfrac{a+b}{2}\right)=\dfrac{1}{4}(a-b)$

$\therefore$ (원 O_2의 둘레의 길이)$=2\pi\times\dfrac{1}{2}(a+b)=(a+b)\pi$,

(원 O_3의 둘레의 길이)$=2\pi\times\dfrac{1}{4}(a-b)=\dfrac{1}{2}(a-b)\pi$

따라서 원 O_2의 둘레의 길이와 원 O_3의 둘레의 길이의 차는

$(a+b)\pi-\dfrac{1}{2}(a-b)\pi=\pi a+\pi b-\dfrac{1}{2}\pi a+\dfrac{1}{2}\pi b$

$=\dfrac{1}{2}\pi a+\dfrac{3}{2}\pi b$ 답 $\dfrac{1}{2}\pi a+\dfrac{3}{2}\pi b$

03 해결단계

(1)	❶단계	원 O가 정사각형의 변을 따라 움직였을 때, 원의 중심 O가 움직인 경로와 원 O가 지나간 부분을 확인한다.
	❷단계	원의 중심 O가 움직인 거리 l을 $x,\ y$에 대한 식으로 나타낸다.
(2)	❸단계	원 O가 지나간 부분의 넓이 S를 $x,\ y$에 대한 식으로 나타낸다.

(1) 원 O가 정사각형의 변을 따라 움직여서 처음 위치로 돌아왔을 때, 원의 중심 O가 움직인 경로는 다음 그림의 굵은 선으로 표시된 부분과 같고 원 O가 지나간 부분은 다음 그림의 어두운 부분과 같다.

원의 중심 O가 움직인 경로   원 O가 지나간 부분

따라서 원의 중심 O가 움직인 거리 l을 $x,\ y$에 대한 식으로 나타내면

$l=($직선 부분의 길이$)+($곡선 부분의 길이$)$

$=4\times y+4\times\left(\dfrac{1}{4}\times 2\pi x\right)$

$=2\pi x+4y$

(2) 원 O가 지나간 부분의 넓이 S를 $x,\ y$에 대한 식으로 나타내면

$S=($직사각형 부분의 넓이$)+($부채꼴 부분의 넓이$)$

$=4\times 2xy+4\times\left\{\pi\times(2x)^2\times\dfrac{90}{360}\right\}$

$=4\pi x^2+8xy$

답 (1) $l=2\pi x+4y$ (2) $S=4\pi x^2+8xy$

04 해결단계

❶단계	주어진 식을 간단히 정리한다.
❷단계	$x,\ y$를 z에 대한 식으로 각각 나타낸다.
❸단계	$x,\ y$를 대입하여 식의 값을 구한다.

$\left(\dfrac{2}{3}x^2yz-\dfrac{1}{2}xy^2z+\dfrac{5}{6}xyz^2\right)\div\dfrac{1}{6}xyz^2$

$=\left(\dfrac{2}{3}x^2yz-\dfrac{1}{2}xy^2z+\dfrac{5}{6}xyz^2\right)\times\dfrac{6}{xyz^2}$

$=\dfrac{4x}{z}-\dfrac{3y}{z}+5$

이때, $y:z=3:2$이므로 $2y=3z$

$\therefore y=\dfrac{3}{2}z$

또한, $x:y=2:1$이므로 $x=2y=2\times\dfrac{3}{2}z=3z$

따라서 $x=3z,\ y=\dfrac{3}{2}z$이므로

$\dfrac{4x}{z}-\dfrac{3y}{z}+5=\dfrac{4\times 3z}{z}-\dfrac{3\times\dfrac{3}{2}z}{z}+5$

$=12-\dfrac{9}{2}+5=\dfrac{25}{2}$ 답 $\dfrac{25}{2}$

blacklabel 특강   참고

문제를 해결하기 위하여 필요한 것은 $x:z,\ y:z$인데 주어진 것은 $x:y,\ y:z$이므로 주어진 비례식을 이용하여 $x:z$를 구해야 한다. 비례식의 성질을 이용하여 다양한 방법으로 이를 찾아낼 수 있다.

[방법 1] 위의 풀이에서와 같이 y를 먼저 z로 나타낸 후, 이를 이용하여 x를 z로 나타내어 해결한다.

[방법 2] y에 해당하는 비의 값을 통일하여 $x:y:z$를 구하고 $x:z$를 파악한다.

예 $x:y=2:1,\ y:z=3:2$에서

$x:y=6:3,\ y:z=3:2$로 생각하면

$x:y:z=6:3:2$ $\therefore x:z=6:2=3:1$

05 해결단계

❶단계	규칙에 따라 그림의 각 칸의 색을 결정한다.
❷단계	P, 나머지 빈칸의 식, Q를 순서대로 구한다.
❸단계	$P+Q$를 간단히 한다.

주어진 그림의 나머지 빈칸의 식을 R라 하면 각 칸에 칠해지는 색은 다음 그림과 같다.

$$
\begin{array}{|c|c|c|}
\hline
6x^2-4x+3 & P & -3x^2-3x+6 \\
\hline
\end{array}
$$

노란색　　　$7x^2-4x+1$　　R　　빨간색
　　　　　　　　　Q

$(6x^2-4x+3)+P=7x^2-4x+1$이므로

$P=(7x^2-4x+1)-(6x^2-4x+3)$

　$=x^2-2$

$P-(-3x^2-3x+6)=R$이므로

$R=(x^2-2)-(-3x^2-3x+6)$

　$=4x^2+3x-8$

$(7x^2-4x+1)-R=Q$이므로

$Q=(7x^2-4x+1)-(4x^2+3x-8)$

　$=3x^2-7x+9$

$\therefore P+Q=(x^2-2)+(3x^2-7x+9)$

　　　　　$=4x^2-7x+7$　　　　　답 $4x^2-7x+7$

06 해결단계

❶단계	처음 삼각기둥의 겉넓이를 구한다.
❷단계	새로 만든 입체도형의 겉넓이를 구한다.
❸단계	선분 AC의 길이를 구한다.

처음 주어진 삼각기둥에서

(두 밑면의 넓이의 합)$=2\times\dfrac{1}{2}\times(4x^2+8y)\times3y^2$

　　　　　　　　　　　$=12x^2y^2+24y^3$

(옆면의 넓이)$=10\times(4x^2+8y)+10\times3y^2+10\times\overline{AC}$

　　　　　$=40x^2+80y+30y^2+10\overline{AC}$

$\therefore$ (처음 삼각기둥의 겉넓이)

　$=12x^2y^2+24y^3+40x^2+80y+30y^2+10\overline{AC}$

한편, 주어진 삼각기둥의 높이가 10이고 이를 높이의 비가 $3:2$가 되도록 잘라 옆으로 붙였으므로 자르고 남은 삼각기둥의 높이는 6, 잘라서 옆에 붙인 삼각기둥의 높이는 4이다.

즉, 새로 만든 입체도형을 둘러싼 면을 모두 찾으면

(i) $\triangle ABC$와 합동인 면이 4개

(ii) 가로의 길이가 $4x^2+8y$이고 세로의 길이가 각각 6, 4인 직사각형이 1개씩

(iii) 가로의 길이가 $3y^2$이고 세로의 길이가 각각 6, 4인 직사각형이 1개씩

(iv) 가로의 길이가 $\overline{AC}$이고 세로의 길이가 $6-4=2$인 직사각형이 1개

(i)~(iv)에서 새로 만든 입체도형의 겉넓이는

$4\times\dfrac{1}{2}\times(4x^2+8y)\times3y^2+6\times(4x^2+8y)+4\times(4x^2+8y)$

$\qquad\qquad\qquad\qquad +6\times3y^2+4\times3y^2+\overline{AC}\times2$

$=24x^2y^2+48y^3+40x^2+80y+30y^2+2\overline{AC}$

이때, 처음 삼각기둥의 겉넓이보다 자른 후 새로 만든 입체도형의 겉넓이가 $4x^2y^2$만큼 더 크므로

$12x^2y^2+24y^3+40x^2+80y+30y^2+10\overline{AC}+4x^2y^2$

$\qquad\qquad =24x^2y^2+48y^3+40x^2+80y+30y^2+2\overline{AC}$

$8\overline{AC}=8x^2y^2+24y^3$　　$\therefore \overline{AC}=x^2y^2+3y^3$　　　답 $x^2y^2+3y^3$

blacklabel 특강　참고

처음 삼각기둥과 새로 만든 입체도형의 겉넓이를 모두 구하지 않고 추가된 면과 지워진 면만 따로 구하여 접근해 보자.

처음 삼각기둥의 겉넓이보다 자른 후 새로 만든 입체도형의 겉넓이가 $4x^2y^2$만큼 더 크다고 했으므로

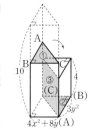

(처음 삼각기둥의 겉넓이)$+4x^2y^2$

$=$(새로 만든 입체도형의 겉넓이)　　……㉠

이때, 새로 만든 입체도형의 겉넓이는 처음 삼각기둥의 겉넓이에서 면 ①과 면 ②가 추가되고, 2개의 면 ③이 지워졌으므로

(처음 삼각기둥의 겉넓이)$+$(면 ①의 넓이)

$\qquad\qquad +$(면 ②의 넓이)$-2\times$(면 ③의 넓이)

$=$(새로 만든 입체도형의 겉넓이)

이때, 면 ①과 면 ②의 넓이는 같으므로

(처음 삼각기둥의 겉넓이)$+2\times$(면 ①의 넓이)$-2\times$(면 ③의 넓이)

$=$(새로 만든 입체도형의 겉넓이)

따라서 ㉠을 위의 식에 대입하여 정리하면

$2\times$(면 ①의 넓이)$-2\times$(면 ③의 넓이)$=4x^2y^2$

$2\times\dfrac{1}{2}\times(4x^2+8y)\times3y^2-2\times\overline{AC}\times4=4x^2y^2$

$12x^2y^2+24y^3-8\overline{AC}=4x^2y^2,\ 8\overline{AC}=8x^2y^2+24y^3$

$\therefore \overline{AC}=x^2y^2+3y^3$

07 해결단계

❶단계	$(m, 3)$의 규칙을 찾는다.
❷단계	$(m, 1)$과 $(m, 2)$의 규칙을 찾는다.
❸단계	주어진 식의 값을 구한다.

$(m, 3)=3m$이므로

$(m, 1)=(m, 3)-2=3m-2$,

$(m, 2)=(m, 3)-1=3m-1$

$\therefore (a+2, 1)+(b+4, 2)-(a+b, 3)$

　$=\{3(a+2)-2\}+\{3(b+4)-1\}-3(a+b)$

　$=3a+4+3b+11-3a-3b$

　$=15$　　　　　　　　　　　　　　　답 15

위쪽으로부터 m번째 줄의 세 자연수는 순서대로

$$3m-2, 3m-1, 3m$$

이므로 위쪽으로부터 m번째, 왼쪽으로부터 n번째 수인 (m, n)은

$$(m, n)=3m-2+(n-1)=3m+n-3 \text{ (단, } n=1, 2, 3)$$

이다.

08 해결단계

❶단계	부피를 이용하여 식을 세운다.
❷단계	식을 정리한다.
❸단계	□ 안에 알맞은 식을 구한다.

(회전체의 부피)

$=$(밑면의 반지름의 길이가 $6b$이고 높이가 $9a$인 원뿔의 부피)

　$-$(밑면의 반지름의 길이가 $2b$이고 높이가 $3a$인 원뿔의 부피)

　$+$(밑면의 반지름의 길이가 $6b$이고 높이가 □인 원뿔의 부피)

$=\dfrac{1}{3}\pi\times(6b)^2\times 9a-\dfrac{1}{3}\pi\times(2b)^2\times 3a+\dfrac{1}{3}\pi\times(6b)^2\times\square$

$=108\pi ab^2-4\pi ab^2+12\pi b^2\times\square$

$=104\pi ab^2+12\pi b^2\times\square=122\pi ab^2$

$12\pi b^2\times\square=18\pi ab^2$

$\therefore \square=18\pi ab^2\div 12\pi b^2=\dfrac{18\pi ab^2}{12\pi b^2}=\dfrac{3}{2}a$ 　　답 $\dfrac{3}{2}a$

직각삼각형을 회전시켜 만든 회전체

오른쪽 그림과 같은 직각삼각형을 직선 l을
회전축으로 하여 1회전시킬 때 생기는
입체도형은 원뿔이다.
이때, 밑면의 반지름의 길이가 r이고 높이가
h인 원뿔의 부피 V는

$$V=\dfrac{1}{3}\pi r^2 h$$

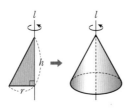

미리보는 학력평가　　　　　p. 35

1 ①	2 ②	3 ③	4 ④

1

$A=5x^2-9x+1$, $B=2x^2+3x-4$이므로

$A+2B=(5x^2-9x+1)+2(2x^2+3x-4)$

　　　　$=5x^2-9x+1+4x^2+6x-8$

　　　　$=9x^2-3x-7$ 　　　　　　답 ①

2

$x(2x+5)-x^2=2x^2+5x-x^2$

　　　　　　　　$=x^2+5x$ 　　　　　답 ②

3

직사각형의 가로의 길이가 1, 2, 3, …일 때 세로의 길이는 각각
1, 3, 5, …이므로 직사각형의 가로의 길이가 x일 때의 세로의
길이는 $2x-1$이다.

따라서 가로의 길이가 x일 때, 전체 타일의 넓이 y는

$y=x(2x-1)=2x^2-x$ 　　　　　　답 ③

4

정사각형 ABCD의 한 변의 길이가 18이므로

$\overline{AE}=\overline{CG}=\dfrac{1}{2}\overline{AB}=\dfrac{1}{2}\times 18=9$,

$\overline{BF}=\overline{DH}=\dfrac{1}{3}\overline{BC}=\dfrac{1}{3}\times 18=6$

오른쪽 그림과 같이 점 P를 지나면서 정사
각형의 각 변에 평행한 두 선분 IJ, KL을
긋고 $\overline{PK}=a$, $\overline{PJ}=b$라 하면

$\overline{PL}=18-a$, $\overline{PI}=18-b$

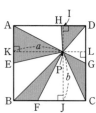

따라서 네 삼각형의 넓이의 합은

$\dfrac{1}{2}\times\overline{AE}\times\overline{PK}+\dfrac{1}{2}\times\overline{BF}\times\overline{PJ}+\dfrac{1}{2}\times\overline{CG}\times\overline{PL}$

$　　　　　　　　　　　　+\dfrac{1}{2}\times\overline{DH}\times\overline{PI}$

$=\dfrac{1}{2}\times 9\times a+\dfrac{1}{2}\times 6\times b+\dfrac{1}{2}\times 9\times(18-a)$

$　　　　　　　　　　　　+\dfrac{1}{2}\times 6\times(18-b)$

$=\dfrac{9}{2}a+3b+81-\dfrac{9}{2}a+54-3b$

$=135$ 　　　　　　　　　　　　　답 ④

부등식과 방정식

04 일차부등식과 그 활용

Step 1	시험에 꼭 나오는 문제			pp. 40~41
01 ⑤	**02** ②	**03** ④	**04** 18	**05** ②
06 ②	**07** ②	**08** ①	**09** $12 \leq a < 14$	
10 ①	**11** ⑤	**12** ③	**13** 6개	**14** $\frac{5}{4}$ km
15 ④	**16** 12 m			

01

① $2x - 3 \leq 5$

② $\frac{5}{2}x \geq 20$

③ $10x \geq 2000$

④ $\frac{x}{60} > \frac{2}{3}$

따라서 옳은 것은 ⑤이다. 답 ⑤

02

각 부등식의 x에 [ ] 안의 수를 대입하면

① (좌변)$=2 \times 0 - 1 = -1$, (우변)$=4$이므로

　$2 \times 0 - 1 \leq 4$

② (좌변)$=5 \times 2 - 4 = 6$, (우변)$=2 + 2 = 4$이므로

　$5 \times 2 - 4 > 2 + 2$

③ (좌변)$=3 \times (-1) = -3$, (우변)$=-1 + 1 = 0$이므로

　$3 \times (-1) < -1 + 1$

④ (좌변)$=3$, (우변)$=2 \times 3 = 6$이므로

　$3 \leq 2 \times 3$

⑤ (좌변)$=4 \times (-1) - 2 = -6$, (우변)$=-6 + (-1) = -7$

　이므로 $4 \times (-1) - 2 > -6 + (-1)$

따라서 [ ] 안의 수가 주어진 부등식의 해가 아닌 것은 ②이다.

답 ②

03

$-a + 1 < -b + 1$에서 $-a < -b$　　∴ $a > b$

② $5a > 5b$

③ $-3a < -3b$이므로 $2 - 3a < 2 - 3b$

④ $-\frac{2}{5}a < -\frac{2}{5}b$이므로 $\frac{1-2a}{5} < \frac{1-2b}{5}$

⑤ $-2a < -2b$이므로 $-2a + 1 < -2b + 1$

따라서 옳은 것은 ④이다. 답 ④

blacklabel 특강　해결실마리

부등식의 성질에 의하여 부등호의 방향이 바뀌는 경우는 부등식의 양변에 같은 음수를 곱하거나 양변을 같은 음수로 나눈 경우이므로 보기의 a, b의 계수의 부호를 보고 빠르게 판단할 수 있다.

04

$-2 \leq -\frac{1}{2}x + 3 \leq 7$에서

$-5 \leq -\frac{1}{2}x \leq 4$　　∴ $-8 \leq x \leq 10$

따라서 $a = -8$, $b = 10$이므로

$b - a = 10 - (-8) = 18$ 답 18

05

ㄱ. $x - x^2 \geq 3 - 2x - x^2$에서 $3x - 3 \geq 0$ (일차부등식)

ㄴ. $2x - 1 \leq 2x + 4$에서 $-5 \leq 0$ (일차부등식이 아니다.)

ㄷ. $x^2 - x < 3x$에서 $x^2 - 4x < 0$ (일차부등식이 아니다.)

ㄹ. $3x + 5 = 1$ (일차방정식)

ㅁ. $3x - 1 \geq -1$에서 $3x \geq 0$ (일차부등식)

따라서 일차부등식은 ㄱ, ㅁ의 2개이다. 답 ②

06

①, ③, ④, ⑤ $x \leq -1$

② $x \leq 1$

따라서 일차부등식의 해가 나머지 넷과 다른 하나는 ②이다.

답 ②

07

주어진 일차부등식의 양변에 10을 곱하면

$-3\left(x - \frac{11}{2}\right) > 2(x - 1)$

$-3x + \frac{33}{2} > 2x - 2$

$-5x > -\frac{37}{2}$　　∴ $x < \frac{37}{10} = 3.7$

따라서 주어진 일차부등식을 만족시키는 자연수인 해는 1, 2, 3의 3개이다. 답 ②

08

$-2ax<4$의 양변을 -2로 나누면 $ax>-2$

이때, $a<0$이므로 $ax>-2$의 양변을 a로 나누면

$x<-\dfrac{2}{a}$ 답 ①

09

$3(2+x)\leq a+x$에서 $6+3x\leq a+x$

$2x\leq a-6$　　∴ $x\leq\dfrac{a-6}{2}$

이때, 주어진 일차부등식을 만족시키는 자연수 x가 3개이므로

$3\leq\dfrac{a-6}{2}<4,\ 6\leq a-6<8$

∴ $12\leq a<14$ 답 $12\leq a<14$

10

연속하는 세 홀수를 $x-2,\ x,\ x+2\ (x>2)$라 하면

$90\leq(x-2)+x+(x+2)<99$

$90\leq3x<99$

∴ $30\leq x<33$

따라서 x는 홀수이므로 $x=31$이고, 가장 작은 홀수는

$x-2=31-2=29$ 답 ①

11

볼펜을 x자루 산다고 하면

$600x+400\times5\leq11500$

$600x\leq9500$　　∴ $x\leq15.8\times\times\times$

따라서 볼펜은 최대 15자루를 살 수 있다. 답 ⑤

12

8월 한 달 동안 판 아이스크림의 개수를 x라 하면 8월 이후 판 아이스크림의 개수는 $(100-x)$이므로

$15000\leq1000x+1000\times\left(1-\dfrac{50}{100}\right)\times(100-x)-700\times100$

<20000

$15000\leq500x-20000<20000$

$35000\leq500x<40000$

∴ $70\leq x<80$

따라서 아이스크림의 개수로 가능한 것은 ③ 70이다. 답 ③

13

물건을 x개 산다고 하면

$1200\times\left(1-\dfrac{30}{100}\right)\times x+1800<1200x$

$-360x<-1800$　　∴ $x>5$

따라서 물건을 최소 6개 이상 사는 경우 문구 도매 시장에 가는 것이 더 유리하다. 답 6개

blacklabel 특강 필수개념

유리한 방법을 선택하는 문제

(ⅰ) 두 가지 방법에 대하여 각각의 가격 또는 비용을 구한다.

(ⅱ) 가격 또는 비용을 비교하는 부등식을 세워 푼다.

14

기차역에서 음식점까지의 거리를 x km라 하면

$\dfrac{2x}{5}+\dfrac{10}{60}\leq\dfrac{40}{60}$

위의 부등식의 양변에 60을 곱하면

$24x+10\leq40$

$24x\leq30$　　∴ $x\leq\dfrac{5}{4}$

따라서 기차역에서 최대 $\dfrac{5}{4}$ km 이내에 있는 음식점을 이용할 수 있다. 답 $\dfrac{5}{4}$ km

15

농도가 4 %인 소금물 500 g 안에 들어 있는 소금의 양은

$500\times\dfrac{4}{100}=20(\text{g})$

이때, 증발시킨 물의 양을 x g이라 하면 넣은 소금의 양 역시 x g이므로

$\dfrac{20+x}{500}\times100\geq6$

$20+x\geq30$　　∴ $x\geq10$

따라서 최소 10 g 이상의 물을 증발시켜야 한다. 답 ④

blacklabel 특강 오답피하기

문제에서 증발시킨 물의 양 만큼 소금을 넣었으므로 소금물의 양 500 g은 변하지 않는 것에 주의한다.

16

화단의 아랫변의 길이를 x m라 하면

$\dfrac{1}{2} \times (6+x) \times 8 \geq 72$

$4x \geq 48$　　$\therefore x \geq 12$

따라서 화단의 아랫변의 길이는 최소 12 m 이상이어야 한다.

답 12 m

Step 2	A등급을 위한 문제			pp. 42~45
01 ③, ⑤	02 ⑤	03 ⑤	04 ④	05 $2<x\leq 3$
06 0	07 -7	08 ⑤	09 ②	10 6
11 $\dfrac{1}{2}$	12 -10	13 ②	14 6	15 15
16 ③	17 36번째	18 ③	19 7장	20 ③
21 20분	22 ②	23 ④	24 2 cm	25 ①
26 7장				

01

$3(x+4)-5x=8$에서 $3x+12-5x=8$

$-2x=-4$　　$\therefore x=2$

각 부등식에 $x=2$를 대입하면

① (좌변)$=3\times 2-2=4$, (우변)$=2\times 2=4$이므로

　$3\times 2-2=2\times 2$

② (좌변)$=\dfrac{2\times 2-1}{3}=1$, (우변)$=5$이므로

　$\dfrac{2\times 2-1}{3}<5$

③ (좌변)$=2(2-2)=0$, (우변)$=-4$이므로

　$2(2-2)>-4$

④ (좌변)$=\dfrac{1}{2}-\dfrac{1}{3}\times 2=-\dfrac{1}{6}$, (우변)$=\dfrac{7}{6}$이므로

　$\dfrac{1}{2}-\dfrac{1}{3}\times 2<\dfrac{7}{6}$

⑤ (좌변)$=1-3\times 2=-5$, (우변)$=-6$이므로

　$1-3\times 2\geq -6$

따라서 조건을 만족시키는 부등식은 ③, ⑤이다.　　답 ③, ⑤

02

① $ac<0$, $b>0$이므로 $ac<b$

② $c>a$, $b>0$이므로 $\dfrac{c}{b}>\dfrac{a}{b}$

③ $a<b$이므로 $a-c<b-c$

④ $a<c$에서 $-a>-c$이므로 $b-a>b-c$

⑤ $a<b$에서 $-a>-b$이므로 $1-a>1-b$

　이때, $c>0$이므로 $\dfrac{1-a}{c}>\dfrac{1-b}{c}$

따라서 옳은 것은 ⑤이다.　　답 ⑤

03

(i) 조건 (나)를 부등식으로 나타내면 $\dfrac{x}{-2}+7<0$이므로

　$-\dfrac{x}{2}<-7$　　$\therefore x>14$

　이때, 조건 (가)에서 x는 정수이므로

　x의 값으로 가능한 값은 15, 16, 17, …이다.

(ii) 조건 (다)를 부등식으로 나타내면 $4<\dfrac{2}{3}(x-4)\leq 8$이므로

　$6<x-4\leq 12$　　$\therefore 10<x\leq 16$

　이때, 조건 (가)에서 x는 정수이므로

　x의 값으로 가능한 값은 11, 12, 13, 14, 15, 16이다.

(i), (ii)에서 조건을 모두 만족시키는 모든 x의 값은

15, 16이므로 그 합은

$15+16=31$　　답 ⑤

04

소수점 아래 첫째 자리에서 반올림하면 4가 되므로

$3.5\leq \dfrac{x+3}{2}<4.5$

$7\leq x+3<9$　　$\therefore 4\leq x<6$　　답 ④

blacklabel 특강　참고

반올림하여 k가 되는 수의 범위

어떤 수 x가 소수점 아래 n번째 자리에서 반올림하여 k가 된다면

$$k-5\times \dfrac{1}{10^n}\leq x<k+5\times \dfrac{1}{10^n}$$

로 나타낼 수 있다.

(예) 소수점 아래 둘째 자리에서 반올림하여 7.6이 되는 수 x의 값의 범위를 구하면

$$7.6-5\times \dfrac{1}{10^2}\leq x<7.6+5\times \dfrac{1}{10^2}$$

$7.6-0.05\leq x<7.6+0.05$

$\therefore 7.55\leq x<7.65$

05

$x+y=4$에서 $y=-x+4$

이것을 $4<3x-y\leq 8$에 대입하면

$4<3x-(-x+4)\leq8,\ 4<4x-4\leq8$

$8<4x\leq12$　　$\therefore 2<x\leq3$　　　　　답 $2<x\leq3$

06 해결단계

❶단계	부등식의 해를 구한다.
❷단계	$\dfrac{x-3}{2}$의 값의 범위를 구한다.
❸단계	$\dfrac{x-3}{2}$의 값이 정수가 되도록 하는 모든 x의 값의 합을 구한다.

$|3x-1|\leq10$에서 $-10\leq3x-1\leq10$

$-9\leq3x\leq11$

$\therefore -3\leq x\leq\dfrac{11}{3}$

$-3\leq x\leq\dfrac{11}{3}$에서 $-6\leq x-3\leq\dfrac{2}{3}$

$\therefore -3\leq\dfrac{x-3}{2}\leq\dfrac{1}{3}$

즉, $\dfrac{x-3}{2}$의 값은 $-3,\ -2,\ -1,\ 0$이다.

$\dfrac{x-3}{2}=-3$에서 $x-3=-6$　　$\therefore x=-3$

$\dfrac{x-3}{2}=-2$에서 $x-3=-4$　　$\therefore x=-1$

$\dfrac{x-3}{2}=-1$에서 $x-3=-2$　　$\therefore x=1$

$\dfrac{x-3}{2}=0$에서 $x-3=0$　　$\therefore x=3$

따라서 주어진 조건을 만족시키는 x의 값은 $-3,\ -1,\ 1,\ 3$이므로 그 합은

$-3+(-1)+1+3=0$　　　　　답 0

blacklabel 특강　참고

절댓값 기호를 포함하는 부등식의 풀이

$|x|=\begin{cases}x & (x\geq0)\\-x & (x<0)\end{cases}$이므로

(1) 부등식 $|x|\leq a\ (a>0)$에서
　(i) $x\geq0$일 때, $x\leq a$
　(ii) $x<0$일 때, $-x\leq a$　　$\therefore x\geq-a$
　(i), (ii)에서 $-a\leq x\leq a$

(2) 부등식 $|x|\geq a\ (a>0)$에서
　(i) $x\geq0$일 때, $x\geq a$
　(ii) $x<0$일 때, $-x\geq a$　　$\therefore x\leq-a$
　(i), (ii)에서 $x\leq-a$ 또는 $x\geq a$

07

$\dfrac{3}{4}x-3\left(x+\dfrac{1}{2}\right)>x$에서

$3x-12x-6>4x,\ -13x>6$

$\therefore x<-\dfrac{6}{13}$　　$\therefore a=-1$

$-\dfrac{2x-1}{3}<1+\dfrac{1-x}{2}$에서

$-4x+2<6+3-3x,\ -x<7$

$\therefore x>-7$　　$\therefore b=-6$

$\therefore a+b=-1+(-6)=-7$　　　　　답 -7

08

$0.\dot{3}=\dfrac{3}{9}=\dfrac{1}{3},\ 0.5=\dfrac{1}{2}$이므로

$\dfrac{1}{3}(x-2)-\dfrac{2}{3}x\leq\dfrac{1}{2}(2-x)+\dfrac{5}{6}$

$2(x-2)-4x\leq3(2-x)+5$

$2x-4-4x\leq6-3x+5$　　$\therefore x\leq15$

따라서 주어진 부등식의 해를 수직선 위에 바르게 나타내면 다음 그림과 같다.

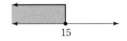

답 ⑤

09

$ax+1>bx+3$에서 $(a-b)x>2$

② $a<b$이면 $a-b<0$이므로

　$x<\dfrac{2}{a-b}$

⑤ 주어진 일차부등식에 $x=2$를 대입하면

　$2a+1>2b+3$

　$2(a-b)>2,\ a-b>1$　　$\therefore a>b+1$

이때, $a>b+1>b$이므로 $a>b$이다.　　　　　답 ②

10

$a(2x+1)-9(a+b)>b(x-13)$에서

$(2a-b)x>8a-4b$

이때, $2a<b$에서 $2a-b<0$이므로

$x<\dfrac{4(2a-b)}{2a-b}$　　$\therefore x<4$

따라서 주어진 부등식을 만족시키는 모든 자연수 x의 값은 1, 2, 3이므로 그 합은

$1+2+3=6$ 답 6

11

$ax-3>x-1$에서 $ax-x>2$, $(a-1)x>2$

이때, $x<-4$에서 $a-1<0$이고, $\dfrac{2}{a-1}=-4$이므로

$-4a+4=2$, $-4a=-2$ ∴ $a=\dfrac{1}{2}$ 답 $\dfrac{1}{2}$

12

$1.9x+0.8<x-1$에서

$19x+8<10x-10$

$9x<-18$ ∴ $x<-2$

$-x+a>2x-4$에서

$-3x>-a-4$ ∴ $x<\dfrac{a+4}{3}$

따라서 $\dfrac{a+4}{3}=-2$이므로

$a+4=-6$ ∴ $a=-10$ 답 -10

13

$x=2$가 주어진 일차부등식을 만족시키지 않으므로 $x=2$는 일차부등식 $2x-a\geq\dfrac{7x-4a}{2}$의 해가 된다.

즉, $4-a\geq\dfrac{14-4a}{2}$이므로

$4-a\geq7-2a$ ∴ $a\geq3$ 답 ②

14

$x-a\leq\dfrac{1-5x}{4}$에서

$4x-4a\leq1-5x$, $9x\leq4a+1$

∴ $x\leq\dfrac{4a+1}{9}$

이때, 15와 서로소인 자연수를 작은 것부터 크기순으로 나열하면

1, 2, 4, 7, 8, 11, 13, …

이므로 주어진 일차부등식을 만족시키는 x의 값 중에서 15와 서로소인 자연수 5개는 1, 2, 4, 7, 8이다.

즉, $8\leq\dfrac{4a+1}{9}<11$이므로 $72\leq4a+1<99$

$71\leq4a<98$ ∴ $\dfrac{71}{4}\leq a<\dfrac{49}{2}$

이때, $17<\dfrac{71}{4}<18$, $24<\dfrac{49}{2}<25$이므로

$A=24$, $B=18$

∴ $A-B=24-18=6$ 답 6

blacklabel 특강 오답피하기

15와 서로소인 5개의 자연수는 1, 2, 4, 7, 8이므로 부등식의 해 $x\leq\dfrac{4a+1}{9}$이 위의 5개의 자연수를 포함하기 위한 조건을 $8\leq\dfrac{4a+1}{9}<9$로 착각할 수 있다. 그러나 부등식의 해 $x\leq\dfrac{4a+1}{9}$은 1, 2, 4, 7, 8을 포함하고, 11을 포함하지 않으므로 $8\leq\dfrac{4a+1}{9}<11$을 만족시켜야 한다.

15

연속하는 세 개의 3의 배수를 x, $x+3$, $x+6$이라 하면

$x+(x+3)+(x+6)<55$

$3x<46$

∴ $x<\dfrac{46}{3}=15.3\times\times\times$

따라서 세 수 중에서 가장 작은 수의 최댓값은 15이다. 답 15

| 다른풀이 |

연속하는 세 개의 3의 배수를 $3a-3$, $3a$, $3a+3$ $(a>1)$이라 하면

$(3a-3)+3a+(3a+3)<55$

$9a<55$ ∴ $a<\dfrac{55}{9}=6.1\times\times\times$

따라서 a가 최대일 때 세 수 중에서 가장 작은 수인 $3a-3$도 최대이므로 $a=6$일 때 가장 작은 수의 최댓값은

$3a-3=3\times6-3=15$

16

인터넷TV로 한 달 동안 본 VOD가 x편이라 하면

$10000+500(x-3)<1200x$

$10000+500x-1500<1200x$

$-700x<-8500$ ∴ $x>\dfrac{85}{7}=12.1\times\times\times$

따라서 VOD를 최소 13편을 봐야 회원으로 이용하는 것이 더 유리하다.　　　　　　　　　　　　　　　　　　　답 ③

17

형이 사탕을 x번 꺼내 먹었다고 하면

$2\{(120-4x)+x\}<100-2x$

$2(120-3x)<100-2x$

$240-6x<100-2x$

$-4x<-140$　　$\therefore x>35$

따라서 동생이 가지고 있는 사탕의 개수가 형이 가지고 있는 사탕의 개수의 2배보다 처음으로 많아지는 것은 형이 사탕을 36번째 꺼내 먹었을 때이다.　　　　　　　　　　답 36번째

18

물건의 원가를 A원이라 하고, 판매 가격을 $x\,\%$ 할인한다고 하면

$A\times\dfrac{108}{100}\leq A\times\dfrac{120}{100}\times\left(1-\dfrac{x}{100}\right)\leq A\times\dfrac{114}{100}$

$108\leq120\left(1-\dfrac{x}{100}\right)\leq114,\ 108\leq120-\dfrac{6}{5}x\leq114$

$-12\leq-\dfrac{6}{5}x\leq-6$　　$\therefore 5\leq x\leq10$

따라서 $a=5$, $b=10$이므로

$a+b=5+10=15$　　　　　　　　　　　　　　　답 ③

19

티셔츠를 x장 구입한다고 하면

$9000x\times\left(1-\dfrac{8}{100}\right)<9000x-5000$

$8280x<9000x-5000$

$-720x<-5000$

$\therefore x>\dfrac{125}{18}=6.9\times\times\times$

따라서 최소 7장 이상의 티셔츠를 구입할 때 8 %를 할인해 주는 쿠폰을 사용하는 것이 더 유리하다.　　　　　　　답 7장

20

제품 1개의 생산 가격을 a원이라 하고 정상 제품을 팔았을 때 생산 가격의 $x\,\%$ 이익을 붙여서 팔았다고 하면

$a\times2000\times\dfrac{8}{100}\leq1800\times a\times\left(1+\dfrac{x}{100}\right)-2000a$

$\leq a\times2000\times\dfrac{17}{100}$

$20\times8\leq18(100+x)-2000\leq20\times17$

$160\leq1800+18x-2000\leq340$

$360\leq18x\leq540$

$\therefore 20\leq x\leq30$

따라서 생산 가격의 20 % 이상 30 % 이하의 이익을 붙여서 팔아야 한다.　　　　　　　　　　　　　　　　　　　답 ③

21

참가자가 분속 20 m로 걸은 거리를 x m라 하면 분속 40 m로 걸은 거리는 $(2000-x)$ m이므로

$\dfrac{x}{20}+\dfrac{2000-x}{40}\leq60$

$2x+2000-x\leq2400$

$\therefore x\leq400$

따라서 1시간 이내에 완주하려면 분속 20 m로 최대 400 m, 즉 최대 $\dfrac{400}{20}=20$(분)을 걸어야 한다.　　　　　　답 20분

22

농도가 13 %인 소금물을 x g 넣는다고 하면 농도가 5 %인 소금물은 $(400-x)$ g이므로

$\dfrac{8}{100}\times400\leq\dfrac{5}{100}\times(400-x)+\dfrac{13}{100}\times x\leq\dfrac{10}{100}\times400$

$3200\leq8x+2000\leq4000$

$1200\leq8x\leq2000$

$\therefore 150\leq x\leq250$

따라서 농도가 13 %인 소금물은 150 g 이상 250 g 이하로 넣어야 하므로 넣어야 할 13 %의 소금물의 양으로 옳은 것은 ②이다.
　　　　　　　　　　　　　　　　　　　　　　　답 ②

23

B가 자전거를 탄 시간을 x분이라 하면 B가 출발한 후 분속 60 m로 가는 B와 분속 20 m로 가는 A가 움직인 거리는 각각 $60x$ m, $20x$ m이다. 즉,

$(500+20x)-60x\leq200$

$-40x\leq-300$　　$\therefore x\geq7.5$

따라서 B가 출발한 지 7분 30초 후 두 학생 사이의 거리가 처음으로 200 m 이하가 된다. 답 ④

24

사다리꼴 ABCD의 넓이는

$$\frac{1}{2} \times (2+10) \times 8 = 48(\text{cm}^2)$$

오른쪽 그림과 같이 $\overline{\text{DP}} = x$ cm 라 하면 $\overline{\text{CP}} = (8-x)$ cm이므로 삼각형 ABP의 넓이는

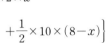

$$48 - \left\{ \frac{1}{2} \times 2 \times x \right.$$
$$\left. + \frac{1}{2} \times 10 \times (8-x) \right\}$$
$$= 48 - (-4x + 40) = 4x + 8(\text{cm}^2)$$

이때, 삼각형 ABP의 넓이는 사다리꼴 ABCD의 넓이의 $\frac{1}{3}$ 이상 이므로

$$4x + 8 \geq 48 \times \frac{1}{3}$$

$$4x + 8 \geq 16, \ 4x \geq 8 \qquad \therefore \ x \geq 2$$

따라서 점 D에서 최소 2 cm 이상 떨어진 곳에 점 P를 잡아야 한다. 답 2 cm

25

삼각형의 가장 긴 변의 길이는 나머지 두 변의 길이의 합보다 작 아야 하므로

$$x + 8 < (x+2) + (x+5)$$

$$x + 8 < 2x + 7 \qquad \therefore \ x > 1$$ 답 ①

blacklabel 특강 　필수개념

삼각형의 세 변의 길이 사이의 관계

(가장 긴 변의 길이) < (나머지 두 변의 길이의 합)

26

색종이를 x장 붙일 때, 직사각형 모양의 띠의 가로의 길이는
$6x - (x-1) = 5x + 1(\text{cm})$, 세로의 길이는 6 cm이다.
따라서 직사각형 모양의 띠의 둘레의 길이는
$2 \times (5x+1) + 2 \times 6 = 10x + 14(\text{cm})$이므로 　(가)
$10x + 14 \geq 84, \ 10x \geq 70 \qquad \therefore \ x \geq 7$
따라서 최소로 필요한 색종이는 7장이다. 　(나)

답 7장

단계	채점 기준	배점
(가)	직사각형 모양의 띠의 둘레의 길이를 x에 대한 식으로 나타낸 경우	50%
(나)	일차부등식을 세우고 최소로 필요한 색종이의 수를 구한 경우	50%

Step 3　종합 사고력 도전 문제　　pp. 46~47

01 (1) 풀이 참조　(2) 0　　02 A, D, C, B　　03 2

04 80개　　05 11권　　06 $x \geq -\frac{7}{5}$　　07 10　　08 6명

01 해결단계

	❶단계	조건을 이용하여 x의 값의 범위를 구한다.
(1)	❷단계	부등식을 만족시키는 x의 값 중 정수가 하나뿐이 되도록 a의 값의 범위를 구한다.
	❸단계	❷단계에서 구한 a의 값의 범위를 수직선 위에 나타낸다.
(2)	❹단계	a의 값의 범위에 속하는 정수 a의 값을 구한다.

(1) $1 \star a = 2a - 1, \ 2a \star x = 2x - 2a, \ 2a \star 1 = 2 - 2a$ 이므로

$$2a - 1 < 2x - 2a < 2 - 2a$$

$$4a - 1 < 2x < 2 \qquad \therefore \ \frac{4a-1}{2} < x < 1$$

이때, 위의 부등식을 만족시키는 x의 값 중에서 정수가 하나 뿐이므로

$$-1 \leq \frac{4a-1}{2} < 0$$

$$-2 \leq 4a - 1 < 0$$

$$-1 \leq 4a < 1 \qquad \therefore \ -\frac{1}{4} \leq a < \frac{1}{4}$$

따라서 a의 값의 범위를 수직선 위에 나타내면 다음 그림과 같다.

(2) (1)에서 $-\frac{1}{4} \leq a < \frac{1}{4}$이므로 조건을 만족시키는 정수 a의 값은 0이다.

답 (1) 풀이 참조　(2) 0

blacklabel 특강 　핵심개념

부등식을 수직선 위에 나타내기

x의 값의 범위가 $a \leq x < b$이면 다음 그림과 같이 양 끝의 수를 기준으로 이어지게 그리면 된다.

02 해결단계

❶단계	네 명의 친구 A, B, C, D의 몸무게를 각각 a kg, b kg, c kg, d kg이라 하고 주어진 그림을 부등식으로 나타낸다.
❷단계	부등식의 성질을 이용하여 식을 정리한다.
❸단계	a, b, c, d의 대소 관계를 확인하고 네 명의 친구를 몸무게가 무거운 친구부터 차례대로 나열한다.

네 명의 친구 A, B, C, D의 몸무게를 각각 a kg, b kg, c kg, d kg이라 하면 주어진 그림의 네 가지 상황을 다음과 같이 나타낼 수 있다.

$a+b=c+d$, $b+d<a+c$, $a+d>b+c$, $d>c$ $\quad$ ……㉠

(ⅰ) $b+d<a+c$의 양변에 a를 더하면

$\quad a+b+d<a+a+c$

그런데 $a+b=c+d$이므로 좌변의 $a+b$에 $c+d$를 대입해도 부등식이 성립한다.

즉, $c+d+d<a+a+c$

$\quad c+2d<2a+c$, $2d<2a$ $\quad \therefore d<a$

(ⅱ) $a+d>b+c$의 양변에 b를 더하면

$\quad b+a+d>b+b+c$이고 좌변의 $a+b$에 $c+d$를 대입해도 부등식이 성립하므로

$\quad c+d+d>b+b+c$

$\quad c+2d>2b+c$, $2d>2b$ $\quad \therefore d>b$

(ⅲ) $b+d<a+c$의 양변에 b를 더하면

$\quad b+b+d<b+a+c$이고 우변의 $a+b$에 $c+d$를 대입해도 부등식이 성립하므로

$\quad b+b+d<c+d+c$

$\quad 2b+d<2c+d$, $2b<2c$ $\quad \therefore b<c$

(ⅰ), (ⅱ), (ⅲ)에서 $b<c<d<a$ ($\because$ ㉠)

따라서 네 명의 친구를 몸무게가 무거운 친구부터 차례대로 나열하면 A, D, C, B이다. $\qquad$ 답 A, D, C, B

03 해결단계

❶단계	일차부등식 $4x+k\geq x+1$의 해를 구한다.
❷단계	조건을 만족시키는 k의 값의 범위를 구한다.
❸단계	$A+B$의 값을 구한다.

$4x+k\geq x+1$에서 $3x\geq 1-k$ $\quad \therefore x\geq \dfrac{1-k}{3}$

위의 부등식이 모든 자연수 x에 대하여 성립하고 음의 정수 x에 대하여 성립하지 않으므로

$-1<\dfrac{1-k}{3}\leq 1$

$-3<1-k\leq 3$

$-4<-k\leq 2$ $\quad \therefore -2\leq k<4$

따라서 $A=-2$, $B=4$이므로

$A+B=-2+4=2$ $\qquad$ 답 2

04 해결단계

❶단계	뚫는 구멍의 개수를 미지수로 놓고 부등식을 세운다.
❷단계	❶단계에서 구한 부등식을 푼다.
❸단계	조건에 맞는 답을 구한다.

처음 원기둥의 겉넓이는

$(\pi\times 20^2\times 2)+(2\pi\times 20\times 8)=1120\pi(\text{cm}^2)$

원기둥 모양의 구멍을 x개 뚫는다고 하면 구멍을 뚫은 입체도형의 겉넓이는

$1120\pi+(2\pi\times 1\times 8\times x)-(\pi\times 1^2\times 2\times x)$

$=1120\pi+14x\pi(\text{cm}^2)$

이때, $1120\pi+14x\pi\geq 2\times 1120\pi$이므로

$1120+14x\geq 2240$, $14x\geq 1120$ $\quad \therefore x\geq 80$

따라서 구멍은 최소 80개 이상을 뚫어야 한다. $\qquad$ 답 80개

blacklabel 특강 필수개념

원기둥의 겉넓이

밑면의 반지름의 길이가 r, 높이가 h인 원기둥의 겉넓이 S는

$\quad S=2\pi r^2+2\pi rh$

05 해결단계

❶단계	스프링 노트 한 세트에 노트가 x권 묶여있다고 하고 [이벤트 1]로 스프링 노트 한 세트를 구매했을 때의 금액을 x에 대한 식으로 나타낸다.
❷단계	[이벤트 2]로 스프링 노트 한 세트를 구매했을 때의 금액을 x에 대한 식으로 나타낸다.
❸단계	노트 한 권의 가격에 대한 식을 세우고 한 세트에 노트가 최대 몇 권으로 되어 있어야 하는지 구한다.

스프링 노트 한 세트에 노트가 x권 묶여있다고 하면 [이벤트 1]로 스프링 노트 한 세트를 구매했을 때의 금액은

$x\times 3000=3000x(원)$

[이벤트 2]로 스프링 노트 한 세트를 구매했을 때의 금액은

$x\times 3000\times \dfrac{92}{100}=2760x(원)$

[이벤트 1]을 선택할 때 $(x+1)$권의 노트를 $3000x$원에 구매할 수 있으므로 노트 한 권의 가격은

$\dfrac{3000x}{x+1}$원

[이벤트 2]를 선택할 때 x권의 노트를 $2760x$원에 구매할 수 있으므로 노트 한 권의 가격은

$\dfrac{2760x}{x}=2760(원)$

이때, [이벤트 1]을 선택하여 같은 가격에 더 많은 권수의 노트를 구매하려면 [이벤트 1]의 노트 한 권의 가격이 더 저렴해야 하므로

$\dfrac{3000x}{x+1}<2760$

$x+1>0$이므로 이 식의 양변에 $x+1$을 곱하면

$3000x<2760(x+1)$

$240x<2760$

$\therefore x<\dfrac{23}{2}=11.5$

따라서 스프링 노트 한 세트에 노트가 최대 11권으로 되어 있어야 한다. 답 11권

06 해결단계

❶단계	일차부등식 $(a-b)x-2a+5b<0$의 해를 구한다.
❷단계	b의 부호를 구한다.
❸단계	일차부등식 $(2a-b)x+3a-2b\leq0$의 해를 구한다.

$(a-b)x-2a+5b<0$, 즉 $(a-b)x<2a-5b$의 해가

$x>\dfrac{1}{2}$이므로 $a-b<0$ ……㉠

따라서 $x>\dfrac{2a-5b}{a-b}$이므로

$\dfrac{2a-5b}{a-b}=\dfrac{1}{2}$, $4a-10b=a-b$

$3a=9b$ $\therefore a=3b$ ……㉡

㉡을 ㉠에 대입하면 $3b-b<0$, $2b<0$ $\therefore b<0$

㉡을 $(2a-b)x+3a-2b\leq0$에 대입하면

$(6b-b)x+9b-2b\leq0$

$5bx+7b\leq0$, $5bx\leq-7b$

그런데 $b<0$에서 $5b<0$이므로 $5bx\leq-7b$의 양변을 $5b$로 나누면

$x\geq-\dfrac{7}{5}$ 답 $x\geq-\dfrac{7}{5}$

07 해결단계

❶단계	두 삼각형 ABC, BED의 넓이를 a를 사용하여 나타낸다.
❷단계	❶단계에서 구한 식을 이용하여 부등식을 세운다.
❸단계	a의 값의 범위를 구하고 이를 만족시키는 가장 작은 자연수 a의 값을 구한다.

(삼각형 ABC의 넓이)$=\dfrac{1}{2}\times12\times a(\mathrm{cm}^2)$,

(삼각형 BED의 넓이)$=\dfrac{1}{2}\times\left(a+\dfrac{7}{3}\right)\times\left(12-\dfrac{7}{3}\right)(\mathrm{cm}^2)$

이므로

(삼각형 ADF의 넓이)

$=\dfrac{1}{2}\times12\times a-$(사각형 BCFD의 넓이)$(\mathrm{cm}^2)$

(삼각형 FCE의 넓이)

$=\dfrac{1}{2}\times\left(a+\dfrac{7}{3}\right)\times\left(12-\dfrac{7}{3}\right)-$(사각형 BCFD의 넓이)$(\mathrm{cm}^2)$

이때, 삼각형 ADF의 넓이가 삼각형 FCE의 넓이보다 크므로

$\dfrac{1}{2}\times12\times a-$(사각형 BCFD의 넓이)

$>\dfrac{1}{2}\times\left(a+\dfrac{7}{3}\right)\times\left(12-\dfrac{7}{3}\right)-$(사각형 BCFD의 넓이)

$\dfrac{1}{2}\times12\times a>\dfrac{1}{2}\times\left(a+\dfrac{7}{3}\right)\times\left(12-\dfrac{7}{3}\right)$

$12a>\dfrac{29}{3}\left(a+\dfrac{7}{3}\right)$, $\dfrac{36}{29}a>a+\dfrac{7}{3}$

$\dfrac{7}{29}a>\dfrac{7}{3}$ $\therefore a>\dfrac{29}{3}=9.6\times\times\times$

따라서 주어진 조건을 만족시키는 가장 작은 자연수 a의 값은 10이다. 답 10

08 해결단계

❶단계	B 그룹에 속한 사람이 x명일 때, A, B 두 그룹의 10명이 함께 하루 동안 일한 양을 x에 대한 식으로 나타낸다.
❷단계	❶단계에서 구한 식을 이용하여 부등식을 세우고 B 그룹에 속한 최대 사람 수를 구한다.

전체 일의 양을 1로 놓으면 A 그룹의 사람들은 한 사람당 하루에 $\dfrac{1}{8}$의 일을 하고, B 그룹의 사람들은 한 사람당 하루에 $\dfrac{1}{12}$의 일을 한다.

B 그룹에 속한 사람이 x명일 때, A 그룹에 속한 사람은 $(10-x)$명이다.

따라서 A, B 두 그룹의 10명이 함께 하루 동안 일한 양은

$\dfrac{1}{8}(10-x)+\dfrac{1}{12}x=\dfrac{5}{4}-\dfrac{1}{24}x$

이므로

$\dfrac{5}{4}-\dfrac{1}{24}x\geq1$, $-\dfrac{1}{24}x\geq-\dfrac{1}{4}$

$\therefore x\leq6$

따라서 B 그룹에 속한 사람은 최대 6명이어야 한다. 답 6명

blacklabel 특강 풀이첨삭

일에 대한 문제

전체 일의 양을 1로 놓고 단위 시간 동안 한 일의 양을 먼저 구한다.

(예) 일을 마치는 데 5일이 걸린다.

⇨ 1일 동안 하는 일의 양은 $\dfrac{1}{5}$이다.

미리보는 **학력평가**			p. 48
1 5	**2** ③	**3** 13	**4** ②

1

$3(x-2)<2x$에서 $3x-6<2x$

$3x-2x<6$ ∴ $x<6$

따라서 구하는 양의 정수 x는 1, 2, 3, 4, 5의 5개이다. 답 5

2

$|x-a|<5$에서 $-5<x-a<5$

∴ $a-5<x<a+5$

이때, 위의 부등식을 만족시키는 정수 x의 최댓값이 12가 되려면 오른쪽 그림과 같아야 하므로

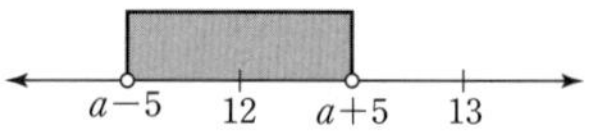

$12<a+5≤13$

∴ $7<a≤8$

따라서 주어진 조건을 만족시키는 정수 a의 값은 8이다. 답 ③

3

회원으로 가입하여 책을 빌리는 비용은 $(5000+800n)$원, 비회원으로 책을 빌리는 비용은 $1200n$원이다.

이때, 비회원으로 책을 빌릴 때보다 회원으로 가입하여 책을 빌릴 때 돈이 덜 들려면

$1200n>5000+800n$

$400n>5000$

∴ $n>\dfrac{25}{2}=12.5$

따라서 13권 이상 빌리면 비회원으로 책을 빌릴 때보다 돈이 덜 드므로 구하는 n의 최솟값은 13이다. 답 13

4

피자 1판의 가격을 x원이라 하면 할인 카드를 사용할 때 지불해야 할 금액은 $(x+10000)\times0.7$(원)이고, 스파게티 무료 쿠폰을 사용할 때 지불해야 할 금액은 x원이다.

할인 카드를 사용하는 것이 스파게티 무료 쿠폰을 사용하는 것보다 돈이 덜 들게 하려면

$(x+10000)\times0.7<x$

$7x+70000<10x$, $-3x<-70000$

∴ $x>\dfrac{70000}{3}=23333.3\times\times\times$

따라서 고를 수 있는 피자는 25000원짜리 불고기피자와 28000원짜리 야채피자의 2가지이다. 답 ②

05 연립일차방정식

Step 1 시험에 꼭 나오는 문제 p. 50

01 ⑤	02 ⑤	03 $2y+11$	04 ③
05 $x=11$, $y=4$		06 -3	07 ③

01

x, y가 음이 아닌 정수일 때, 일차방정식 $2x+7y=75$에서 $2x=75-7y$이므로 $75-7y$는 짝수이다.

이때, 75가 홀수이므로 $7y$는 홀수이다.

따라서 주어진 일차방정식의 해는 $(34, 1)$, $(27, 3)$, $(20, 5)$, $(13, 7)$, $(6, 9)$의 5개이다. 답 ⑤

blacklabel 특강 해결실마리

주어진 문제처럼 해가 정수이거나 자연수일 때, 미지수가 2개인 일차방정식의 해를 구할 때는 x, y 중에서 계수의 절댓값이 큰 것부터 정수나 자연수를 대입해 보는 것이 편리하다.

02

$x=-1$, $y=2$가 연립방정식 $\begin{cases} 2x+5y=a \\ bx+y=-10 \end{cases}$의 해이므로 이를 대입하면

$\begin{cases} -2+10=a \\ -b+2=-10 \end{cases}$

따라서 $a=8$, $b=12$이므로 $a+b=20$ 답 ⑤

03

연립방정식 $\begin{cases} 4x-3y=15 & \cdots\cdots\text{㉠} \\ -x+2y=5 & \cdots\cdots\text{㉡} \end{cases}$에서

㉡을 x에 대하여 풀면 $x=\boxed{2y-5}$

이를 ㉠에 대입하면

$4(2y-5)-3y=15$, $8y-20-3y=15$

$5y=35$

∴ $y=\boxed{7}$

이를 ㉡에 대입하면

$-x+14=5$ ∴ $x=\boxed{9}$

따라서 주어진 연립방정식의 해는

$x=\boxed{9}$, $y=\boxed{7}$

즉, (개)$=2y-5$, (내)$=7$, (대)$=9$이므로 구하는 합은

$(2y-5)+7+9=2y+11$ 답 $2y+11$

핵심개념

등식에서 한 문자를 다른 문자에 대한 식으로 나타낸 것을 그 문자에 대해 푼다고 한다.

04

y를 소거하려면 각 방정식의 y의 계수의 절댓값을 같게 만들어야 하므로 ㉠$\times 3$, ㉡$\times 2$를 한 후 y의 계수의 부호가 다르므로 두 방정식을 변끼리 더하면 된다.

따라서 필요한 식은 ㉠$\times 3 +$㉡$\times 2$이다. 답 ③

05

$$\begin{cases} 2(x-3y)-3(2x-5y)=-8 & \cdots\cdots ㉠ \\ \dfrac{x-y}{2}-\dfrac{x-5}{3}=\dfrac{3}{2} & \cdots\cdots ㉡ \end{cases}$$

㉠에서

$2x-6y-6x+15y=-8$

$\therefore -4x+9y=-8$ $\cdots\cdots$ ㉢

㉡$\times 6$을 하면

$3(x-y)-2(x-5)=9$

$3x-3y-2x+10=9$

$\therefore x-3y=-1$ $\cdots\cdots$ ㉣

㉢$+$㉣$\times 4$를 하면 $-3y=-12$

$\therefore y=4$

이를 ㉣에 대입하면

$x-12=-1$

$\therefore x=11$ 답 $x=11,\ y=4$

| 다른풀이1 |

(대입법 이용)

㉣에서 $x=3y-1$

이를 ㉢에 대입하면 $-4(3y-1)+9y=-8$

$-3y=-12$ $\therefore y=4,\ x=11$

| 다른풀이2 |

(가감법 이용 $-y$소거)

㉢$+$㉣$\times 3$을 하면 $-x=-11$ $\therefore x=11$

이를 ㉣에 대입하면 $11-3y=-1$

$-3y=-12$ $\therefore y=4$

06

$x=p,\ y=q$를 주어진 연립방정식에 대입하면

$$\begin{cases} 2p-7q=1 & \cdots\cdots ㉠ \\ ap-6q=3a-1 & \cdots\cdots ㉡ \end{cases}$$

이때, $p+q=2$ $\cdots\cdots$㉢이므로 ㉠$-$㉢$\times 2$를 하면

$-9q=-3$ $\therefore q=\dfrac{1}{3}$

이를 ㉢에 대입하면

$p+\dfrac{1}{3}=2$ $\therefore p=\dfrac{5}{3}$

$p=\dfrac{5}{3},\ q=\dfrac{1}{3}$ 을 ㉡에 대입하면

$\dfrac{5}{3}a-2=3a-1,\ -\dfrac{4}{3}a=1$

$\therefore 4a=-3$ 답 -3

07

연립방정식 $\begin{cases} ax-5y=3 \\ x+3y=b \end{cases}$, 즉 $\begin{cases} ax-5y=3 \\ ax+3ay=ab \end{cases}$ 의 해가 무수히 많으므로

$ab=3$ 답 ③

| 다른풀이 |

연립방정식 $\begin{cases} ax-5y=3 \\ x+3y=b \end{cases}$ 의 해가 무수히 많으므로

$\dfrac{a}{1}=\dfrac{-5}{3}=\dfrac{3}{b}$ 이어야 한다. 즉,

$3a=-5,\ -5b=9$ $\therefore a=-\dfrac{5}{3},\ b=-\dfrac{9}{5}$

$\therefore ab=-\dfrac{5}{3}\times\left(-\dfrac{9}{5}\right)=3$

Step 2 A등급을 위한 문제			pp. 51~54
01 $a\neq 9,\ b\neq\dfrac{4}{3}$	02 ⑤	03 ②	04 ②
05 6	06 $a=-5,\ b=2$	07 ②	08 11
09 4	10 ①	11 -62	12 ③	13 ①
14 ④	15 ②	16 -52	17 -3	18 $\dfrac{19}{4}$
19 ①	20 $a=-8,\ b=8$	21 $p=8,\ q=18,\ k=30$	
22 18	23 -2	24 ③	

01

$ax-2(y-3x)+b=3(5x-by)+2y-4a$에서

$ax-2y+6x+b=15x-3by+2y-4a$

$(a+6)x-2y+b=15x+(2-3b)y-4a$

$(a-9)x+(-4+3b)y+b+4a=0$

위의 등식이 미지수가 $x,\ y$의 2개인 일차방정식이 되려면

$a-9\neq 0,\ -4+3b\neq 0$이어야 하므로

$a\neq 9,\ b\neq\dfrac{4}{3}$ 답 $a\neq 9,\ b\neq\dfrac{4}{3}$

02

빨간색 주사위와 파란색 주사위를 동시에 던져 나온 눈의 수가 각각 x, y이므로 가능한 순서쌍 (x, y)는

$(1, 1)$, $(1, 2)$, $(1, 3)$, $\cdots$, $(1, 6)$,

$(2, 1)$, $(2, 2)$, $(2, 3)$, $\cdots$, $(2, 6)$,

$\vdots$ $\vdots$ $\vdots$ $\vdots$

$(6, 1)$, $(6, 2)$, $(6, 3)$, $\cdots$, $(6, 6)$

① 방정식 $x-y=3$의 해는 $(4, 1)$, $(5, 2)$, $(6, 3)$의 3개이다.

② 방정식 $x-2y=-1$의 해는 $(1, 1)$, $(3, 2)$, $(5, 3)$의 3개이다.

③ 방정식 $2x-y=1$의 해는 $(1, 1)$, $(2, 3)$, $(3, 5)$의 3개이다.

④ 방정식 $2x+y=9$의 해는 $(2, 5)$, $(3, 3)$, $(4, 1)$의 3개이다.

⑤ 방정식 $3x-2y=-1$의 해는 $(1, 2)$, $(3, 5)$의 2개이다.

따라서 해의 개수가 나머지 넷과 다른 하나는 ⑤이다.　　답 ⑤

03

x, y의 순서쌍 $(2, -3)$이 일차방정식

$2x+ay-16=0$ ⋯⋯㉠

의 해이므로 $x=2$, $y=-3$을 ㉠에 대입하면

$4-3a-16=0$, $-3a=12$

$\therefore a=-4$

이를 ㉠에 대입하면

$2x-4y-16=0$

$\therefore x-2y-8=0$ ⋯⋯㉡

이때, x와 y의 값의 비가 $5:2$인 해를

$x=5t$, $y=2t$ (단, $t\neq0$인 상수)

라 하고 이를 ㉡에 대입하면

$5t-4t-8=0$　　$\therefore t=8$

따라서 $x=40$, $y=16$이므로 $b=40$, $c=16$

$\therefore b-c=40-16=24$　　　　　　　　　답 ②

04

$(3-x)\bigstar(5-2y)=9$에서

$3(3-x)-2(5-2y)=9$

$9-3x-10+4y=9$

$\therefore 3x-4y=-10$

위의 방정식을 만족시키는 두 자연수 x, y의 순서쌍 (x, y)는

$(2, 4)$, $(6, 7)$, $(10, 10)$, $(14, 13)$, $(18, 16)$, $(22, 19)$, $\cdots$

이때, 두 자연수 x, y의 최소공배수가 144이므로

$x=18$, $y=16$

$\therefore x-y=2$　　　　　　　　　　　　답 ②

---

blacklabel 특강　풀이첨삭

최소공배수가 144이고 일차방정식 $3x-4y=-10$을 만족시키는 두 자연수 x, y의 순서쌍 (x, y)가 $(18, 16)$으로 오직 하나만 존재함을 확인해보자.

두 자연수 x, y의 최대공약수를 G라 하면 서로소인 두 자연수 a, b에 대하여 $x=a\times G$, $y=b\times G$ (G는 자연수)로 놓을 수 있다.

이를 $3x-4y=-10$에 대입하면 $3a\times G-4b\times G=-10$

$\therefore (3a-4b)\times G=-2\times5$

이때, G는 자연수이므로 G의 값은 1, 2, 5, 10 중에서 하나이다.

(i) $G=1$일 때,

　　x, y의 최대공약수 $L=a\times b\times G=144$에서 $a\times b=2^4\times3^2$

　　$\therefore a=9$, $b=16$ 또는 $a=16$, $b=9$ ($\because a$, b는 서로소)

　　즉, 순서쌍 (x, y)는 $(9, 16)$ 또는 $(16, 9)$

　　그런데 $(9, 16)$, $(16, 9)$는 $3x-4y=-10$을 만족시키지 않는다.

(ii) $G=2$일 때,

　　x, y의 최대공약수 $L=a\times b\times G=144$에서 $a\times b=2^3\times3^2$

　　$\therefore a=8$, $b=9$ 또는 $a=9$, $b=8$ ($\because a$, b는 서로소)

　　즉, 순서쌍 (x, y)는 $(16, 18)$ 또는 $(18, 16)$이고

　　이 중에서 $(16, 18)$은 $3x-4y=-10$을 만족시키지 않는다.

(iii) $G=5$ 또는 $G=10$일 때,

　　x, y의 최대공약수 $L=a\times b\times G=144$일 수 없으므로

　　조건을 만족시키는 순서쌍 (x, y)는 없다.

(i), (ii), (iii)에서 조건을 만족시키는 순서쌍 (x, y)는 $(18, 16)$뿐이다.

05

조건 ⑺에서 $xy\leq0$이므로

(i) $x=0$일 때,

　　조건 ⑼에서 $3x-2y+33=0$이므로

　　$-2y+33=0$　　$\therefore y=\dfrac{33}{2}$

　　이때, y는 정수가 아니므로 조건 ⑻를 만족시키지 않는다.

(ii) $y=0$일 때,

　　조건 ⑼에서 $3x-2y+33=0$이므로

　　$3x+33=0$　　$\therefore x=-11$

　　즉, 순서쌍 (x, y)는 $(-11, 0)$이다.

(iii) $x>0$, $y<0$일 때,

　　$3x-2y>0$이므로 $3x-2y+33>0$

　　즉, 방정식 $3x-2y+33=0$을 만족시키는 두 정수 x, y는 존재하지 않는다.

(iv) $x<0$, $y>0$일 때,

　　조건 ⑼에서 $3x-2y+33=0$이므로

　　$3(x+11)=2y$

　　위의 식을 만족시키는 정수 x, y의 순서쌍 (x, y)는

　　$(-1, 15)$, $(-3, 12)$, $(-5, 9)$, $(-7, 6)$, $(-9, 3)$

(i)~(iv)에서 조건을 모두 만족시키는 두 수 x, y의 순서쌍

(x, y)는 $(-1, 15)$, $(-3, 12)$, $(-5, 9)$, $(-7, 6)$, $(-9, 3)$, $(-11, 0)$의 6개이다.

답 6

단계	채점 기준	배점
(가)	$xy=0$일 때 조건을 만족시키는 순서쌍 (x, y)를 구한 경우	40%
(나)	$xy<0$일 때 조건을 만족시키는 순서쌍 (x, y)를 구한 경우	40%
(다)	조건을 모두 만족시키는 순서쌍 (x, y)의 개수를 구한 경우	20%

06

$x=b$, $y=-2$를 $\begin{cases} 3x+ay=2b+12 \\ x-by=1-a \end{cases}$에 대입하면

$\begin{cases} 3b-2a=2b+12 \\ b+2b=1-a \end{cases}$, 즉 $\begin{cases} -2a+b=12 \quad \cdots\cdots \text{㉠} \\ a+3b=1 \quad \cdots\cdots \text{㉡} \end{cases}$

㉠+㉡$\times 2$를 하면

$7b=14$ $\quad \therefore b=2$

이를 ㉠에 대입하면

$-2a+2=12$, $-2a=10$

$\therefore a=-5$ 　　　　　　　　　　　　답 $a=-5$, $b=2$

07

$x=3$, $y=-1$을 $ax-by=5-2b$에 대입하면

$3a+b=5-2b$

$\therefore 3a+3b=5$ $\quad \cdots\cdots \text{㉠}$

$x=2$, $y=5$를 $ax-by=5-2b$에 대입하면

$2a-5b=5-2b$

$\therefore 2a-3b=5$ $\quad \cdots\cdots \text{㉡}$

㉠+㉡을 하면

$5a=10$ $\quad \therefore a=2$

이를 ㉠에 대입하면

$6+3b=5$, $3b=-1$

$\therefore b=-\dfrac{1}{3}$

$\therefore ab=2\times\left(-\dfrac{1}{3}\right)=-\dfrac{2}{3}$ 　　　　　　답 ②

08

수진이가 잘못 보고 푼 두 방정식의 상수항의 합이 13이므로
상수항을 각각 a, $13-a$라 하면

$\begin{cases} 3x-2y=a \quad \cdots\cdots \text{㉢} \\ 2x+y=13-a \quad \cdots\cdots \text{㉣} \end{cases}$

㉣$\times 3-$㉢$\times 2$를 하면

$7y=39-5a$ $\quad \therefore y=\dfrac{39-5a}{7}$

이때, $y=-3$이므로 $\dfrac{39-5a}{7}=-3$

$39-5a=-21$, $-5a=-60$

$\therefore a=12$

따라서 두 상수항은 각각 12, 1이므로 그 차는 11이다. 　답 11

| 다른풀이 |

수진이가 두 상수항 -6, 7을 각각 a, b로 잘못 보았다고 하자.

$y=-3$을 $\begin{cases} 3x-2y=a \\ 2x+y=b \end{cases}$에 대입하면

$\begin{cases} 3x+6=a \quad \cdots\cdots \text{㉤} \\ 2x-3=b \end{cases}$

수진이가 잘못 보고 푼 두 방정식의 상수항의 합이 13이므로

$a+b=13$ $\quad \cdots\cdots \text{㉥}$

㉤의 두 방정식을 ㉥에 대입하면

$3x+6+2x-3=13$, $5x=10$

$\therefore x=2$

이를 ㉤의 두 방정식에 각각 대입하면

$a=12$, $b=1$

따라서 구하는 상수항의 차는

$a-b=12-1=11$

09

$\begin{cases} 3x+ay=5 \quad \cdots\cdots \text{㉠} \\ bx-2ay=8 \quad \cdots\cdots \text{㉡} \end{cases}$에서

㉠$\times 2+$㉡을 하면

$(b+6)x=18$ $\quad \cdots\cdots \text{㉢}$

이때, $b+6$은 자연수, x는 정수이므로 $b+6$은 18의 약수이어야
한다.

즉, $b+6=9$ 또는 $b+6=18$이어야 하므로

$b=3$ 또는 $b=12$

(i) $b=3$일 때,

　이를 ㉢에 대입하면

　$9x=18$ $\quad \therefore x=2$

　이를 ㉠에 대입하면

　$6+ay=5$ $\quad \therefore ay=-1$

　a가 자연수이고, y는 정수이므로

　$a=1$, $y=-1$

(ii) $b=12$일 때,

　이를 ㉢에 대입하면

　$18x=18$ $\quad \therefore x=1$

　이를 ㉠에 대입하면

　$3+ay=5$ $\quad \therefore ay=2$

　a가 자연수이고, y는 정수이므로

　$a=1$, $y=2$ 또는 $a=2$, $y=1$

(i), (ii)에서 a, b의 순서쌍 (a, b)는 $(1, 3)$, $(1, 12)$, $(2, 12)$
이므로 가능한 $a+b$의 값은 4, 13, 14이다.
따라서 $a+b$의 최솟값은 4이다.　　　　　　　　　　답 4

10

$\dfrac{4x-3y-1}{2}=\dfrac{1}{5}y-5=\dfrac{4x-y-23}{5}$ 에서

$\begin{cases} \dfrac{4x-3y-1}{2}=\dfrac{1}{5}y-5 & \cdots\cdots\;\bigcirc \\[2mm] \dfrac{1}{5}y-5=\dfrac{4x-y-23}{5} & \cdots\cdots\;\bigcirc\!\!\!\bigcirc \end{cases}$

$\bigcirc\times10$을 하면

$5(4x-3y-1)=2y-50$

$\therefore 20x-17y=-45$　　　$\cdots\cdots\;\bigcirc\!\!\!\bigcirc\!\!\!\bigcirc$

$\bigcirc\!\!\!\bigcirc\times5$를 하면

$y-25=4x-y-23, \quad -4x+2y=2$

$\therefore 2x-y=-1$　　　　$\cdots\cdots\;\textcircled{ㄹ}$

$\bigcirc\!\!\!\bigcirc\!\!\!\bigcirc - \textcircled{ㄹ}\times10$을 하면

$-7y=-35 \quad \therefore y=5$

이를 $\textcircled{ㄹ}$에 대입하면

$2x-5=-1, \quad 2x=4$

$\therefore x=2$

따라서 $\alpha=2$, $\beta=5$이므로

$\alpha\beta=10$　　　　　　　　　　　　답 ①

11

$\begin{cases} 0.0\dot{5}x-0.\dot{2}y=0.1 \\ 0.\dot{4}x-1.\dot{3}y=\dfrac{4}{45} \end{cases}$ 에서

$0.0\dot{5}=\dfrac{5}{90}=\dfrac{1}{18}, \; 0.\dot{2}=\dfrac{2}{9}, \; 0.\dot{4}=\dfrac{4}{9}, \; 1.\dot{3}=\dfrac{13-1}{9}=\dfrac{12}{9}=\dfrac{4}{3}$

이므로

$\begin{cases} \dfrac{1}{18}x-\dfrac{2}{9}y=\dfrac{1}{10} & \cdots\cdots\;\bigcirc \\[2mm] \dfrac{4}{9}x-\dfrac{4}{3}y=\dfrac{4}{45} & \cdots\cdots\;\bigcirc\!\!\!\bigcirc \end{cases}$

$\bigcirc\times90$을 하면 $5x-20y=9$　　　$\cdots\cdots\;\bigcirc\!\!\!\bigcirc\!\!\!\bigcirc$

$\bigcirc\!\!\!\bigcirc\times45$를 하면

$20x-60y=4$

$\therefore 5x-15y=1$　　　　　　$\cdots\cdots\;\textcircled{ㄹ}$

$\bigcirc\!\!\!\bigcirc\!\!\!\bigcirc-\textcircled{ㄹ}$을 하면

$-5y=8 \quad \therefore y=-\dfrac{8}{5}$

이를 $\textcircled{ㄹ}$에 대입하면

$5x+24=1, \; 5x=-23$

$\therefore x=-\dfrac{23}{5}$

따라서 $p=-\dfrac{23}{5}$, $q=-\dfrac{8}{5}$이므로

$10(p+q)=10\times\left\{-\dfrac{23}{5}+\left(-\dfrac{8}{5}\right)\right\}$

$\qquad\qquad =10\times\left(-\dfrac{31}{5}\right)=-62$　　　　답 -62

blacklabel 특강　필수개념

순환소수를 분수로 나타내기

a, b, c, d가 0 또는 한 자리 자연수일 때

(1) $0.\dot{a}=\dfrac{a}{9}$　　　　　　(2) $0.\dot{a}\dot{b}=\dfrac{ab}{99}$

(3) $0.a\dot{b}=\dfrac{ab-a}{90}$　　　　(4) $0.a\dot{b}\dot{c}=\dfrac{abc-ab}{900}$

(5) $a.b\dot{c}\dot{d}=\dfrac{abcd-ab}{990}$

12

$\begin{cases} (7x+4):(3x+2y)=5:3 & \cdots\cdots\;\bigcirc \\[2mm] \dfrac{x-y}{3}+\dfrac{y}{2}=\dfrac{5}{12} & \cdots\cdots\;\bigcirc\!\!\!\bigcirc \end{cases}$

$\bigcirc$에서

$5(3x+2y)=3(7x+4), \quad 15x+10y=21x+12$

$\therefore -3x+5y=6$　　　$\cdots\cdots\;\bigcirc\!\!\!\bigcirc\!\!\!\bigcirc$

$\bigcirc\!\!\!\bigcirc\times12$를 하면

$4(x-y)+6y=5$

$\therefore 4x+2y=5$　　　$\cdots\cdots\;\textcircled{ㄹ}$

$\bigcirc\!\!\!\bigcirc\!\!\!\bigcirc\times4+\textcircled{ㄹ}\times3$을 하면

$26y=39 \quad \therefore y=\dfrac{3}{2}$

이를 $\textcircled{ㄹ}$에 대입하면

$4x+3=5, \; 4x=2 \quad \therefore x=\dfrac{1}{2}$

따라서 $m=\dfrac{1}{2}$, $n=\dfrac{3}{2}$이므로

$m^2+mn-n^2=\left(\dfrac{1}{2}\right)^2+\dfrac{1}{2}\times\dfrac{3}{2}-\left(\dfrac{3}{2}\right)^2$

$\qquad\qquad\quad =\dfrac{1}{4}+\dfrac{3}{4}-\dfrac{9}{4}=-\dfrac{5}{4}$　　　답 ③

13

$\begin{cases} 2^{x+1}-3^y=37 \\ 2^x+3^{y+1}=113 \end{cases}$ 에서 $\begin{cases} 2\times2^x-3^y=37 \\ 2^x+3\times3^y=113 \end{cases}$

$2^x=X$, $3^y=Y$로 놓으면

$\begin{cases} 2X-Y=37 & \cdots\cdots\;\bigcirc \\ X+3Y=113 & \cdots\cdots\;\bigcirc\!\!\!\bigcirc \end{cases}$

$\bigcirc-\bigcirc\times2$를 하면

$-7Y=-189$ $\therefore Y=27$

이를 $\bigcirc$에 대입하면

$2X-27=37,\ 2X=64$

$\therefore X=32$

즉, $2^x=32=2^5,\ 3^y=27=3^3$이므로

$x=5,\ y=3$

즉, $m=5,\ n=3$이므로

$3x-m<2x-n$에서

$3x-5<2x-3$

$\therefore x<2$

따라서 주어진 일차부등식의 해 중에서 가장 큰 정수는 1이다.

답 ①

---

blacklabel 특강   필수개념

지수법칙

$m,\ n$이 자연수일 때

(1) $a^m\times a^n=a^{m+n}$ (2) $(a^m)^n=a^{mn}$

(3) $a^m\div a^n=\begin{cases}a^{m-n} & (m>n)\\ 1 & (m=n)\\ \dfrac{1}{a^{n-m}} & (m<n)\end{cases}$ (단, $a\neq0$)

14

$\begin{cases}x+2[x]+5<y>=10.8 & \cdots\cdots\ \bigcirc\\ y+5[y]+2<x>=7.8 & \cdots\cdots\ \bigcirc\end{cases}$에서

$\bigcirc+\bigcirc$을 하면

$x+y+2([x]+<x>)+5([y]+<y>)=18.6$

$x+y+2x+5y=18.6$

$3x+6y=18.6$

$\therefore x+2y=6.2$

따라서 $100(x+2y)=100\times6.2=620$

답 ④

---

blacklabel 특강   오답피하기

다루어야 하는 수가 두 양수 $x,\ y$와 이 두 수의 정수 부분인 $[x],\ [y]$, 소수 부분인 $<x>,\ <y>$이므로 이 수를 모두 다른 미지수로 생각하여 해결하려 했다면 주어진 식이 두 개뿐이므로 답을 구할 수 없었을 것이다.

우선 $x=[x]+<x>,\ y=[y]+<y>$이므로 주어진 식에 각각 대입하여 $x,\ y$를 소거하면

$\begin{cases}3[x]+<x>+5<y>=10.8\\ 6[y]+<y>+2<x>=7.8\end{cases}$

이 다음 $[x],\ [y],\ <x>,\ <y>$가 두 방정식에서 세로로 한 줄에 놓이도록 위치를 바꾸어보면

$\begin{cases}3[x]+<x>\qquad\quad+5<y>=10.8\\ \qquad\ 2<x>+6[y]+\ <y>=7.8\end{cases}$

이때, 위의 식을 보면 $[x]$와 $<x>$의 계수의 합이 각각 3, $[y]$와 $<y>$의 계수의 합이 각각 6이다.

따라서 주어진 두 방정식을 더하여 문제를 해결해야 한다.

15

$\begin{cases}\dfrac{1}{2x-3y}-\dfrac{2}{x+y}=-2\\ -\dfrac{3}{2x-3y}+\dfrac{2}{x+y}=4\end{cases}$에서

$\dfrac{1}{2x-3y}=X,\ \dfrac{1}{x+y}=Y$로 놓으면

$\begin{cases}X-2Y=-2 & \cdots\cdots\ \bigcirc\\ -3X+2Y=4 & \cdots\cdots\ \bigcirc\end{cases}$

$\bigcirc+\bigcirc$을 하면

$-2X=2$ $\therefore X=-1$

이를 $\bigcirc$에 대입하면

$-1-2Y=-2,\ -2Y=-1$

$\therefore Y=\dfrac{1}{2}$

즉, $X=-1,\ Y=\dfrac{1}{2}$이므로

$\begin{cases}2x-3y=-1 & \cdots\cdots\ \boxdot\\ x+y=2 & \cdots\cdots\ \boxminus\end{cases}$에서

$\boxdot-\boxminus\times2$를 하면

$-5y=-5$ $\therefore y=1$

이를 $\boxminus$에 대입하면 $x+1=2$

$\therefore x=1$

따라서 $a=1,\ b=1$이므로

$a-b=0$

답 ②

| 다른풀이 |

$\begin{cases}\dfrac{1}{2x-3y}-\dfrac{2}{x+y}=-2 & \cdots\cdots\ \boxminus\\ -\dfrac{3}{2x-3y}+\dfrac{2}{x+y}=4 & \cdots\cdots\ \boxplus\end{cases}$에서

$\boxminus\times2+\boxplus$을 하면

$-\dfrac{-1}{2x-3y}-\dfrac{2}{x+y}=0,\ \dfrac{-1}{2x-3y}=\dfrac{2}{x+y}$

$-(x+y)=2(2x-3y),\ -x-y=4x-6y$

$-5x=-5y$ $\therefore x=y$

이를 $\boxminus$에 대입하면

$\dfrac{1}{2x-3x}-\dfrac{2}{x+x}=-2,\ -\dfrac{2}{x}=-2$

$\therefore x=y=1$

따라서 $a=1,\ b=1$이므로 $a-b=0$

16

$p:q=2:3$이므로 $3p=2q$ $\therefore p=\dfrac{2}{3}q$

즉, 연립방정식 $\begin{cases}ax-2y=11\\ 3x+ay=15\end{cases}$의 해가 $x=p=\dfrac{2}{3}q,\ y=q$이므로

$$\begin{cases} \dfrac{2}{3}aq-2q=11 & \cdots\cdots\ㄱ \\ 2q+aq=15 & \cdots\cdots\ㄴ \end{cases}\text{에서}$$

ㄱ+ㄴ을 하면

$$\dfrac{2}{3}aq+aq=26,\ \dfrac{5}{3}aq=26$$

$$\therefore aq=\dfrac{78}{5}\qquad\cdots\cdots\ㄷ$$

이를 ㄴ에 대입하면

$$2q+\dfrac{78}{5}=15,\ 2q=-\dfrac{3}{5}$$

$$\therefore q=-\dfrac{3}{10}$$

이를 ㄷ에 대입하면

$$-\dfrac{3}{10}a=\dfrac{78}{5}\qquad\therefore a=-52$$

답 -52

17

$x,\ y$에 대한 두 연립방정식

$$\begin{cases} 3ax+y=3 \\ 3x-5y=7 \end{cases},\quad \begin{cases} 6x-y=8 \\ 3x+(b-1)y=7 \end{cases}$$

의 해가 서로 같으므로 두 연립방정식의 해는 연립방정식

$$\begin{cases} 3x-5y=7 & \cdots\cdots\ㄱ \\ 6x-y=8 & \cdots\cdots\ㄴ \end{cases}\text{의 해와 같다.}$$

ㄱ×2−ㄴ을 하면

$$-9y=6\qquad\therefore y=-\dfrac{2}{3}$$

이를 ㄴ에 대입하면

$$6x+\dfrac{2}{3}=8,\ 6x=\dfrac{22}{3}$$

$$\therefore x=\dfrac{11}{9}$$

$x=\dfrac{11}{9},\ y=-\dfrac{2}{3}$를 $3ax+y=3$에 대입하면

$$\dfrac{11}{3}a-\dfrac{2}{3}=3,\ \dfrac{11}{3}a=\dfrac{11}{3}$$

$$\therefore a=1$$

$x=\dfrac{11}{9},\ y=-\dfrac{2}{3}$를 $3x+(b-1)y=7$에 대입하면

$$\dfrac{11}{3}-\dfrac{2}{3}(b-1)=7$$

$$11-2b+2=21,\ -2b=8$$

$$\therefore b=-4$$

$$\therefore a+b=1+(-4)=-3$$

답 -3

18

$$\dfrac{x-2}{4}=\dfrac{y+3}{3}=\dfrac{a-4}{2}\text{에서}$$

$$\begin{cases} \dfrac{x-2}{4}=\dfrac{a-4}{2} & \cdots\cdots\ㄱ \\ \dfrac{y+3}{3}=\dfrac{a-4}{2} & \cdots\cdots\ㄴ \end{cases}$$

ㄱ×4를 하면

$$x-2=2a-8$$

$$\therefore x=2a-6\qquad\cdots\cdots\ㄷ$$

ㄴ×6을 하면

$$2y+6=3a-12,\ 2y=3a-18$$

$$\therefore y=\dfrac{3}{2}a-9\qquad\cdots\cdots\ㄹ$$

한편, $3(x-3)-2(y-x)=3a-2$에서

$$3x-9-2y+2x=3a-2$$

$$\therefore 5x-2y=3a+7$$

ㄷ, ㄹ을 위의 식에 대입하면

$$5(2a-6)-2\left(\dfrac{3}{2}a-9\right)=3a+7$$

$$10a-30-3a+18=3a+7$$

$$4a=19\qquad\therefore a=\dfrac{19}{4}$$

답 $\dfrac{19}{4}$

19

$$\begin{cases} x-2y=1-2a \\ x+y=3 \end{cases}\text{에서}$$

x의 절댓값이 y의 절댓값의 2배이므로

$x=2y$ 또는 $x=-2y$이다.

(i) $x=2y$일 때,

$x=2y$를 $x+y=3$에 대입하면

$$3y=3$$

$$\therefore y=1,\ x=2$$

$x=2,\ y=1$은 일차식 $x-2y=1-2a$를 만족시키므로

$$2-2\times1=1-2a,\ 2a=1$$

$$\therefore a=\dfrac{1}{2}$$

(ii) $x=-2y$일 때,

$x=-2y$를 $x+y=3$에 대입하면

$$-y=3$$

$$\therefore y=-3,\ x=6$$

$x=6,\ y=-3$은 일차식 $x-2y=1-2a$를 만족시키므로

$$6-2\times(-3)=1-2a,\ 2a=-11$$

$$\therefore a=-\dfrac{11}{2}$$

(i), (ii)에서 모든 상수 a의 값의 합은

$$\dfrac{1}{2}-\dfrac{11}{2}=-5$$

답 ①

다른풀이

$$\begin{cases} x-2y=1-2a & \cdots\cdots\ \text{㉠} \\ x+y=3 & \cdots\cdots\ \text{㉡} \end{cases}$$ 에서

㉡−㉠을 하면

$$3y=2a+2 \qquad \therefore y=\dfrac{2a+2}{3}$$

이를 ㉡에 대입하면

$$x+\dfrac{2a+2}{3}=3$$

$$x=3-\dfrac{2a+2}{3}=\dfrac{7-2a}{3}$$

이때, x의 절댓값이 y의 절댓값의 2배이므로

$$\left|\dfrac{7-2a}{3}\right|=2\left|\dfrac{2a+2}{3}\right|,\ |7-2a|=2|2a+2|$$

즉, $7-2a=2(2a+2)$ 또는 $7-2a=-2(2a+2)$이므로

$$-6a=-3 \text{ 또는 } 2a=-11$$

$$\therefore a=\dfrac{1}{2} \text{ 또는 } a=-\dfrac{11}{2}$$

따라서 모든 상수 a의 값의 합은

$$\dfrac{1}{2}-\dfrac{11}{2}=-5$$

20

연립방정식 $\begin{cases} x+3y=-6 \\ ax-2by=16 \end{cases}$의 해가 $x=p$, $y=q$이므로 이를 대

입하면

$$\begin{cases} p+3q=-6 & \cdots\cdots\ \text{㉠} \\ ap-2bq=16 & \cdots\cdots\ \text{㉡} \end{cases}$$

한편, 연립방정식 $\begin{cases} 5x+by=a-7 \\ 3x+5y=-10 \end{cases}$의 해는 $x=p-1$, $y=q-1$

이므로 이를 대입하면

$$\begin{cases} 5(p-1)+b(q-1)=a-7 \\ 3(p-1)+5(q-1)=-10 \end{cases}$$

$$\begin{cases} 5p+bq-5-b=a-7 \\ 3p+5q-8=-10 \end{cases}$$

$$\therefore \begin{cases} 5p+bq=a+b-2 & \cdots\cdots\ \text{㉢} \\ 3p+5q=-2 & \cdots\cdots\ \text{㉣} \end{cases}$$

(가)

㉠×3−㉣을 하면

$$4q=-16 \qquad \therefore q=-4$$

이를 ㉠에 대입하면

$$p-12=-6 \qquad \therefore p=6$$

(나)

$p=6$, $q=-4$를 ㉡, ㉢에 각각 대입하면

$$\begin{cases} 6a+8b=16 \\ 30-4b=a+b-2 \end{cases}$$

$$\therefore \begin{cases} 3a+4b=8 & \cdots\cdots\ \text{㉤} \\ a+5b=32 & \cdots\cdots\ \text{㉥} \end{cases}$$

㉤−㉥×3을 하면

$$-11b=-88 \qquad \therefore b=8$$

이를 ㉤에 대입하면

$$3a+32=8,\ 3a=-24$$

$$\therefore a=-8$$

따라서 구하는 두 상수 a, b의 값은 $a=-8$, $b=8$이다.

(다)

답 $a=-8$, $b=8$

단계	채점 기준	배점
(가)	두 연립방정식을 p, q에 대한 방정식으로 정리한 경우	40%
(나)	두 연립방정식 중에서 필요한 두 개의 식을 연립하여 p, q의 값을 각각 구한 경우	30%
(다)	p, q의 값을 이용하여 두 상수 a, b의 값을 각각 구한 경우	30%

21 해결단계

❶단계	연립방정식의 해를 k에 대한 식으로 나타낸다.
❷단계	p, q, k의 최소공배수가 360임을 이용하여 p, q, k의 최대공약수를 구한다.
❸단계	세 자연수 p, q, k의 값을 각각 구한다.

연립방정식 $\begin{cases} 12x+3y=5k & \cdots\cdots\ \text{㉠} \\ 21x-6y=2k & \cdots\cdots\ \text{㉡} \end{cases}$에서

㉠×2+㉡을 하면

$$45x=12k \qquad \therefore x=\dfrac{4}{15}k$$

이를 ㉠에 대입하면

$$\dfrac{16}{5}k+3y=5k$$

$$3y=\dfrac{9}{5}k \qquad \therefore y=\dfrac{3}{5}k$$

주어진 연립방정식의 해가 $x=p$, $y=q$이므로

$$p=\dfrac{4}{15}k,\ q=\dfrac{3}{5}k$$

그런데 p, q는 자연수이므로 자연수 k는 15의 배수이다.

즉, $k=15l$ (l은 자연수)이라 하면

$$p=4l,\ q=9l$$

세 자연수 p, q, k, 즉 $4l$, $9l$, $15l$의 최
소공배수가 360이므로

$$l\times3\times4\times3\times5=360$$

$$180l=360$$

$$\therefore l=2$$

$$\begin{array}{r} l\ )\ \underline{4l\quad 9l\quad 15l} \\ 3\ )\ \underline{4\quad\ \ 9\quad\ 15} \\ 4\quad\ \ 3\quad\ \ 5 \end{array}$$

따라서 세 자연수 p, q, k의 값은

$$p=4\times2=8,\ q=9\times2=18,\ k=15\times2=30$$

답 $p=8$, $q=18$, $k=30$

22

$$\begin{cases} 2x=ky+1 \\ \dfrac{9y-4x}{3}=2-x \end{cases} \text{에서} \begin{cases} 2x-ky=1 \\ -x+9y=6 \end{cases}$$

$$\therefore \begin{cases} 2x-ky=1 \\ 2x-18y=-12 \end{cases}$$

위의 연립방정식의 해가 없으므로

$-k=-18$ $\therefore k=18$ 답 18

23

$$\begin{cases} 3(2a+b-1)x+2(b-a)y=2 \\ (4a+5)x+\left(a+\dfrac{b}{2}+3\right)y=1 \quad \cdots\cdots\, \bigcirc \end{cases} \text{에서}$$

$\bigcirc \times 2$를 하면

$$\begin{cases} 3(2a+b-1)x+2(b-a)y=2 \\ (8a+10)x+(2a+b+6)y=2 \end{cases}$$

위의 연립방정식의 해가 무수히 많으므로

$3(2a+b-1)=8a+10$에서

$2a-3b=-13$ $\cdots\cdots\, \bigcirc$

$2(b-a)=2a+b+6$에서

$4a-b=-6$ $\cdots\cdots\, \bigcirc$

$\bigcirc \times 2 - \bigcirc$을 하면

$-5b=-20$ $\therefore b=4$

이를 $\bigcirc$에 대입하면

$4a-4=-6,\ 4a=-2$ $\therefore a=-\dfrac{1}{2}$

$\therefore ab=-\dfrac{1}{2}\times 4=-2$ 답 -2

24

$$\begin{cases} 5x-2y=3a-1 \quad \cdots\cdots\, \bigcirc \\ (2-b)x+4y=12 \end{cases} \text{에서}$$

$\bigcirc \times (-2)$를 하면

$$\begin{cases} -10x+4y=-6a+2 \\ (2-b)x+4y=12 \end{cases}$$

ㄱ. $b=12$이면 주어진 연립방정식은

$$\begin{cases} -10x+4y=-6a+2 \\ -10x+4y=12 \end{cases}$$

이때, $a\neq-\dfrac{5}{3}$이면 $-6a+2\neq12$

즉, $x,\ y$의 계수는 각각 같지만 상수항은 다르므로 주어진 연립방정식은 해가 없다.

ㄴ. $a=-\dfrac{5}{3}$이면 주어진 연립방정식은

$$\begin{cases} -10x+4y=12 \\ (2-b)x+4y=12 \end{cases}$$

이때, $b\neq12$이면 $2-b\neq-10$

즉, y의 계수와 상수항은 각각 같지만 x의 계수가 다르므로 주어진 연립방정식은 해가 1쌍이다.

ㄷ. $a\neq-\dfrac{5}{3}$이면 $-6a+2\neq12$,

$b\neq12$이면 $2-b\neq-10$

즉, y의 계수는 같지만 x의 계수와 상수항이 각각 다르므로 주어진 연립방정식은 해가 1쌍이다.

따라서 옳은 것은 ㄱ, ㄷ이다.   답 ③

Step 3   종합 사고력 도전 문제   pp. 55~56

01 (1) 풀이 참조   (2) $a=3,\ b=-2$ 02 $\dfrac{1}{2}$

03 $x=\dfrac{5}{6},\ y=\dfrac{38}{99}$ 04 (1) $x=\dfrac{1}{3},\ y=\dfrac{4}{3}$ (2) $x=19,\ y=-8$

05 $x=8,\ y=6$ 06 36   07 $x=2,\ y=5$

08 18

01 해결단계

(1)	❶단계	비례식을 $x,\ y$에 대한 연립방정식으로 나타낸다.
(2)	❷단계	$x=2-a,\ y=b$를 ❶단계에서 구한 연립방정식 중 하나를 선택하여 대입한다.
	❸단계	두 상수 $a,\ b$의 값을 각각 구한다.

(1) $(5x+2y+a):(-x+3y-b)=2:1$에서

$5x+2y+a=-2x+6y-2b$

$\therefore 7x-4y=-a-2b$

$(5x+2y+a):(x+4y)=2:3$에서

$15x+6y+3a=2x+8y$

$\therefore 13x-2y=-3a$

$(-x+3y-b):(x+4y)=1:3$에서

$-3x+9y-3b=x+4y$

$\therefore -4x+5y=3b$

따라서 주어진 비례식으로 만들 수 있는 연립방정식은

$$\begin{cases} 7x-4y=-a-2b \\ 13x-2y=-3a \end{cases},\quad \begin{cases} 7x-4y=-a-2b \\ -4x+5y=3b \end{cases},$$

$$\begin{cases} 13x-2y=-3a \\ -4x+5y=3b \end{cases} \text{이다.}$$

(2) $x=2-a,\ y=b$를 $\begin{cases} 13x-2y=-3a \\ -4x+5y=3b \end{cases}$에 대입하면

$$\begin{cases} 26-13a-2b=-3a \\ -8+4a+5b=3b \end{cases}$$

$$\begin{cases} 5a+b=13 & \cdots\cdots \bigcirc \\ 2a+b=4 & \cdots\cdots \bigcirc\!\!\!\bigcirc \end{cases}$$

$\bigcirc-\bigcirc\!\!\!\bigcirc$을 하면 $3a=9$ $\quad\therefore a=3$

이를 $\bigcirc\!\!\!\bigcirc$에 대입하면 $6+b=4$ $\quad\therefore b=-2$

$\therefore a=3,\ b=-2$

답 (1) 풀이 참조 (2) $a=3,\ b=-2$

blacklabel 특강 풀이첨삭

(2)에서 연립방정식 $\begin{cases} 13x-2y=-3a \\ -4x+5y=3b \end{cases}$ 뿐 아니라 $\begin{cases} 7x-4y=-a-2b \\ 13x-2y=-3a \end{cases}$ 또는

$\begin{cases} 7x-4y=-a-2b \\ -4x+5y=3b \end{cases}$ 에 $x=2-a,\ y=b$를 대입하여도 답은 동일하다.

02 해결단계

❶단계	주어진 연립방정식의 괄호를 풀어 간단히 한다.
❷단계	조건을 만족시키는 두 상수 a, b의 값을 각각 구한다.
❸단계	조건을 만족시키는 상수 k의 값을 구한다.

연립방정식 $\begin{cases} 3x+ay=4 \\ 4(y-x)+2(y+b)=5(x+a) \end{cases}$ 에서

$$\begin{cases} 3x+ay=4 \\ -4x+6y+2b=5x+5a \end{cases}$$

$$\therefore \begin{cases} 3x+ay=4 & \cdots\cdots \bigcirc \\ -9x+6y=5a-2b \end{cases}$$

$\bigcirc\times(-3)$을 하면

$$\begin{cases} -9x-3ay=-12 \\ -9x+6y=5a-2b \end{cases}$$

위의 연립방정식의 해가 무수히 많으므로

$-3a=6$에서 $a=-2$

$-12=5a-2b$에서 $-12=-10-2b$

$2b=2$ $\quad\therefore b=1$

$a=-2,\ b=1$을 $(a+b+2k)x+k+3=0$에 대입하면

$(2k-1)x+k+3=0$

위의 일차방정식의 해가 없으므로

$2k-1=0,\ k+3\neq0$ $\quad\therefore k=\dfrac{1}{2}$ 답 $\dfrac{1}{2}$

03 해결단계

❶단계	두 순환소수 x, y를 각각 a, b를 사용한 분수 꼴로 나타낸다.
❷단계	두 자연수 a, b의 값을 각각 구한다.
❸단계	두 순환소수 x, y의 값을 각각 기약분수로 나타낸다.

$x=0.a\dot{b}$에서 $x=\dfrac{(10a+b)-a}{90}=\dfrac{9a+b}{90}$,

$y=0.\dot{b}\dot{a}$에서 $y=\dfrac{10b+a}{99}=\dfrac{a+10b}{99}$이고

$4.\dot{3}=\dfrac{43-4}{9}=\dfrac{39}{9}=\dfrac{13}{3}$, $12.\dot{c}=\dfrac{(120+c)-12}{9}=\dfrac{108+c}{9}$

이므로 $\begin{cases} 10x-33y=-4.\dot{3} \\ 10x+11y=12.\dot{c} \end{cases}$ 에서

$$\begin{cases} 10\times\dfrac{9a+b}{90}-33\times\dfrac{a+10b}{99}=-\dfrac{13}{3} \\ 10\times\dfrac{9a+b}{90}+11\times\dfrac{a+10b}{99}=\dfrac{108+c}{9} \end{cases}$$

$$\begin{cases} \dfrac{9a+b}{9}-\dfrac{a+10b}{3}=-\dfrac{13}{3} \\ \dfrac{9a+b}{9}+\dfrac{a+10b}{9}=\dfrac{108+c}{9} \end{cases}$$

$$\begin{cases} 9a+b-3a-30b=-39 \\ 9a+b+a+10b=108+a-b\ (\because c=a-b) \end{cases}$$

$$\begin{cases} 6a-29b=-39 \\ 9a+12b=108 \end{cases}$$

$$\therefore \begin{cases} 6a-29b=-39 & \cdots\cdots \bigcirc \\ 3a+4b=36 & \cdots\cdots \bigcirc\!\!\!\bigcirc \end{cases}$$

$\bigcirc-\bigcirc\!\!\!\bigcirc\times2$를 하면

$-37b=-111$ $\quad\therefore b=3$

이를 $\bigcirc\!\!\!\bigcirc$에 대입하면

$3a+12=36,\ 3a=24$ $\quad\therefore a=8$

즉, $a=8,\ b=3$이므로

$x=\dfrac{9a+b}{90}=\dfrac{75}{90}=\dfrac{5}{6}$, $y=\dfrac{a+10b}{99}=\dfrac{38}{99}$ 답 $x=\dfrac{5}{6},\ y=\dfrac{38}{99}$

04 해결단계

	❶단계	$x>0,\ y>0$일 때, 주어진 연립방정식을 만족시키는 두 수 x, y의 값을 구한다.
(1)	**❷단계**	$x<0,\ y<0$일 때, 주어진 연립방정식을 만족시키는 두 수 x, y의 값을 구한다.
(2)	**❸단계**	$x>0,\ y<0$일 때, 주어진 연립방정식을 만족시키는 두 수 x, y의 값을 구한다.
	❹단계	$x<0,\ y>0$일 때, 주어진 연립방정식을 만족시키는 두 수 x, y의 값을 구한다.

(1) $xy>0$이므로 $x>0,\ y>0$ 또는 $x<0,\ y<0$

(ⅰ) $x>0,\ y>0$일 때,

$\begin{cases} x-(3\star y)=5 \\ \{x\star(-2)\}+2y=8 \end{cases}$ 에서

조건 (나)에 의하여 $3\star y=y-6$,

조건 (가)에 의하여 $x\star(-2)=x+2+3=x+5$이므로

$$\begin{cases} x-y+6=5 \\ x+5+2y=8 \end{cases}$$

$$\therefore \begin{cases} x-y=-1 & \cdots\cdots \bigcirc \\ x+2y=3 & \cdots\cdots \bigcirc\!\!\!\bigcirc \end{cases}$$

㉠−㉡을 하면

$$-3y=-4 \qquad \therefore y=\frac{4}{3}$$

이를 ㉠에 대입하면

$$x-\frac{4}{3}=-1 \qquad \therefore x=\frac{1}{3}$$

(ii) $x<0$, $y<0$일 때,

$$\begin{cases} x-(3\bigstar y)=5 \\ \{x\bigstar(-2)\}+2y=8 \end{cases} \text{에서}$$

조건 ㈎에 의하여 $3\bigstar y=3-y+3=6-y$,

조건 ㈏에 의하여 $x\bigstar(-2)=-2-2x$이므로

$$\begin{cases} x-6+y=5 \\ -2-2x+2y=8 \end{cases}, \begin{cases} x+y=11 \\ -2x+2y=10 \end{cases}$$

$$\therefore \begin{cases} x+y=11 & \cdots\cdots ㉢ \\ x-y=-5 & \cdots\cdots ㉣ \end{cases}$$

㉢+㉣을 하면 $2x=6$ $\quad \therefore x=3$

그런데 $x<0$이므로 주어진 연립방정식을 만족시키는 x, y는 없다.

(i), (ii)에서 주어진 연립방정식을 만족시키는 두 수 x, y의 값은 $x=\dfrac{1}{3}$, $y=\dfrac{4}{3}$이다.

(2) $xy<0$이므로 $x>0$, $y<0$ 또는 $x<0$, $y>0$

(i) $x>0$, $y<0$일 때,

$$\begin{cases} x-(3\bigstar y)=5 \\ \{x\bigstar(-2)\}+2y=8 \end{cases} \text{에서}$$

조건 ㈎에 의하여 $3\bigstar y=3-y+3=6-y$,

$x\bigstar(-2)=x+2+3=x+5$이므로

$$\begin{cases} x-6+y=5 \\ x+5+2y=8 \end{cases}$$

$$\therefore \begin{cases} x+y=11 & \cdots\cdots ㉤ \\ x+2y=3 & \cdots\cdots ㉥ \end{cases}$$

㉤−㉥을 하면

$$-y=8 \qquad \therefore y=-8$$

이를 ㉤에 대입하면

$$x-8=11 \qquad \therefore x=19$$

(ii) $x<0$, $y>0$일 때,

$$\begin{cases} x-(3\bigstar y)=5 \\ \{x\bigstar(-2)\}+2y=8 \end{cases} \text{에서}$$

조건 ㈏에 의하여 $3\bigstar y=y-6$,

$x\bigstar(-2)=-2-2x$이므로

$$\begin{cases} x-y+6=5 \\ -2-2x+2y=8 \end{cases}, \begin{cases} x-y=-1 \\ -2x+2y=10 \end{cases}$$

$$\therefore \begin{cases} x-y=-1 \\ x-y=-5 \end{cases}$$

위의 연립방정식의 x, y의 계수는 각각 같지만 상수항은 다르므로 해는 없다.

(i), (ii)에서 주어진 연립방정식을 만족시키는 두 수 x, y의 값은 $x=19$, $y=-8$이다.

답 (1) $x=\dfrac{1}{3}$, $y=\dfrac{4}{3}$ (2) $x=19$, $y=-8$

05 해결단계

❶단계	주어진 덧셈을 x, y에 대한 일차방정식으로 나타낸다.
❷단계	y를 x에 대한 식으로 나타낸다.
❸단계	조건을 만족시키는 x, y의 값을 각각 구한다.

x, y는 각각 한 자리의 자연수이므로

일의 자리의 계산에서

$$x+x=y \text{ 또는 } x+x=10+y$$

$$\therefore y=2x \text{ 또는 } y=2x-10$$

```
  2 1 x x
+ 3 y y x
─────────
  5 x 5 y
```

(i) $y=2x$일 때,

십의 자리의 계산에서

$$x+y=5 \text{ 또는 } x+y=15$$

즉, $x+2x=5$ 또는 $x+2x=15$

$$\therefore 3x=5 \text{ 또는 } 3x=15$$

이때, x는 한 자리의 자연수이므로

$$x=5, \ y=2x=10$$

그런데 y도 한 자리의 자연수이므로 옳지 않다.

(ii) $y=2x-10$일 때,

일의 자리의 계산에서 10이 올라오므로 십의 자리의 계산에서

$$x+y+1=5 \text{ 또는 } x+y+1=15$$

즉, $x+2x-10+1=5$ 또는 $x+2x-10+1=15$

$$\therefore 3x=14 \text{ 또는 } 3x=24$$

이때, x는 한 자리의 자연수이므로

$$x=8, \ y=2x-10=6$$

(i), (ii)에서 $x=8$, $y=6$

```
  2 1 8 8
+ 3 6 6 8
─────────
  5 8 5 6
```

답 $x=8$, $y=6$

06 해결단계

❶단계	$|x|$와 $|y|$를 k에 대한 식으로 나타낸다.
❷단계	주어진 조건을 만족시키는 k의 값을 구한다.
❸단계	가능한 자연수 k의 값을 모두 더한다.

$$\begin{cases} 3|x|-2|y|=k+5 & \cdots\cdots ㉠ \\ 2|x|+|y|=16 & \cdots\cdots ㉡ \end{cases}$$

㉠+㉡×2를 하면

$$7|x|=k+37$$

$$\therefore |x|=\frac{k+37}{7}=\frac{k+2}{7}+5$$

이를 ⓛ에 대입하면

$$2\left(\frac{k+2}{7}+5\right)+|y|=16, \ \frac{2(k+2)}{7}+10+|y|=16$$

$$\therefore |y|=6-\frac{2(k+2)}{7}$$

이때, y는 정수이고 k는 자연수이므로 $k+2$는 7의 배수이다.

또한, $|y|\geq 0$이므로 $6-\frac{2(k+2)}{7}\geq 0$에서 $k+2\leq 21$

즉, $k+2$는 7, 14, 21이므로 가능한 자연수 k의 값은 5, 12, 19 이다.

한편, $|x|=\frac{k+2}{7}+5$이므로 k의 값이 5, 12, 19이면 x도 정수 이다.

따라서 가능한 자연수 k의 값은 5, 12, 19이므로 그 합은

$5+12+19=36$ 　　　　　　　　　　　　　　　　　　　　　답 36

07 해결단계

❶단계	$x\geq 2y$일 때, 주어진 연립방정식을 만족시키는 해가 있는 지 확인한다.
❷단계	$x<2y$일 때, 주어진 연립방정식을 만족시키는 해가 있는 지 확인한다.
❸단계	주어진 연립방정식의 해를 구한다.

$$\begin{cases} 3x+2y-\text{Max}(x, 2y)=6 \\ 2x-y+\text{Min}(x, 2y)=1 \end{cases}$$ 에서

(ⅰ) $x\geq 2y$일 때,

　$\text{Max}(x, 2y)=x, \ \text{Min}(x, 2y)=2y$이므로

$$\begin{cases} 2x+2y=6 & \cdots\cdots ㉠ \\ 2x+y=1 & \cdots\cdots ㉡ \end{cases}$$

　㉠$-$㉡을 하면

　$y=5$

　이를 ㉠에 대입하면 $2x+10=6, \ 2x=-4$

　$\therefore x=-2$

　이때, $x<2y$이므로 $x=-2, \ y=5$는 해가 될 수 없다.

(ⅱ) $x<2y$일 때,

　$\text{Max}(x, 2y)=2y, \ \text{Min}(x, 2y)=x$이므로

$$\begin{cases} 3x=6 & \cdots\cdots ㉢ \\ 3x-y=1 & \cdots\cdots ㉣ \end{cases}$$

　㉢에서 $x=2$

　이를 ㉣에 대입하면 $6-y=1, \ -y=-5$

　$\therefore y=5$

　이때, $x<2y$이므로 $x=2, \ y=5$는 해가 될 수 있다.

(ⅰ), (ⅱ)에서 연립방정식

$$\begin{cases} 3x+2y-\text{Max}(x, 2y)=6 \\ 2x-y+\text{Min}(x, 2y)=1 \end{cases}$$ 의 해는 $x=2, \ y=5$이다.

답 $x=2, \ y=5$

08 해결단계

❶단계	$\frac{x}{y+z}+\frac{y}{z+x}+\frac{z}{x+y}$의 양변에 3을 더하여 식을 변형한다.
❷단계	식의 대입을 사용하여 $x+y+z$의 값을 구한다.
❸단계	$a+b+c$의 값을 구한다.

$$\begin{cases} \frac{1}{x+y}+\frac{1}{y+z}+\frac{1}{z+x}=\frac{11}{36} & \cdots\cdots ㉠ \\ \frac{x}{y+z}+\frac{y}{z+x}+\frac{z}{x+y}=\frac{5}{2} & \cdots\cdots ㉡ \end{cases}$$ 에서

㉡$+3$을 하면

$$\left(\frac{x}{y+z}+1\right)+\left(\frac{y}{z+x}+1\right)+\left(\frac{z}{x+y}+1\right)=\frac{5}{2}+3$$

$$\frac{x+y+z}{y+z}+\frac{x+y+z}{z+x}+\frac{x+y+z}{x+y}=\frac{11}{2}$$

$$\therefore (x+y+z)\left(\frac{1}{y+z}+\frac{1}{z+x}+\frac{1}{x+y}\right)=\frac{11}{2}$$

위의 식에 ㉠을 대입하면

$$\frac{11}{36}(x+y+z)=\frac{11}{2}$$

$$\therefore x+y+z=\frac{36}{2}=18$$

따라서 주어진 연립방정식의 해가 $x=a, \ y=b, \ z=c$이므로

$a+b+c=x+y+z=18$ 　　　　　　　　　　　　　　　　답 18

미리보는 학력평가			p. 57
1 5	2 ⑤	3 32	4 22

1

$$\begin{cases} 2x-5y=3 & \cdots\cdots ㉠ \\ x+2y=6 & \cdots\cdots ㉡ \end{cases}$$

㉠$-$㉡$\times 2$를 하면

$-9y=-9$ 　　$\therefore y=1$

이를 ㉡에 대입하면

$x+2=6$ 　　$\therefore x=4$

따라서 $a=4, \ b=1$이므로 $a+b=4+1=5$ 　　　　　　답 5

|다른풀이|

$x+2y=6$에서 $x=-2y+6$ 　　　　$\cdots\cdots ㉢$

이를 $2x-5y=3$에 대입하면

$2(-2y+6)-5y=3$

$-4y+12-5y=3, \ -9y=-9$

$\therefore y=1$

이를 ㉢에 대입하면

$x=-2+6=4$

따라서 $a=4, \ b=1$이므로 $a+b=4+1=5$

2

$x=2$, $y=1$이 연립방정식 $\begin{cases} 2x+ay=5 \\ x+2y=b \end{cases}$ 의 해이므로

이를 대입하면 $\begin{cases} 4+a=5 \\ 2+2=b \end{cases}$

따라서 $a=1$, $b=4$이므로 $a+b=5$ 답 ⑤

3

x와 y의 값의 비가 $1:2$이므로 $x:y=1:2$ $\therefore y=2x$

$y=2x$를 연립방정식 $\begin{cases} x+y=a-11 \\ x+3y=3a-47 \end{cases}$ 에 대입하면

$\begin{cases} 3x=a-11 \\ 7x=3a-47 \end{cases}$

$\therefore \begin{cases} 3x-a=-11 &\cdots\cdots \text{㉠} \\ 7x-3a=-47 &\cdots\cdots \text{㉡} \end{cases}$

㉠×3−㉡을 하면

$2x=14$ $\therefore x=7$

이를 ㉠에 대입하면

$21-a=-11$ $\therefore a=32$ 답 32

4

(i) $a<b$일 때,

  $(b+a):(b-a)=7:2$이므로 자연수 k에 대하여

  $b+a=7k$, $b-a=2k$라 할 수 있다.

  연립방정식 $\begin{cases} b+a=7k \\ b-a=2k \end{cases}$ 를 풀면

  $a=\dfrac{5}{2}k$, $b=\dfrac{9}{2}k$

  $\therefore a:b=\dfrac{5}{2}k:\dfrac{9}{2}k=5:9$

  따라서 100보다 작은 두 자연수 a, b의 순서쌍 (a, b)는

  $(5, 9)$, $(10, 18)$, $(15, 27)$, $\cdots$, $(55, 99)$의 11개이다.

(ii) $a=b$일 때,

  주어진 조건을 만족시키는 자연수 a, b는 존재하지 않는다.

(iii) $a>b$일 때,

  (i)과 같은 방법으로 자연수 a, b의 순서쌍 (a, b)를 구하면

  $(9, 5)$, $(18, 10)$, $(27, 15)$, $\cdots$, $(99, 55)$의 11개이다.

(i), (ii), (iii)에서 구하는 순서쌍의 개수는 22이다.   답 22

---

blacklabel 특강   참고

(i)의 $(b+a):(b-a)=7:2$에서

$2(b+a)=7(b-a)$, $2b+2a=7b-7a$

$9a=5b$ $\therefore a:b=5:9$

이때, a, b가 자연수이므로 a는 5의 배수, b는 9의 배수이다.

---

06 연립일차방정식의 활용

Step 1   시험에 꼭 나오는 문제   p. 59

01 52	02 2	03 2	04 ③	05 4 km
06 ③	07 ④	08 20		

01

처음 수의 십의 자리의 숫자를 x, 일의 자리의 숫자를 y라 하면

$\begin{cases} x+y=7 \\ 10y+x=(10x+y)-27 \end{cases}$ 즉 $\begin{cases} x+y=7 &\cdots\cdots \text{㉠} \\ x-y=3 &\cdots\cdots \text{㉡} \end{cases}$

㉠, ㉡을 연립하여 풀면

$x=5$, $y=2$

따라서 처음 수는 52이다.   답 52

02

구입한 펜의 개수를 x, 구입한 가위의 개수를 y라 하면

$\begin{cases} 4+x+y+5=17 \\ 3200+600x+1400y+700\times5=13100 \end{cases}$

즉, $\begin{cases} x+y=8 &\cdots\cdots \text{㉠} \\ 3x+7y=32 &\cdots\cdots \text{㉡} \end{cases}$

㉠, ㉡을 연립하여 풀면

$x=6$, $y=2$

따라서 민우가 구입한 가위는 2개이다.   답 2

---

blacklabel 특강   오답피하기

개수에 대한 문제

나이, 개수, 횟수, 인원수 등을 구하는 문제에서는 방정식의 해가 자연수임에 주의한다.

03

맞힌 2점 문항의 개수를 x, 맞힌 3점 문항의 개수를 y라 하면 배점에 따른 맞힌 문항의 개수와 받은 점수는 다음 표와 같다.

배점	맞힌 문항의 개수(개)	받은 점수(점)
2	x	$2x$
3	y	$3y$
4	$y+6$	$4(y+6)$
합계	16	50

즉, $\begin{cases} x+y+(y+6)=16 \\ 2x+3y+4(y+6)=50 \end{cases}$ 이므로

$$\begin{cases} x+2y=10 & \cdots\cdots \text{㉠} \\ 2x+7y=26 & \cdots\cdots \text{㉡} \end{cases}$$

㉠, ㉡을 연립하여 풀면

$x=6,\ y=2$

따라서 맞힌 3점 문항은 2개이다.　　　　　　　　답 2

04

작년 남학생의 수를 x, 여학생의 수를 y라 하면

$$\begin{cases} x+y=570+10 \\ -\dfrac{8}{100}x+\dfrac{5}{100}y=-10 \end{cases}, \ \text{즉} \ \begin{cases} x+y=580 & \cdots\cdots \text{㉠} \\ 8x-5y=1000 & \cdots\cdots \text{㉡} \end{cases}$$

㉠, ㉡을 연립하여 풀면

$x=300,\ y=280$

따라서 작년 남학생의 수가 300이므로 8 % 감소한 올해 남학생의 수는

$$300\times\left(1-\dfrac{8}{100}\right)=276(\text{명})$$　　　　　　　　답 ③

05

버스를 타고 간 거리를 x km, 걸어간 거리를 y km라 하자.

분속 80 m는 시속 4.8 km, 3시간 15분은 $3\dfrac{1}{4}$시간, 즉 $\dfrac{13}{4}$시간
과 같으므로

$$\begin{cases} x+y=120 \\ \dfrac{x}{48}+\dfrac{y}{4.8}=\dfrac{13}{4} \end{cases} \text{즉,} \ \begin{cases} x+y=120 & \cdots\cdots \text{㉠} \\ x+10y=156 & \cdots\cdots \text{㉡} \end{cases}$$

㉠, ㉡을 연립하여 풀면

$x=116,\ y=4$

따라서 두현이가 걸어간 거리는 4 km이다.　　　　답 4 km

06

4 %의 소금물의 양을 x g, 9 %의 소금물의 양을 y g이라 하면

$$\begin{cases} x+y=400 \\ \dfrac{4}{100}x+\dfrac{9}{100}y=\dfrac{6}{100}\times400 \end{cases}$$

즉, $\begin{cases} x+y=400 & \cdots\cdots \text{㉠} \\ 4x+9y=2400 & \cdots\cdots \text{㉡} \end{cases}$

㉠, ㉡을 연립하여 풀면

$x=240,\ y=160$

따라서 섞어야 하는 4 %의 소금물의 양은 240 g이다.　답 ③

07

전체 일의 양을 1로 놓고, 한결이와 석준이가 하루에 할 수 있는 일의 양을 각각 x, y라 하면

$$\begin{cases} 9x+9y=1 & \cdots\cdots \text{㉠} \\ 6x+10y=1 & \cdots\cdots \text{㉡} \end{cases}$$

㉠, ㉡을 연립하여 풀면

$$x=\dfrac{1}{36},\ y=\dfrac{1}{12}$$

따라서 한결이가 하루에 하는 일의 양은 $\dfrac{1}{36}$이므로 이 일을 한결이가 혼자 하면 36일이 걸린다.　　　　　　답 ④

08

$\overline{\text{AD}}=\overline{\text{BC}}$이므로

$2a=3b$　∴ $2a-3b=0$

직사각형 ABCD의 둘레의 길이가 88이므로

$4a+5b=88$

연립방정식을 세우면

$$\begin{cases} 2a-3b=0 & \cdots\cdots \text{㉠} \\ 4a+5b=8 & \cdots\cdots \text{㉡} \end{cases}$$

㉠, ㉡을 연립하여 풀면

$a=12,\ b=8$

∴ $a+b=12+8=20$　　　　　　　　　　답 20

Step 2	A등급을 위한 문제		pp. 60~63

01 ④	02 ④	03 7		
04 단체 손님의 수 : 33, 탁자의 개수 : 8			05 ②	06 2
07 쌀 : 100 g, 콩 : 50 g		08 ②	09 111000원	10 ①
11 360원	12 ④	13 ①	14 180 m	15 12
16 ④	17 ①	18 ⑤	19 120 g	20 ⑤
21 8시간	22 ①	23 18 cm	24 $a=12,\ b=18$	

01

수빈이가 가위바위보를 하여 이긴 횟수를 x회, 진 횟수를 y회라
하면

$$\begin{cases} 3x-y=19 & \cdots\cdots \text{㉠} \\ 3y-x=7 & \cdots\cdots \text{㉡} \end{cases}$$

㉠, ㉡을 연립하여 풀면

$x=8,\ y=5$

따라서 수빈이가 가위바위보를 하여 이긴 횟수는 8회이다.　답 ④

blacklabel 특강 풀이첨삭

수빈이가 가위바위보를 하여 이긴 횟수를 x회, 진 횟수를 y회라 하면 두 사람이 비기는 경우는 없으므로 형식이가 가위바위보를 하여 이긴 횟수는 y회, 진 횟수는 x회이다. 즉, $3y-x=7$이 성립한다.

02

현재 아버지의 나이를 x세, 딸의 나이를 y세라 하면

$\begin{cases} x+y=52 \\ x+12=2(y+12)+1 \end{cases}$, 즉 $\begin{cases} x+y=52 & \cdots\cdots ㉠ \\ x-2y=13 & \cdots\cdots ㉡ \end{cases}$

㉠, ㉡을 연립하여 풀면

$x=39,\ y=13$

따라서 현재 딸의 나이는 13세이다. 답 ④

blacklabel 특강 오답피하기

나이에 대한 문제

x년 후의 나이는 모든 사람이 현재 나이에서 x세 증가하는 데 주의하여 등식으로 나타낸다.

이때, 다음이 성립한다.

(x년 후의 나이)=(현재의 나이)+x(세)

03

오른쪽 그림과 같이 A, B를 정하면

		4
9	A	y
x	2	B

$A=\dfrac{x+4}{2}=\dfrac{9+y}{2}$

$\therefore x-y=5$

$\dfrac{x+B}{2}=2,\ \dfrac{4+B}{2}=y$에서

$B=4-x=2y-4$

$\therefore x+2y=8$

연립방정식을 세우면

$\begin{cases} x-y=5 & \cdots\cdots ㉠ \\ x+2y=8 & \cdots\cdots ㉡ \end{cases}$

㉠, ㉡을 연립하여 풀면

$x=6,\ y=1$

$\therefore x+y=6+1=7$ 답 7

04

단체 손님의 수를 x, 탁자의 개수를 y라 하면

$\begin{cases} x=5(y-2)+3 \\ x=4y+1 \end{cases}$, 즉 $\begin{cases} x-5y=-7 & \cdots\cdots ㉠ \\ x-4y=1 & \cdots\cdots ㉡ \end{cases}$

㉠, ㉡을 연립하여 풀면

$x=33,\ y=8$

따라서 단체 손님의 수는 33, 탁자의 개수는 8이다.

답 단체 손님의 수 : 33, 탁자의 개수 : 8

05

판매된 선물 세트 A의 개수를 x, 선물 세트 B의 개수를 y라 하면

$\begin{cases} 6x+5y=5200 & \cdots\cdots ㉠ \\ 2x+3y=2400 & \cdots\cdots ㉡ \end{cases}$

㉠, ㉡을 연립하여 풀면

$x=450,\ y=500$

따라서 총 판매 이익은

$450\times1000+500\times1100=1000000$(원)

즉, 100만 원이다. 답 ②

06

성원이가 맞힌 문항이 x개, 틀린 문항이 y개라 하면 무응답을 한 문항은 $(30-x-y)$개이다.

이때, 〈방식 Ⅰ〉에 따라 얻은 점수가 82점이므로

$4x-2y=82 \qquad \therefore 2x-y=41$

(가)

〈방식 Ⅱ〉에 따라 얻은 점수가 98점이므로

$5x-3y-(30-x-y)=98$

$\therefore 3x-y=64$

(나)

연립방정식을 세우면

$\begin{cases} 2x-y=41 & \cdots\cdots ㉠ \\ 3x-y=64 & \cdots\cdots ㉡ \end{cases}$

㉠, ㉡을 연립하여 풀면

$x=23,\ y=5$

(다)

따라서 성원이가 무응답을 한 문항의 개수는

$30-23-5=2$

(라)

답 2

단계	채점 기준	배점
(가)	〈방식 Ⅰ〉에 따라 계산한 점수를 이용하여 x, y 사이의 관계식을 구한 경우	20%
(나)	〈방식 Ⅱ〉에 따라 계산한 점수를 이용하여 x, y 사이의 관계식을 구한 경우	20%
(다)	x, y에 대한 연립방정식을 세우고 푼 경우	40%
(라)	무응답을 한 문항의 개수를 구한 경우	20%

07

섭취해야 할 쌀과 콩의 무게를 각각 x g, y g이라 하면

쌀과 콩의 100 g의 열량은 각각 350 kcal, 400 kcal이므로

쌀 x g의 열량은 $\dfrac{350}{100} \times x = \dfrac{7}{2}x(\text{kcal})$이고, 콩 y g의 열량은

$\dfrac{400}{100} \times y = 4y(\text{kcal})$이다.

또한, 쌀과 콩의 100 g의 단백질의 양은 각각 6 g, 34 g이므로

쌀 x g의 단백질의 양은 $\dfrac{6}{100} \times x = \dfrac{3}{50}x(\text{g})$이고, 콩 y g의 단

백질의 양은 $\dfrac{34}{100} \times y = \dfrac{17}{50}y(\text{g})$이다.

이때, 열량 550 kcal, 단백질 23 g을 얻으려고 하므로

연립방정식을 세우면

$\begin{cases} \dfrac{7}{2}x + 4y = 550 \\ \dfrac{3}{50}x + \dfrac{17}{50}y = 23 \end{cases}$, 즉 $\begin{cases} 7x + 8y = 1100 & \cdots\cdots \text{㉠} \\ 3x + 17y = 1150 & \cdots\cdots \text{㉡} \end{cases}$

㉠, ㉡을 연립하여 풀면

$x = 100$, $y = 50$

따라서 섭취해야 할 쌀의 무게는 100 g, 콩의 무게는 50 g이다.

답 쌀 : 100 g, 콩 : 50 g

08

필요한 합금 A의 양을 x g, 합금 B의 양을 y g이라 하면

$\begin{cases} \dfrac{20}{100}x + \dfrac{30}{100}y = 22 \\ \dfrac{40}{100}x + \dfrac{25}{100}y = 30 \end{cases}$, 즉 $\begin{cases} 2x + 3y = 220 & \cdots\cdots \text{㉠} \\ 8x + 5y = 600 & \cdots\cdots \text{㉡} \end{cases}$

㉠, ㉡을 연립하여 풀면

$x = 50$, $y = 40$

따라서 합금 A는 50 g이 필요하다. 답 ②

09

A, B 두 사람이 처음 낸 금액을 각각 a원, b원이라 하면 두 사람이 매회 내는 금액은 각각 다음과 같다.

A : $a + 1000$(원), B : $b \times \dfrac{90}{100} = \dfrac{9}{10}b$(원)

두 사람이 처음에 낸 금액을 포함하여 3회까지 낸 금액의 합이 같으므로

$a + 3 \times (a + 1000) = b + 3 \times \dfrac{9}{10}b$

$4a + 3000 = b + \dfrac{27}{10}b$

$\therefore 4a - \dfrac{37}{10}b = -3000$

물건값을 모두 갚고 난 후에는 A가 낸 금액이 B가 낸 금액보다 1000원만큼 크므로

$a + 5 \times (a + 1000) = b + 5 \times \dfrac{9}{10}b + 1000$

$6a + 5000 = b + \dfrac{9}{2}b + 1000$

$\therefore 6a - \dfrac{11}{2}b = -4000$

연립방정식을 세우면

$\begin{cases} 4a - \dfrac{37}{10}b = -3000 \\ 6a - \dfrac{11}{2}b = -4000 \end{cases}$, 즉 $\begin{cases} 40a - 37b = -30000 & \cdots\cdots \text{㉠} \\ 12a - 11b = -8000 & \cdots\cdots \text{㉡} \end{cases}$

㉠, ㉡을 연립하여 풀면

$a = 8500$, $b = 10000$

따라서 이 물건의 가격은

$6 \times 8500 + 5000 + 10000 + \dfrac{9}{2} \times 10000 = 111000$(원)

답 111000원

10

관악기를 연주하는 남녀 학생 수의 비는 4 : 3이고 총 14명이므로 관악기를 연주하는 남학생의 수는 $14 \times \dfrac{4}{7} = 8$(명)이고, 관악기를 연주하는 여학생의 수는 $14 \times \dfrac{3}{7} = 6$(명)이다.

동아리 전체 남학생의 수와 여학생의 수를 각각 $7x$, $3x$라 하고 현악기를 연주하는 남학생의 수와 여학생의 수를 각각 $3y$, y라 하면 학생의 구성은 다음 표와 같다.

	관악기(명)	현악기(명)	합계
남학생 수(명)	8	$3y$	$7x$
여학생 수(명)	6	y	$3x$
합계	14	$4y$	$10x$

$\therefore \begin{cases} 8 + 3y = 7x \\ 6 + y = 3x \end{cases}$, 즉 $\begin{cases} 7x - 3y = 8 & \cdots\cdots \text{㉠} \\ 3x - y = 6 & \cdots\cdots \text{㉡} \end{cases}$

㉠, ㉡을 연립하여 풀면

$x = 5$, $y = 9$

따라서 음악 동아리 전체 학생 수는

$10x = 10 \times 5 = 50$(명) 답 ①

11 해결단계

❶단계	사과, 배 한 개의 원가를 각각 x원, y원이라 하고 원가에 대한 식을 세운다.
❷단계	조건에 따라 판매한 이익에 대한 식을 세운다.
❸단계	연립방정식을 풀어 x, y의 값을 구하고 사과 한 개의 정가를 구한다.

사과와 배 한 개의 원가를 각각 x원, y원이라 하면

$600x+600y=480000$

$\therefore x+y=800$

사과 한 개의 정가는 $\left(1+\dfrac{20}{100}\right)x=\dfrac{120}{100}x$(원)

배 한 개의 정가는 $\left(1+\dfrac{40}{100}\right)y=\dfrac{140}{100}y$(원)

사과 한 개를 정가에서 $10\,\%$ 할인한 판매 가격은

$\dfrac{120}{100}x\left(1-\dfrac{10}{100}\right)=\dfrac{108}{100}x$(원)

배 한 개를 정가에서 $20\,\%$ 할인한 판매 가격은

$\dfrac{140}{100}y\left(1-\dfrac{20}{100}\right)=\dfrac{112}{100}y$(원)

사과 전체의 $\dfrac{2}{3}$, 즉 $600\times\dfrac{2}{3}=400$(개),

배 전체의 $\dfrac{1}{2}$, 즉 $600\times\dfrac{1}{2}=300$(개)를 정가로 팔아 얻은 이익은

$\dfrac{20}{100}x\times400+\dfrac{40}{100}y\times300=80x+120y$(원) ……㉠

사과 전체의 $\dfrac{1}{3}$, 즉 $600\times\dfrac{1}{3}=200$(개),

배 전체의 $\dfrac{1}{2}$, 즉 $600\times\dfrac{1}{2}=300$(개)를 할인한 가격으로 팔아 얻은 이익은

$\dfrac{8}{100}x\times200+\dfrac{12}{100}y\times300=16x+36y$(원) ……㉡

사과, 배를 모두 팔아 106800원의 이익을 얻었으므로

㉠, ㉡에서

$80x+120y+16x+36y=106800$

$\therefore 8x+13y=8900$

연립방정식을 세우면

$\begin{cases} x+y=800 & \cdots\cdots\text{㉢} \\ 8x+13y=8900 & \cdots\cdots\text{㉣} \end{cases}$

㉢, ㉣을 연립하여 풀면

$x=300,\ y=500$

따라서 사과 한 개의 원가는 300원이므로 $20\,\%$의 이익을 붙인 정가는

$300\times\dfrac{120}{100}=360$(원) 답 360원

12

민석이의 속력을 분속 x m, 수연이의 속력을 분속 y m라 하면

$\begin{cases} x\times30-y\times30=600 \\ x\times20+y\times20=600\times6 \end{cases}$, 즉 $\begin{cases} x-y=20 & \cdots\cdots\text{㉠} \\ x+y=180 & \cdots\cdots\text{㉡} \end{cases}$

㉠, ㉡을 연립하여 풀면

$x=100,\ y=80$

따라서 민석이의 속력은 분속 100 m이다. 답 ④

13

정지한 물에서의 유람선의 속력을 시속 x km, 강물의 속력을 시속 y km라 하면 유람선이 강을 거슬러 올라갈 때의 속력은 시속 $(x-y)$ km, 내려올 때의 속력은 시속 $(x+y)$ km이다.

또한, 1시간 30분은 $1\dfrac{30}{60}=\dfrac{90}{60}=\dfrac{3}{2}$(시간),

1시간 12분은 $1\dfrac{12}{60}=\dfrac{72}{60}=\dfrac{6}{5}$(시간)이므로 연립방정식을 세우면

$\begin{cases} (x-y)\times\dfrac{3}{2}=36 \\ (x+y)\times\dfrac{6}{5}=36 \end{cases}$, 즉 $\begin{cases} x-y=24 & \cdots\cdots\text{㉠} \\ x+y=30 & \cdots\cdots\text{㉡} \end{cases}$

㉠, ㉡을 연립하여 풀면

$x=27,\ y=3$

따라서 정지한 물에서의 유람선의 속력은 시속 27 km이다.

답 ①

blacklabel 특강　필수개념

강물에 대한 문제

(1) 강을 거슬러 올라갈 때의 배의 속력
　⇨ (정지한 물에서의 배의 속력)－(강물의 속력)
(2) 강을 내려올 때의 배의 속력
　⇨ (정지한 물에서의 배의 속력)＋(강물의 속력)

14

기차의 속력을 초속 x m, 기차의 길이를 y m라 하면

$\begin{cases} x\times40=700+y \\ x\times60=1500-y \end{cases}$, 즉 $\begin{cases} 40x-y=700 & \cdots\cdots\text{㉠} \\ 60x+y=1500 & \cdots\cdots\text{㉡} \end{cases}$

㉠, ㉡을 연립하여 풀면

$x=22,\ y=180$

따라서 기차의 길이는 180 m이다. 답 180 m

15

진철이가 완주한 시간은 1시간 52분, 즉 112분이고 달리기 15분, 걷기 3분을 반복하였으므로

$112=(15+3)\times6+4$

진철이는 달리기와 걷기를 6번 반복한 후 마지막 4분, 즉 $\dfrac{4}{60}$시간을 달렸다.

따라서 진철이가 달린 시간은 $6\times\dfrac{15}{60}+\dfrac{4}{60}=\dfrac{94}{60}$(시간),

진철이가 걸은 시간은 $6\times\dfrac{3}{60}=\dfrac{18}{60}$(시간)이다.

진철이가 달리는 속력을 시속 x km, 걷는 속력을 시속 y km라 하고 연립방정식을 세우면

$\begin{cases} \dfrac{94}{60}x+\dfrac{18}{60}y=20 \\ x-y=8 \end{cases}$, 즉 $\begin{cases} 47x+9y=600 & \cdots\cdots\text{㉠} \\ x-y=8 & \cdots\cdots\text{㉡} \end{cases}$

㉠, ㉡을 연립하여 풀면

$x=12$, $y=4$

따라서 진철이가 달리는 속력은 시속 $12\,\text{km}$이므로

$a=12$

답 12

단계	채점 기준	배점
(가)	진철이가 달린 시간, 걸은 시간을 각각 구한 경우	20%
(나)	연립방정식을 세운 경우	40%
(다)	연립방정식을 푼 경우	30%
(라)	a의 값을 구한 경우	10%

16 해결단계

❶단계	두 차의 속력을 각각 시속 $x\,\text{km}$, 시속 $y\,\text{km}$로 놓고, 두 차가 이동한 시간을 파악한다.
❷단계	두 차가 만날 때까지 이동한 거리가 같음을 이용하여 방정식을 세운다.
❸단계	두 차가 이동한 총 시간의 차를 이용하여 방정식을 세운다.
❹단계	연립방정식을 푼 다음, 은정이네 차가 여행지에 도착할 때까지 걸린 시간을 구한다.

재욱이네 차와 은정이네 차의 속력을 각각 시속 $x\,\text{km}$, 시속 $y\,\text{km}$라 하자.

또한, 재욱이네 차와 은정이네 차가 만난 지점을 A라 하고 재욱이네 차가 A지점에서 여행지까지 달린 시간을 a시간이라 할 때, 각 차가 이동한 시간은 다음 그림과 같다.

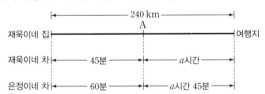

은정이네 차가 15분 먼저 출발하고 재욱이네 차가 출발한 지 45분 만에 두 차가 만났으므로 재욱이네 집에서 A지점까지 은정이네 차가 이동한 시간은 60분, 즉 1시간이고 재욱이네 차가 이동한 시간은 45분, 즉 $\dfrac{3}{4}$시간이다.

두 차가 이동한 거리는 재욱이네 집에서 A지점까지로 서로 같으므로

$y=\dfrac{3}{4}x$, $3x=4y$ $\therefore \dfrac{4}{x}-\dfrac{3}{y}=0$

또한, 재욱이네 차가 이동한 총 시간은 a시간 45분, 은정이네 차가 이동한 총 시간은 a시간 105분이므로 은정이네 차가 이동한 시간이 1시간 더 많다.

이때, 두 차가 이동한 총 거리는 $240\,\text{km}$로 서로 같으므로

$\dfrac{240}{y}-\dfrac{240}{x}=1$

연립방정식을 세우면 $\begin{cases} \dfrac{4}{x}-\dfrac{3}{y}=0 \\ \dfrac{240}{y}-\dfrac{240}{x}=1 \end{cases}$

이때, $\dfrac{1}{x}=X$, $\dfrac{1}{y}=Y$로 놓으면

$\begin{cases} 4X-3Y=0 & \cdots\cdots\text{㉠} \\ -240X+240Y=1 & \cdots\cdots\text{㉡} \end{cases}$

㉠, ㉡을 연립하여 풀면 $X=\dfrac{1}{80}$, $Y=\dfrac{1}{60}$

$\therefore x=80$, $y=60$

따라서 재욱이네 차의 속력은 시속 $80\,\text{km}$, 은정이네 차의 속력은 시속 $60\,\text{km}$이고 총 거리는 $240\,\text{km}$이므로 은정이네 차가 여행지에 도착할 때까지 걸린 시간은

$\dfrac{240}{60}=4(\text{시간})$

답 ④

17

두 소금물 A, B의 농도를 각각 $x\,\%$, $y\,\%$라 하자.

두 소금물 A, B를 $1:4$의 비율로 섞을 때의 소금물 A, B의 양을 각각 $k\,\text{g}$, $4k\,\text{g}$이라 하고, $2:3$의 비율로 섞을 때의 소금물 A, B의 양을 각각 $2l\,\text{g}$, $3l\,\text{g}$이라 하면

$\begin{cases} \dfrac{x}{100}\times k+\dfrac{y}{100}\times 4k=\dfrac{9}{100}\times(k+4k) \\ \dfrac{x}{100}\times 2l+\dfrac{y}{100}\times 3l=\dfrac{10}{100}\times(2l+3l) \end{cases}$

$\therefore \begin{cases} x+4y=45 & \cdots\cdots\text{㉠} \\ 2x+3y=50 & \cdots\cdots\text{㉡} \end{cases}$

㉠, ㉡을 연립하여 풀면 $x=13$, $y=8$

따라서 소금물 A의 농도는 $13\,\%$이다.

답 ①

18

컵에 섞은 $4\,\%$의 소금물의 양을 $x\,\text{g}$, $12\,\%$의 소금물의 양을 $y\,\text{g}$이라 하면 증발시킨 물의 양은 $\dfrac{1}{2}x\,\text{g}$이므로

$\begin{cases} x+y=600+\dfrac{1}{2}x \\ \dfrac{4}{100}\times x+\dfrac{12}{100}\times y=\dfrac{10}{100}\times 600 \end{cases}$

$\therefore \begin{cases} x+2y=1200 & \cdots\cdots\text{㉠} \\ x+3y=1500 & \cdots\cdots\text{㉡} \end{cases}$

㉠, ㉡을 연립하여 풀면

$x=600$, $y=300$

따라서 처음 컵에 섞은 $4\,\%$의 소금물의 양은 $600\,\text{g}$이다. 답 ⑤

농도에 대한 문제

문제	소금물의 양	소금의 양	농도
물을 더 넣는 경우	증가한다.	변하지 않는다.	감소한다.
물을 증발시키는 경우	감소한다.	변하지 않는다.	증가한다.
소금을 더 넣는 경우	증가한다.	증가한다.	증가한다.

19

기존 레모네이드의 레몬 함유량을 $x\,\%$, 레몬 1개의 무게를 $y\,g$ 이라 하면

$$\begin{cases} \dfrac{x}{100}\times 320+\dfrac{1}{6}y=\dfrac{20}{100}\times\left(320+\dfrac{1}{6}y\right) \\ \dfrac{x}{100}\times 600+\dfrac{2}{3}y=\dfrac{25}{100}\times\left(600+\dfrac{2}{3}y\right) \end{cases}$$

$$\therefore \begin{cases} 24x+y=480 & \cdots\cdots\,\bigcirc \\ 12x+y=300 & \cdots\cdots\,\bigcirc\!\!\bigcirc \end{cases}$$

$\bigcirc$, $\bigcirc\!\!\bigcirc$을 연립하여 풀면

$x=15,\ y=120$

따라서 레몬 1개의 무게는 $120\,g$이다.　　　　　　답 $120\,g$

20

전체 일의 양을 1로 놓으면 A가 1시간 동안 하는 일의 양은 $\dfrac{1}{6}$ 이다.

B, C가 1시간 동안 하는 일의 양을 각각 $x,\ y$라 하면

$$\begin{cases} \left(\dfrac{1}{6}+x+y\right)\times 2=1 \\ \left(\dfrac{1}{6}+x\right)\times\dfrac{3}{2}+(x+y)\times 2=1 \end{cases},\ \text{즉}\ \begin{cases} 3x+3y=1 & \cdots\cdots\,\bigcirc \\ 14x+8y=3 & \cdots\cdots\,\bigcirc\!\!\bigcirc \end{cases}$$

$\bigcirc$, $\bigcirc\!\!\bigcirc$을 연립하여 풀면

$x=\dfrac{1}{18},\ y=\dfrac{5}{18}$

따라서 B가 이 일을 혼자서 할 때, 걸리는 시간은 18시간이다.

답 ⑤

21

선영이와 미선이가 1시간 동안 만들 수 있는 물건의 개수를 각각 $x,\ y$라 하면

$$\begin{cases} 6x+8y=120 \\ 4(x+y)+4x=\dfrac{5}{6}\times 120 \end{cases},\ \text{즉}\ \begin{cases} 3x+4y=60 & \cdots\cdots\,\bigcirc \\ 2x+y=25 & \cdots\cdots\,\bigcirc\!\!\bigcirc \end{cases}$$

$\bigcirc$, $\bigcirc\!\!\bigcirc$을 연립하여 풀면

$x=8,\ y=9$

따라서 선영이와 미선이가 함께 136개의 물건을 만드는 데 걸리는 시간은

$$\dfrac{136}{8+9}=8(\text{시간})$$

답 8시간

22

관 C를 사용하여 가득 채워진 물탱크에서 물을 모두 빼내는 데 1시간, 즉 60분이 걸리므로 관 C로 1분에 $\dfrac{600}{60}=10(\text{L})$의 물을 빼낼 수 있다.

두 개의 관 A, B가 1분에 채우는 물의 양을 각각 $x\,\text{L},\ y\,\text{L}$라 하면

$$\begin{cases} 12(x+y)=600 \\ 8x+10(y-10)=600-260 \end{cases},\ \text{즉}\ \begin{cases} x+y=50 & \cdots\cdots\,\bigcirc \\ 4x+5y=220 & \cdots\cdots\,\bigcirc\!\!\bigcirc \end{cases}$$

$\bigcirc$, $\bigcirc\!\!\bigcirc$을 연립하여 풀면

$x=30,\ y=20$

따라서 관 A만을 열어 빈 물탱크를 가득 채우는 데 걸리는 시간은

$$\dfrac{600}{30}=20(\text{분})$$

답 ①

23

가로로 늘인 길이를 $x\,\text{cm}$, 세로로 늘인 길이를 $y\,\text{cm}$라 하면

$x=y+4$　　$\therefore\ x-y=4$

또한, 색칠한 부분의 넓이와 처음 직사각형의 넓이가 같으므로

$4x+12y=12\times 4$　　$\therefore\ x+3y=12$

연립방정식을 세우면

$$\begin{cases} x-y=4 & \cdots\cdots\,\bigcirc \\ x+3y=12 & \cdots\cdots\,\bigcirc\!\!\bigcirc \end{cases}$$

$\bigcirc$, $\bigcirc\!\!\bigcirc$을 연립하여 풀면

$x=6,\ y=2$

따라서 새로운 직사각형의 가로의 길이는

$12+6=18(\text{cm})$　　　　　　　답 $18\,\text{cm}$

24

정사각형 A의 넓이가 $9=3^2$이므로 한 변의 길이는 3이다.

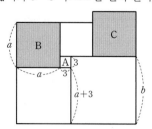

위의 그림에서 $a+3+3=b$

$\therefore a-b=-6$

또한, 두 정사각형 B, C의 넓이가 서로 같으므로 한 변의 길이도 같다.

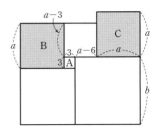

위의 그림에서 $a-6+a=b$

$\therefore 2a-b=6$

연립방정식을 세우면

$\begin{cases} a-b=-6 & \cdots\cdots\ㄱ \\ 2a-b=6 & \cdots\cdots\ㄴ \end{cases}$

ㄱ, ㄴ을 연립하여 풀면

$a=12,\ b=18$

답 $a=12,\ b=18$

Step 3 종합 사고력 도전 문제   pp. 64~65

01 말 : 3자루, 당나귀 : 5자루	**02** (1) $a=2,\ b=2$ (2) 5
03 4 **04** (1) A : 75 g, B : 200 g (2) 125 g	**05** 50점
06 20 **07** 19벌 **08** A : 24 km, B : 22 km	

01 해결단계

❶단계	주어진 이야기를 읽고 연립방정식을 세운다.
❷단계	연립방정식을 풀고 문제의 뜻에 맞게 답을 구한다.

말의 짐의 수를 x, 당나귀의 짐의 수를 y라 하면

$\begin{cases} 3(x-1)=y+1 \\ x+1=y-1 \end{cases}$, 즉 $\begin{cases} 3x-y=4 & \cdots\cdots\ㄱ \\ x-y=-2 & \cdots\cdots\ㄴ \end{cases}$

ㄱ, ㄴ을 연립하여 풀면

$x=3,\ y=5$

따라서 말의 짐의 수는 3자루, 당나귀의 짐의 수는 5자루이다.

답 말 : 3자루, 당나귀 : 5자루

02 해결단계

(1)	**❶단계**	$a,\ b$에 대한 연립방정식을 세운다.
	❷단계	연립방정식을 풀어 $a,\ b$의 값을 각각 구한다.
(2)	**❸단계**	받은 점수에 대한 평균을 구한다.

(1) 학생은 모두 6명이므로

$1+a+b+1=6$

$\therefore a+b=4$

6명의 학생이 15번의 시합에서 받은 점수의 총합은

$15\times 2=30$이므로

학생들이 받은 점수를 모두 더하면

$(2\times 1)+(4\times a)+(6\times b)+(8\times 1)=30$

$\therefore 2a+3b=10$

연립방정식을 세우면

$\begin{cases} a+b=4 & \cdots\cdots\ㄱ \\ 2a+3b=10 & \cdots\cdots\ㄴ \end{cases}$

ㄱ, ㄴ을 연립하여 풀면

$a=2,\ b=2$

(2) (평균)$=\dfrac{(\text{받은 점수의 총합})}{(\text{전체 학생 수})}$이므로

$m=\dfrac{2\times 1+4\times 2+6\times 2+8\times 1}{6}=\dfrac{30}{6}=5$

답 (1) $a=2,\ b=2$ (2) 5

03 해결단계

❶단계	4분짜리, 5분짜리 곡의 수를 각각 $x,\ y$라 하고 6분짜리 곡의 수, 다음 곡을 준비하는 데 총 필요한 시간을 $x,\ y$를 사용하여 나타낸다.
❷단계	연립방정식을 세운다.
❸단계	연립방정식을 풀고 문제의 뜻에 맞게 답을 구한다.

4분짜리 곡의 수를 x, 5분짜리 곡의 수를 y라 하면 6분짜리 곡의 수는 $x+y+1$이다.

따라서 연주되는 총 곡의 수는

$x+y+(x+y+1)=2x+2y+1$

이므로 곡과 곡 사이에 다음 곡을 준비하는 데 총 필요한 시간은

$1\times(2x+2y+1-1)=2x+2y$(분)

4분짜리 곡의 총 연주 시간이 5분짜리 곡의 총 연주 시간보다

6분이 더 기므로

$4x=5y+6$ $\therefore 4x-5y=6$

첫 곡이 시작된 후 마지막 곡이 끝날 때까지 총 1시간 20분, 즉

80분이 소요되므로

$4x+5y+6(x+y+1)+(2x+2y)=80$

$\therefore 12x+13y=74$

연립방정식을 세우면

$\begin{cases} 4x-5y=6 & \cdots\cdots\ㄱ \\ 12x+13y=74 & \cdots\cdots\ㄴ \end{cases}$

ㄱ, ㄴ을 연립하여 풀면

$x=4,\ y=2$

따라서 연주된 4분짜리 곡의 수는 4이다.   답 4

04 해결단계

(1)	**❶단계**	두 컵 A, B에 들어 있는 물감의 양을 각각 x g, y g이라 하고 x, y에 대한 방정식을 세운다.
	❷단계	두 컵 A, B에 들어 있는 물감의 양을 각각 구한다.
(2)	**❸단계**	새로 만든 물감에 들어 있는 흰색 물감의 양을 구한다.

(1) 흰색 물감과 검은색 물감이 $5:6$의 비율로 섞인 물감을 새로 만들 때, 처음 두 컵 A, B에 들어 있는 물감의 양을 각각 x g, y g이라 하면 새로 만든 물감은 총 275 g이므로

$$x+y=275$$

이때, 새로 만든 물감에 들어 있는 흰색 물감의 양은

$$\frac{3}{5}x+\frac{2}{5}y\,(\text{g}),$$

새로 만든 물감에 들어 있는 검은색 물감의 양은

$$\frac{2}{5}x+\frac{3}{5}y\,(\text{g})$$

이므로

$$\left(\frac{3}{5}x+\frac{2}{5}y\right):\left(\frac{2}{5}x+\frac{3}{5}y\right)=5:6$$

$$5\left(\frac{2}{5}x+\frac{3}{5}y\right)=6\left(\frac{3}{5}x+\frac{2}{5}y\right)$$

$$10x+15y=18x+12y$$

$$8x-3y=0$$

즉, 연립방정식을 세우면

$$\begin{cases} x+y=275 & \cdots\cdots \text{㉠} \\ 8x-3y=0 & \cdots\cdots \text{㉡} \end{cases}$$

㉠, ㉡을 연립하여 풀면

$$x=75,\ y=200$$

따라서 두 컵 A, B에 들어 있는 물감의 양은 각각 75 g, 200 g 이다.

(2) (1)에서 새로 만든 물감은 컵 A의 물감 75 g, 컵 B의 물감 200 g을 섞은 것이므로

$$\frac{3}{5}\times75+\frac{2}{5}\times200=45+80=125\,(\text{g})$$

따라서 새로 만든 물감에 들어 있는 흰색 물감의 양은 125 g이다.

답 (1) A : 75 g, B : 200 g　(2) 125 g

05 해결단계

❶단계	해외 여행을 가는 사원, 가지 않는 사원, 전체 사원의 수를 구하고, 각각의 평균 연수 점수 및 해외 여행을 가는 사원의 최저 연수 점수를 미지수 x, y를 사용하여 나타낸다.
❷단계	연립방정식을 세운다.
❸단계	연립방정식을 풀고 문제의 뜻에 맞게 답을 구한다.

사원 80명 중 연수 점수의 상위 $25\,\%$를 뽑아 해외 여행을 보내 주므로 해외 여행을 가는 사원의 수는

$$80\times\frac{25}{100}=20\,(\text{명})$$

해외 여행을 가는 사원의 최저 연수 점수를 x점, 해외 여행을 가는 사원의 평균 연수 점수를 y점이라 하면 사원의 평균 연수 점수와 인원 수는 다음 표와 같다.

	평균 연수 점수(점)	인원 수(명)
해외 여행을 가는 사원	y	20
해외 여행을 가지 않는 사원	$x-18$	60
전체 사원	$x-8$	80

해외 여행을 가는 사원의 최저 연수 점수는 해외 여행을 가는 사원의 평균 연수 점수의 $\frac{2}{3}$배보다 2점이 높으므로

$$\frac{2}{3}y+2=x \qquad \therefore\ 3x-2y=6$$

전체 사원의 연수 점수의 총합은

$$80(x-8)=20y+60(x-18) \qquad \therefore\ x-y=-22$$

연립방정식을 세우면

$$\begin{cases} 3x-2y=6 & \cdots\cdots \text{㉠} \\ x-y=-22 & \cdots\cdots \text{㉡} \end{cases}$$

㉠, ㉡을 연립하여 풀면

$$x=50,\ y=72$$

따라서 해외 여행을 가는 사원의 최소 연수 점수는 50점이다.

답 50점

06 해결단계

❶단계	처음 두 컵 A, B의 농도를 각각 $x\,\%$, $y\,\%$로 두고 연립방정식을 세운다.
❷단계	연립방정식을 풀어 x, y의 값을 각각 구한다.
❸단계	처음 두 컵 A, B에 들어 있던 설탕의 양을 각각 구하여 $b-a$의 값을 구한다.

처음 컵 A의 설탕물의 농도를 $x\,\%$, 처음 컵 B의 설탕물의 농도를 $y\,\%$라 하자.

컵 A의 설탕물 200 g과 컵 B의 설탕물 400 g을 섞어 만든 설탕물 600 g의 농도는 $10\,\%$이므로

$$\frac{x}{100}\times200+\frac{y}{100}\times400=\frac{10}{100}\times600$$

섞어 만든 600 g의 설탕물의 $\frac{1}{6}$, 즉 $10\,\%$의 설탕물 100 g을 컵 A에 남아 있는 $x\,\%$의 설탕물 100 g과 다시 섞어 만든 설탕물 200 g의 농도는 $9\,\%$이므로

$$\frac{10}{100}\times100+\frac{x}{100}\times100=\frac{9}{100}\times200$$

연립방정식을 세우면

$$\begin{cases} \dfrac{x}{100}\times200+\dfrac{y}{100}\times400=\dfrac{10}{100}\times600 \\[2mm] \dfrac{10}{100}\times100+\dfrac{x}{100}\times100=\dfrac{9}{100}\times200 \end{cases}$$

$$\therefore \begin{cases} x+2y=30 & \cdots\cdots \text{㉠} \\ 10+x=18 & \cdots\cdots \text{㉡} \end{cases}$$

㉠, ㉡을 연립하여 풀면

$x=8$, $y=11$

따라서 처음 컵 A의 설탕물 300 g의 농도가 8 %이므로

$a=\dfrac{8}{100}\times300=24$

또한, 처음 컵 B의 설탕물 400 g의 농도가 11 %이므로

$b=\dfrac{11}{100}\times400=44$

$\therefore b-a=44-24=20$

답 20

07 해결단계

❶단계	양복점 장인이 만든 양복의 수를 x, 코트의 수를 y라 하고 연립방정식을 세운다.
❷단계	연립방정식을 풀고 문제의 뜻에 맞게 답을 구한다.

양복의 수를 x, 코트의 수를 y라 하면 모두 합쳐 22벌의 옷을 완성하였으므로

$x+y=22$

98일 동안 일요일은 14번이 있고 양복점 장인은 일요일에는 항상 쉬었으므로 옷을 한 벌 만들 때마다 하루씩 쉬는 휴일을 제외하면 $98-14=84$(일) 동안 옷을 만들었다고 할 수 있다.

이때, 양복은 한 벌 만들 때, 3일이 걸리고 하루를 쉬므로 양복은 4일에 한 벌 꼴로 만든다고 할 수 있고, 코트는 한 벌 만들 때, 2일이 걸리고 하루를 쉬므로 코트는 3일에 한 벌 꼴로 만든다고 할 수 있다.

또한, 98일이 지난 후 모두 완성했고, 마지막 옷을 만들 때는 휴일을 세지 않으므로

$4x+3y=84+1$ $\therefore 4x+3y=85$

연립방정식을 세우면

$\begin{cases} x+y=22 & \cdots\cdots㉠ \\ 4x+3y=85 & \cdots\cdots㉡ \end{cases}$

㉠, ㉡을 연립하여 풀면 $x=19$, $y=3$

따라서 만든 양복의 수는 19벌이다.

답 19벌

08 해결단계

❶단계	A조 학생들이 승용차를 타고 이동한 거리를 x km, B조 학생들이 승용차를 타고 이동한 거리를 y km라 하고 A, B 두 조가 걸은 거리와 걸린 총 시간을 x와 y로 나타낸다.
❷단계	A조, B조가 걸린 총 시간을 이용하여 방정식을 세운다.
❸단계	승용차가 이동한 거리를 이용하여 방정식을 세운다.
❹단계	❷, ❸단계에서 세운 방정식을 연립하여 풀고 문제의 뜻에 맞게 답을 구한다.

A조 학생들이 승용차를 타고 이동한 거리를 x km라 하면 걸어간 거리는 $(28-x)$ km이다. 즉, A조 학생들이 학교에서 출발하여 양로원에 도착할 때까지 걸린 시간은

$\dfrac{28-x}{6}+\dfrac{x}{60}$(시간)

B조 학생들이 승용차를 타고 이동한 거리를 y km라 하면 걸어간 거리는 $(28-y)$ km이다. 즉, B조 학생들이 학교에서 출발하여 양로원에 도착할 때까지 걸린 시간은

$\dfrac{y}{60}+\dfrac{28-y}{6}$(시간)

따라서 두 조 A, B가 걸은 거리와 걸린 총 시간에 대한 표를 완성하면 다음과 같다.

	걸은 거리(km)	걸린 총 시간(시간)
A조	$28-x$	$\dfrac{28-x}{6}+\dfrac{x}{60}$
B조	$28-y$	$\dfrac{y}{60}+\dfrac{28-y}{6}$

B조가 A조보다 18분 늦게 양로원에 도착했으므로

$\dfrac{28-x}{6}+\dfrac{x}{60}+\dfrac{18}{60}=\dfrac{y}{60}+\dfrac{28-y}{6}$

$280-10x+x+18=280-10y+y$

$\therefore x-y=2$

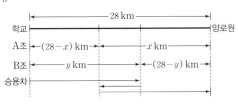

한편, 위의 그림에서 승용차가 이동한 거리는

$y+\{x-(28-y)\}+x=2x+2y-28$(km)

승용차를 운행한 시간은 A조가 걸린 총 시간과 같으므로

$\dfrac{28-x}{6}+\dfrac{x}{60}$(시간)

이때, 승용차의 속력이 시속 60 km이므로

$60\times\left(\dfrac{28-x}{6}+\dfrac{x}{60}\right)=2x+2y-28$

$\therefore 11x+2y=308$

연립방정식을 세우면

$\begin{cases} x-y=2 & \cdots\cdots㉠ \\ 11x+2y=308 & \cdots\cdots㉡ \end{cases}$

㉠, ㉡을 연립하여 풀면

$x=24$, $y=22$

따라서 A조가 승용차를 타고 이동한 거리는 24 km, B조가 승용차를 타고 이동한 거리는 22 km이다.

답 A : 24 km, B : 22 km

미리보는 학력평가			p. 66
1 ②	2 270	3 ④	4 95

1

아들의 현재 나이를 x세, 아버지의 현재 나이를 y세라 하면

$\begin{cases} x+y=67 \\ 2(x+16)=y+16 \end{cases}$, 즉 $\begin{cases} x+y=67 & \cdots\cdots \text{㉠} \\ 2x-y=-16 & \cdots\cdots \text{㉡} \end{cases}$

㉠, ㉡을 연립하여 풀면

$x=17,\ y=50$

따라서 아들의 현재 나이는 17세이다.　　　　　　 답 ②

2

비밀번호의 천의 자리 숫자를 x, 백의 자리 숫자를 y라 하면

$\begin{cases} x+y+2+5=19 \\ (x+2)-(y+5)=3 \end{cases}$, 즉 $\begin{cases} x+y=12 & \cdots\cdots \text{㉠} \\ x-y=6 & \cdots\cdots \text{㉡} \end{cases}$

㉠, ㉡을 연립하여 풀면

$x=9,\ y=3$

따라서 비밀번호는 9325이므로 각 자리 숫자의 곱은

$9 \times 3 \times 2 \times 5=270$　　　　　　　　　　 답 270

3

30초짜리 광고가 3개이므로

$\begin{cases} a+b=10-3 \\ 10a+20b=180-90 \end{cases}$, 즉 $\begin{cases} a+b=7 & \cdots\cdots \text{㉠} \\ a+2b=9 & \cdots\cdots \text{㉡} \end{cases}$

㉠, ㉡을 연립하여 풀면

$a=5,\ b=2$

$\therefore a-b=5-2=3$　　　　　　　　　　　　 답 ④

4

이날 판매된 상품 A의 개수가 a, 상품 B의 개수가 b이고, 할인가로 판매한 매출액이 340000원이므로

$5000a+2000b=340000$

$\therefore 5a+2b=340$

정가로 판매한 매출액은 할인가로 판매한 매출액보다 140000원이 많은 금액이므로

$6000a+4000b=340000+140000$

$\therefore 3a+2b=240$

연립방정식을 세우면

$\begin{cases} 5a+2b=340 & \cdots\cdots \text{㉠} \\ 3a+2b=240 & \cdots\cdots \text{㉡} \end{cases}$

㉠, ㉡을 연립하여 풀면

$a=50,\ b=45$

$\therefore a+b=50+45=95$　　　　　　　　　　 답 95

IV 함수

07 일차함수와 그래프

Step 1	시험에 꼭 나오는 문제			pp. 69~70
01 ③	02 3	03 ③	04 ②	05 ②
06 ③	07 4	08 ⑤	09 -4	10 ②
11 ③	12 $y=-\dfrac{1}{3}x-\dfrac{2}{3}$		13 ②	14 ①

01

ㄱ. 4의 약수는 1, 2, 4이다. 즉, $x=4$일 때, y의 값이 하나로 정해지지 않으므로 y는 x의 함수가 아니다.

ㄴ. 자연수를 2로 나눈 나머지는 0 또는 1 중에서 하나로 반드시 정해진다. 즉, y는 x의 함수이다.

ㄷ. 절댓값이 2인 정수는 $+2$, -2이다. 즉, $x=2$일 때, y의 값이 하나로 정해지지 않으므로 y는 x의 함수가 아니다.

ㄹ. 자연수의 소인수분해는 유일하므로 자연수 x의 소인수의 개수도 하나로 정해진다. 즉, y는 x의 함수이다.

ㅁ. 2와 서로소인 자연수는 1, 3, 5, …이다. 즉, $x=2$일 때, y의 값이 하나로 정해지지 않으므로 y는 x의 함수가 아니다.

따라서 y가 x의 함수인 것은 ㄴ, ㄹ이다.　　　 답 ③

blacklabel 특강　필수개념

소인수

자연수의 약수 중에서 소수인 것

예 10의 약수는 1, 2, 5, 10이고, 이 중에서 소수는 2, 5이므로 10의 소인수는 2, 5이다.

서로소

최대공약수가 1인 두 자연수

예 5와 8의 최대공약수는 1이므로 5와 8은 서로소이다.

02

$f(x)=-\dfrac{1}{4}x+2$에서 $f(4a)=-\dfrac{1}{3}a$이므로

$-\dfrac{1}{4} \times 4a+2=-\dfrac{1}{3}a$

$-a+2=-\dfrac{1}{3}a,\ -\dfrac{2}{3}a=-2$

$\therefore a=3$　　　　　　　　　　　　　　　　 답 3

03

$f(x)=\dfrac{9}{x}-a$에서 $f(3)=5$이므로 $\dfrac{9}{3}-a=5$

$3-a=5$ $\therefore a=-2$

$\therefore f(x)=\dfrac{9}{x}+2$

즉, $f(-3)=\dfrac{9}{-3}+2=-3+2=-1$,

$f(-1)=\dfrac{9}{-1}+2=-9+2=-7$이므로

$f(k)=-4f(-3)-f(-1)$에서

$f(k)=-4\times(-1)-(-7)=4+7=11$

따라서 $\dfrac{9}{k}+2=11$에서 $\dfrac{9}{k}=9$ $\therefore k=1$ 답 ③

04

23보다 작은 소수는 2, 3, 5, 7, 11, 13, 17, 19의 8개이므로

$f(23)=8$

11보다 작은 소수는 2, 3, 5, 7의 4개이므로

$f(11)=4$

$\therefore f(23)-f(11)=8-4=4$ 답 ②

blacklabel 특강　필수개념

소수

1보다 큰 자연수 중에서 1과 자기 자신만을 약수로 갖는 수

⇨ 모든 소수의 약수는 2개이다.

예 7의 약수는 1과 7뿐이므로 7은 소수이다.

05

ㄱ. $y=5x$　　　　　　ㄴ. $y=\dfrac{60}{x}$

ㄷ. $y=\dfrac{10}{x}$　　　　　　ㄹ. $y=2000-300x$

따라서 y가 x에 대한 일차함수인 것은 ㄱ, ㄹ이다.   답 ②

06

점 $A(2, a)$가 일차함수 $y=-2x+9$의 그래프 위에 있으므로

$x=2$, $y=a$를 $y=-2x+9$에 대입하면

$a=-2\times2+9=-4+9=5$ 답 ③

07

일차함수 $y=2ax+5$의 그래프를 y축의 방향으로 -7만큼 평행이동하면

$y=2ax+5-7$ $\therefore y=2ax-2$

따라서 $y=2ax-2$와 $y=4x+b$가 같으므로

$2a=4$, $-2=b$ $\therefore a=2$, $b=-2$

$\therefore a-b=2-(-2)=4$ 답 4

08

일차함수 $y=-\dfrac{4}{3}x+4$의 그래프의 x절편이 a이므로

$-\dfrac{4}{3}a+4=0$, $-\dfrac{4}{3}a=-4$ $\therefore a=3$

y절편이 b이므로

$b=-\dfrac{4}{3}\times0+4=4$

즉, 점 (a, b)는 점 $(3, 4)$이다.

일차함수의 그래프가 점 $(3, 4)$를 지나면 $x=3$을 대입했을 때, $y=4$이어야 한다.

① $-\dfrac{4}{3}\times3=-4\neq4$

② $-\dfrac{4}{3}\times3+3=-4+3=-1\neq4$

③ $-\dfrac{3}{4}\times3+1=-\dfrac{9}{4}+1=-\dfrac{5}{4}\neq4$

④ $\dfrac{4}{3}\times3+1=4+1=5\neq4$

⑤ $\dfrac{2}{3}\times3+2=2+2=4$

따라서 그 그래프가 점 $(3, 4)$를 지나는 일차함수는 ⑤이다.

답 ⑤

blacklabel 특강　필수개념

x절편과 y절편

(1) x절편 : 그래프가 x축과 만나는 점의 x좌표

　　⇨ $y=0$일 때의 x의 값

(2) y절편 : 그래프가 y축과 만나는 점의 y좌표

　　⇨ $x=0$일 때의 y의 값

(3) 일차함수의 그래프가

　① x축과 만나는 점의 좌표는 (x절편, 0)

　② y축과 만나는 점의 좌표는 (0, y절편)

09

$y=f(x)$에서 $f(2)$는 $x=2$일 때의 y의 값이고 $f(5)$는 $x=5$일 때의 y의 값이다.

따라서 이 일차함수의 그래프의 기울기는

$$\frac{f(2)-f(5)}{2-5}=\frac{12}{-3}=-4$$ 　　　　　　　　　답 -4

| 다른풀이 |

$y=f(x)$가 일차함수이므로 $f(x)=ax+b$ (a, b는 상수, $a\neq0$)
라 하면

$f(2)-f(5)=12$에서

$(2a+b)-(5a+b)=12$, $-3a=12$ 　　∴ $a=-4$

일차함수 $y=f(x)$의 그래프의 기울기는 a이므로 -4이다.

10

ㄱ. 기울기가 다르므로 두 그래프는 평행하지 않다.

ㄴ. $y=0$을 $y=-\frac{2}{3}x+1$에 대입하면

　　$0=-\frac{2}{3}x+1$, $\frac{2}{3}x=1$ 　　∴ $x=\frac{3}{2}$

　　∴ (x절편)$=\frac{3}{2}$

　　이때, y절편은 1이므로 y절편은 x절편보다 작다.

ㄷ. 기울기가 $-\frac{2}{3}$이므로 x의 값이 3만큼

　　증가하면 y의 값은 2만큼 감소한다.

ㄹ. 기울기가 음수이므로 오른쪽 아래로

　　향하는 직선이다.

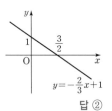

따라서 옳은 것은 ㄷ뿐이다. 　　　　　　　　답 ②

11

주어진 그림의 일차함수의 그래프의 기울기는 2이다.

이때, 일차함수 $y=ax+2a-b$의 그래프가 주어진 그림의 그래프와 평행하므로 $a=2$

∴ $y=2x+4-b$

한편, 일차함수 $y=2x+4-b$의 그래프가 제4사분면을 지나려면 y절편이 음수가 되어야 하므로

$4-b<0$ 　　∴ $b>4$ 　　　　　　　　　　답 ③

12

구하는 일차함수의 식을 $y=ax+b$ (a, b는 상수, $a\neq0$)라 하자.
구하는 일차함수의 그래프는 주어진 그래프와 평행하므로 기울기가 같아야 한다.

주어진 그래프는 두 점 $(6, 0)$, $(0, 2)$를 지나므로

$a=\frac{2-0}{0-6}=-\frac{1}{3}$ 　　∴ $y=-\frac{1}{3}x+b$

또한, 구하는 일차함수의 그래프의 x절편이 -2이므로

$-\frac{1}{3}\times(-2)+b=0$ 　　∴ $b=-\frac{2}{3}$

따라서 구하는 일차함수의 식은

$y=-\frac{1}{3}x-\frac{2}{3}$ 　　　　　　　답 $y=-\frac{1}{3}x-\frac{2}{3}$

13

일차함수의 그래프가 두 점 $(5, 2)$, $(-2, -5)$를 지나므로

(기울기)$=\frac{-5-2}{-2-5}=\frac{-7}{-7}=1$

즉, $y=x+b$에 $x=5$, $y=2$를 대입하면

$2=5+b$ 　　∴ $b=-3$

∴ $y=x-3$

이때, a, b는 각각 일차함수 $y=x-3$의 그래프의 x절편, y절편
이므로

$a=3$, $b=-3$ 　　∴ $a+b=0$ 　　　　　　답 ②

14

$y=ax+b$에서

$x=0$일 때 $y=32$이므로 $b=32$

∴ $y=ax+32$

또한, $x=100$일 때 $y=212$이므로

$212=100a+32$, $100a=180$ 　　∴ $a=\frac{9}{5}$

∴ $y=\frac{9}{5}x+32$

따라서 $x=20$일 때 $y=t$이므로

$t=\frac{9}{5}\times20+32=68$ 　　　　　　　　　답 ①

Step 2	A등급을 위한 문제			pp. 71~76
01 ④	02 ②, ③	03 4	04 ⑤	05 ③
06 ③	07 3	08 ①	09 ②	10 ①
11 ④	12 -4	13 ③	14 -10	15 47
16 ④	17 12	18 -2	19 2	20 ⑤
21 ②	22 ⑤	23 ②	24 3	25 ②
26 ②	27 ④	28 ①	29 ③	
30 $y=-\frac{3}{4}x+\frac{33}{4}$		31 346 m	32 45	33 9
34 $y=9x+300$, 12초 후		35 111		

01

ㄴ. 키가 170 cm인 사람의 몸무게는 60 kg, 70 kg 등으로 여러 가지가 있을 수 있다. 즉, x의 값에 따라 y의 값이 하나로 정해지지 않으므로 y는 x의 함수가 아니다.

ㅁ. 오른쪽 그림의 두 사각형의 둘레의 길이는 모두 8 cm로 같지만 넓이는 각각 4 cm², 3 cm²이다. 즉, $x=8$일 때, y의 값이 하나로 정해지지 않으므로 y는 x의 함수가 아니다.

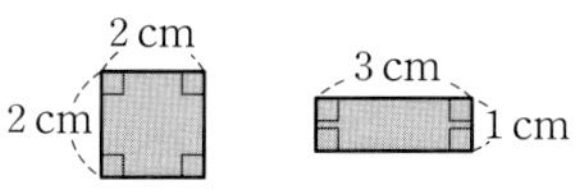

따라서 y가 x의 함수가 아닌 것은 ㄴ, ㅁ이다.　　　　답 ④

blacklabel 특강 풀이첨삭

ㄱ. $y=12000x$

ㄷ. $y=\dfrac{x}{100}\times300$　　∴ $y=3x$

ㄹ. $y=\dfrac{20}{x}$

따라서 ㄱ, ㄷ, ㄹ에서 y는 x의 함수이다.

02

x의 값이 변함에 따라 y의 값이 하나씩 정해질 때, y는 x의 함수이다.

① $x=8$일 때, 8보다 작은 짝수는

　　$y=2,\ 4,\ 6$

④ $x=5$일 때, 5로 나눈 나머지가 1이 되는 수는

　　$y=6,\ 11,\ 16,\ \cdots$

⑤ $x=2$일 때, 십의 자리 숫자가 2인 두 자리 자연수는

　　$y=20,\ 21,\ 22,\ \cdots,\ 28,\ 29$

따라서 y가 x의 함수인 것은 ②, ③이다.　　　　답 ②, ③

blacklabel 특강 오답피하기

$x=3$일 때 절댓값이 3이 되는 수가 -3과 3으로 y의 값이 하나로 정해지지 않아 ③이 답이 아니라고 오해하지 않도록 주의한다.

이 문제의 경우, x, y는 자연수이므로 절댓값이 $x=3$인 수는 $y=3$ 하나로 정해지기 때문이다.

03

$\dfrac{-4x+2}{5}=-2$에서 $-4x+2=-10$

$-4x=-12$　　∴ $x=3$

$x=3$을 $f\left(\dfrac{-4x+2}{5}\right)=ax-3$에 대입하면

$f(-2)=3a-3$

이때, $f(-2)=9$이므로 $3a-3=9$

$3a=12$　　∴ $a=4$　　　　답 4

04

$f(x)=|x-2|+|x-5|$이므로

① $f(3)=|3-2|+|3-5|=|1|+|-2|=1+2=3$

　$f(4)=|4-2|+|4-5|=|2|+|-1|=2+1=3$

　∴ $f(3)=f(4)$

② $f(5)=|5-2|+|5-5|=|3|+|0|=3+0=3$

③ $f(-1)=|-1-2|+|-1-5|=|-3|+|-6|$

　　　　　$=3+6=9$

　$f(1)=|1-2|+|1-5|=|-1|+|-4|=1+4=5$

　∴ $f(-1)>f(1)$

④ $f(6)=|6-2|+|6-5|=|4|+|1|=4+1=5$

　$f(8)=|8-2|+|8-5|=|6|+|3|=6+3=9$

　∴ $f(6)<f(8)$

⑤ $f(-2)=|-2-2|+|-2-5|=|-4|+|-7|$

　　　　　$=4+7=11$

　$f(0)=|0-2|+|0-5|=|-2|+|-5|=2+5=7$

　∴ $f(-2)>f(0)$

따라서 옳지 않은 것은 ⑤이다.　　　　답 ⑤

05

$f(x)=$ (자연수 x의 약수의 개수)

① $12=2^2\times3$이므로 12의 약수의 개수는

　　$(2+1)\times(1+1)=6$(개)　　∴ $f(12)=6\neq4$

② $6=2\times3$이므로 6의 약수의 개수는

　　$(1+1)\times(1+1)=4$(개)　　∴ $f(6)=4$

　$9=3^2$이므로 9의 약수의 개수는

　　$2+1=3$(개)　　∴ $f(9)=3$

　∴ $f(6)\neq f(9)$

③ 13은 소수이므로 13의 약수는 2개이다.

　　∴ $f(13)=2$

　13^2의 약수의 개수는 $2+1=3$(개)이므로

　$f(13^2)=3$

　∴ $1+f(13)=1+2=3=f(13^2)$

④ $n=4$일 때, $n^2=4^2=2^4$이므로 약수의 개수는

　　$4+1=5$(개)　　∴ $f(4^2)=5\neq3$

⑤ $f(x)=2$, 즉 약수가 2개인 자연수 x는 소수이므로

　　$x=2,\ 3,\ 5,\ \cdots$

　즉, $f(x)=2$를 만족시키는 자연수 x는 무수히 많다.

따라서 옳은 것은 ③이다.　　　　답 ③

자연수의 약수의 개수

(1) 자연수 N이 $N=a^m \times b^n$ (a, b는 서로 다른 소수, m, n은 자연수)으로 소인수 분해될 때, N의 약수의 개수는
  $$(m+1) \times (n+1) \text{(개)}$$

(2) 소수의 약수는 항상 2개이다.
  소수의 제곱수의 약수는 항상 3개이다.

(3) n이 1이 아닌 자연수일 때, n^2의 약수는 3개 이상의 홀수이고, n이 1이면 n^2의 약수는 1개이다.

06

㈎ $g(①)=-3$이므로

$$-\frac{12}{①}=-3 \quad \therefore ①=4$$

$f(x)$, $g(x)$, $h(x)$를 각각 ②에 대입해 보면

$$f(-3)=4\times(-3)=-12\neq 6$$

$$g(-3)=-\frac{12}{-3}=4\neq 6$$

$$h(-3)=-(-3)+3=6$$

$$\therefore ②=h(x)$$

$g(6)=-\frac{12}{6}=-2$이므로 ③$=-2$

㈏ $f(2)=4\times 2=8$이므로 ④$=8$

$f(x)$, $g(x)$, $h(x)$를 각각 ⑤에 대입해 보면

$$f(8)=4\times 8=32\neq -\frac{3}{2}$$

$$g(8)=-\frac{12}{8}=-\frac{3}{2}$$

$$h(8)=-8+3=-5\neq -\frac{3}{2}$$

$$\therefore ⑤=g(x)$$

따라서 ①~⑤에 들어갈 것으로 옳은 것은 ③이다. **답 ③**

07

일차방정식 $4(x-1)=10-3x$에서

$$4x-4=10-3x, \ 7x=14$$

$$\therefore x=2 \quad \therefore a=2$$

일차방정식 $5-x=\frac{x-1}{3}$에서

$$3(5-x)=x-1, \ 15-3x=x-1$$

$$-4x=-16 \quad \therefore x=4 \quad \therefore b=4$$

따라서 함수 $f(x)=x+k$에서 $f(-1)=-1+k$이고

$\frac{b}{a}=\frac{4}{2}=2$이므로

$$-1+k=2 \quad \therefore k=3$$ **답 3**

08 해결단계

❶단계	$f(n)=f(n^2)$의 의미를 파악한다.
❷단계	$f(n)=f(n^2)$이 성립하는 n의 값을 찾는다.
❸단계	모든 $f(n)$의 값의 합을 구한다.

$f(n)=(n$의 일의 자리의 숫자$)$이므로

$f(n^2)=(n^2$의 일의 자리의 숫자$)$

즉, $f(n)=f(n^2)$을 만족시키는 n은 n과 n^2의 일의 자리의 숫자가 같은 자연수이다.

이때, $1^2=1$, $2^2=4$, $3^2=9$, $4^2=16$, $5^2=25$, $6^2=36$, $7^2=49$, $8^2=64$, $9^2=81$, $10^2=100$이고 11^2, 12^2, 13^2, $\cdots$의 일의 자리의 숫자는 1, 4, 9, $\cdots$, 0이 이 순서대로 계속 반복된다.

즉, n과 n^2의 일의 자리의 숫자가 같은 자연수 n은 일의 자리의 숫자가 1, 5, 6, 0인 자연수이다.

따라서 $f(n)=f(n^2)$을 만족시키는 모든 $f(n)$의 값의 합은

$$1+5+6+0=12$$ **답 ①**

09

① x각형의 외각의 크기의 합은 항상 $360°$이므로

$$y=360 \quad \therefore f(x)=360$$

즉, $f(x)$는 일차함수가 아니고, $f(5)=360$이다.

② $x+y=42$이므로

$$y=42-x \quad \therefore f(x)=42-x$$

즉, $f(x)$는 일차함수이고 $f(30)=42-30=12$이다.

③ $\frac{1}{2}xy=20$이므로

$$y=\frac{40}{x} \quad \therefore f(x)=\frac{40}{x}$$

즉, $f(x)$는 일차함수가 아니고 $f(4)=\frac{40}{4}=10$이다.

④ $y=10x$이므로 $f(x)=10x$

즉, $f(x)$는 일차함수이고 $f(2)=10\times 2=20$이다.

⑤ $y=\pi x^2$이므로 $f(x)=\pi x^2$

즉, $f(x)$는 일차함수가 아니고 $f(3)=\pi \times 3^2=9\pi$이다.

따라서 y가 x의 일차함수이고 옳은 것은 ②이다. **답 ②**

10

$y=6(a-x)-a(3x+5)$에서

$$y=6a-6x-3ax-5a$$

$$\therefore y=(-6-3a)x+a$$

이때, y가 x에 대한 일차함수이려면

$$-6-3a\neq 0, \ -3a\neq 6 \quad \therefore a\neq -2$$

따라서 y가 x에 대한 일차함수가 되도록 하는 상수 a의 값으로 옳지 않은 것은 ① -2이다. **답 ①**

11

일차함수 $y=3x+a$의 그래프를 y축의 방향으로 4만큼 평행이
동하면

$y=3x+a+4$

$y=3x+a+4$의 그래프가 점 $(3, 14)$를 지나므로

$14=3\times3+a+4$ $\therefore a=1$

또한, $y=3x+1+4$, 즉 $y=3x+5$의 그래프가 점 $(-1, b)$를
지나므로

$b=3\times(-1)+5=2$

$\therefore a+b=1+2=3$ 답 ④

12

두 점 $A(3, 3)$과 B가 x축에 대하여 대칭이므로

$B(3, -3)$

한편, 일차함수 $y=\dfrac{1}{3}x$의 그래프를 y축의 방향으로 a만큼 평행

이동하면 $y=\dfrac{1}{3}x+a$

$y=\dfrac{1}{3}x+a$의 그래프가 점 $B(3, -3)$을 지나므로

$-3=\dfrac{1}{3}\times3+a$, $-3=1+a$

$\therefore a=-4$ 답 -4

13

일차함수 $y=ax+b$의 그래프가 점 $(3, 3)$을 지나므로

$3a+b=3$ ……㉠

일차함수 $y=ax+b$의 그래프를 y축의 방향으로 4만큼 평행이
동하면

$y=ax+b+4$

이 함수의 그래프가 점 $(-1, -1)$을 지나므로

$-1=a\times(-1)+b+4$ $\therefore a-b=5$ ……㉡

㉠, ㉡을 연립하여 풀면

$a=2$, $b=-3$

일차함수 $y=ax-b$, 즉 $y=2x+3$의 그래프 위의 점 중에서
y좌표가 x좌표의 3배가 되는 점의 좌표를 $(c, 3c)$라 하면

$3c=2\times c+3$ $\therefore c=3$

따라서 구하는 x좌표는 3이다.   답 ③

14

두 일차함수 $y=ax-5$, $y=\dfrac{5}{3}x+b$의 그래프의 기울기가 같으
므로

$a=\dfrac{5}{3}$

또한, 두 그래프가 x축과 만나는 점이 각각 P, Q이므로

$P(3, 0)$, $Q\left(-\dfrac{3}{5}b, 0\right)$

이때, $\overline{PQ}=6$이므로

$3-\left(-\dfrac{3}{5}b\right)=6$ 또는 $-\dfrac{3}{5}b-3=6$

$\therefore b=5$ 또는 $b=-15$

그런데 $a>b$이므로 $b=-15$

$\therefore 3a+b=3\times\dfrac{5}{3}-15=-10$ 답 -10

15

일차함수 $y=-x+11$의 그래프의 x절편
은 11, y절편은 11이고, 일차함수

$y=-\dfrac{1}{3}x+3$의 그래프의 x절편은 9,

y절편은 3이다.

따라서 두 그래프와 x축, y축으로 둘러싸
인 도형의 넓이는

$\dfrac{1}{2}\times11\times11-\dfrac{1}{2}\times9\times3=\dfrac{121}{2}-\dfrac{27}{2}=\dfrac{94}{2}=47$ 답 47

16

세 점 $(-2, 4-2a)$, $(1, a)$, (a, b)가 한 직선 위에 있고 이
직선을 그래프로 하는 일차함수의 식이 $y=-2x+k$로 기울기
가 -2이므로

$\dfrac{a-(4-2a)}{1-(-2)}=\dfrac{b-a}{a-1}=-2$

$\dfrac{a-(4-2a)}{1-(-2)}=-2$에서 $\dfrac{3a-4}{3}=-2$

$3a-4=-6$, $3a=-2$ $\therefore a=-\dfrac{2}{3}$

이것을 $\dfrac{b-a}{a-1}=-2$에 대입하면

$\dfrac{b-\left(-\dfrac{2}{3}\right)}{-\dfrac{2}{3}-1}=-2$, $\dfrac{b+\dfrac{2}{3}}{-\dfrac{5}{3}}=-2$

$b+\dfrac{2}{3}=\dfrac{10}{3}$ $\therefore b=\dfrac{8}{3}$

또한, 점 $(1, a)$, 즉 점 $\left(1, -\dfrac{2}{3}\right)$가 일차함수 $y=-2x+k$의

그래프 위에 있으므로

$-\dfrac{2}{3}=-2\times1+k$, $-\dfrac{2}{3}=-2+k$ $\therefore k=\dfrac{4}{3}$

따라서 $a+b+k=-\dfrac{2}{3}+\dfrac{8}{3}+\dfrac{4}{3}=\dfrac{10}{3}$ 답 ④

blacklabel 특강   필수개념

세 점이 한 직선 위에 있을 조건

서로 다른 세 점 A, B, C가 한 직선 위에 있을 때,
  (직선 AB의 기울기)=(직선 BC의 기울기)=(직선 AC의 기울기)

17

일차함수 $f(x)=ax+b$의 그래프가 주어진 15개의 점 중에서
두 점 이상을 지나야 하는데 일차함수의 그래프는 x좌표가 같은
서로 다른 두 점을 지나거나 y좌표가 같은 서로 다른 두 점을 지
날 수 없다.

일차함수의 그래프에서 (기울기)$=\dfrac{(y의\ 값의\ 증가량)}{(x의\ 값의\ 증가량)}$인데 주

어진 그림의 15개의 점 중에서 2개의 점을 지나는 일차함수의
그래프를 그릴 때,

(i) x의 값의 증가량으로 가능한 값은

  $-4, -3, -2, -1, 1, 2, 3, 4$

(ii) y의 값의 증가량으로 가능한 값은

  $-2, -1, 1, 2$

(i), (ii)에서 기울기 a의 값으로 가능한 것은 $-2, -1, -\dfrac{2}{3}$,

$-\dfrac{1}{2}, -\dfrac{1}{3}, -\dfrac{1}{4}, \dfrac{1}{4}, \dfrac{1}{3}, \dfrac{1}{2}, \dfrac{2}{3}$, 1, 2의 12개이다.   답 12

blacklabel 특강   오답피하기

x좌표가 같은 서로 다른 두 점을 지나는 직선을 그래프로 하는 경우에는 하나의 x에
대하여 y가 무수히 많이 존재하므로 함수가 아니다.
한편, y좌표가 같은 서로 다른 두 점을 지나는 직선을 그래프로 하는 경우에는 하나
의 x에 대하여 y는 오직 하나로 정해지지만 일차함수가 아니다.
즉, a의 값을 구하기 위한 두 점을 찾을 때, x좌표가 같은 서로 다른 두 점을 지나는
경우와 y좌표가 같은 서로 다른 두 점을 지나는 경우는 제외해야 한다.

18

일차함수 $f(x)=-\dfrac{1}{3}x+2$의 그래프의 x절편은 6, y절편은 2

이고 두 일차함수 $y=g(x)$, $y=h(x)$의 그래프의 y절편은 모두

2이고, $a<b$에서 $(g(x)$의 기울기$)<(h(x)$의 기울기$)$이므로
세 일차함수의 그래프는 다음 그림과 같다.

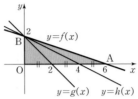

$y=f(x)$의 그래프가 x축, y축과 만나는 점을 각각 A, B라 하
자. 이때, 두 일차함수 $y=g(x)$, $y=h(x)$의 그래프가 $y=f(x)$
의 그래프 및 x축, y축으로 둘러싸인 삼각형 OAB의 넓이를 삼
등분하므로 두 그래프는 위의 그림과 같이 각각 점 $(2, 0)$,
$(4, 0)$을 지나야 한다. 즉,

$a=\dfrac{0-2}{2-0}=-1$, $b=\dfrac{0-2}{4-0}=-\dfrac{1}{2}$

$\therefore a+2b=(-1)+2\times\left(-\dfrac{1}{2}\right)=-2$ 답 -2

19

일차함수 $y=x+p$의 그래프의 x절편은 $-p$, y절편은 p이고

일차함수 $y=-3x+q$의 그래프의 x절편은 $\dfrac{q}{3}$, y절편은 q이므로

$A(-p, 0)$, $B\left(\dfrac{q}{3}, 0\right)$, $C(0, p)$, $D(0, q)$

$\overline{AB}=\overline{BO}$이므로

$-p-\dfrac{q}{3}=\dfrac{q}{3}$ $\therefore p=-\dfrac{2}{3}q$ ……㉠

$\overline{CD}=10$이므로

$q-p=10$ ……㉡

㉠, ㉡을 연립하여 풀면 $p=-4$, $q=6$

$\therefore p+q=(-4)+6=2$ 답 2

20

직각삼각형 ABC의 변 AB를 x축, 변 BC를 y축, 점 B를 원점
으로 하는 좌표평면을 생각하면

$\dfrac{b}{a}=$(두 점 A, P를 지나는 직선의 기울기)

$\dfrac{d}{c}=$(두 점 P, C를 지나는 직선의 기울기)

$\dfrac{b+d}{a+c}=\dfrac{\overline{BC}}{\overline{AB}}=$(두 점 A, C를 지나는 직선의 기울기)

이때, 주어진 그림에서 $\dfrac{b}{a}<\dfrac{b+d}{a+c}<\dfrac{d}{c}$

따라서 옳은 것은 ㄱ, ㄴ, ㄷ이다.   답 ⑤

21

주어진 일차함수 $y=ax-b$의 그래프의 기울기는 음수이고 y절편은 양수이므로

$a<0$, $-b>0$

$\therefore a<0$, $b<0$

즉, 일차함수 $y=bx+a$의 기울기와 y절편은 모두 음수이므로 그 그래프는 오른쪽 그림과 같다.

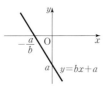

ㄱ. 일차함수 $y=bx+a$의 x절편은 음수이고 일차함수 $y=ax-b$의 그래프의 x절편은 양수이므로 일차함수 $y=bx+a$의 그래프의 x절편이 더 작다.

ㄴ. 일차함수 $y=bx+a$의 그래프를 y축의 방향으로 $-a$만큼 평행이동하면 일차함수 $y=bx$의 그래프가 되고 이 그래프는 원점을 지난다.

ㄷ. 일차함수 $y=bx+a$의 그래프는 제2사분면, 제3사분면, 제4사분면을 지난다.

따라서 옳은 것은 ㄴ뿐이다. **답** ②

22

① 일차함수 $y=-2x+7$의 그래프의 기울기가 음수이므로 오른쪽 아래로 향하는 직선이다.

② 일차함수 $y=-2x+7$의 그래프의 기울기가 -2이므로 x의 값이 3만큼 증가할 때 y의 값은 6만큼 감소한다.

③ 일차함수 $y=-2x+7$의 그래프의 x절편은 $\frac{7}{2}$이고,

일차함수 $y=2x-7$의 그래프의 x절편은 $\frac{7}{2}$이다.

두 그래프의 x절편이 같으므로 두 그래프는 x축에서 만난다.

④ 일차함수 $y=-2x+7$의 그래프는 오른쪽 그림과 같으므로 제1사분면, 제2사분면, 제4사분면을 지난다.

⑤ 일차함수 $y=-2x$의 그래프를 y축의 방향으로 -7만큼 평행이동하면

$y=-2x-7$

따라서 옳지 않은 것은 ⑤이다. **답** ⑤

23

일차함수 $y=(-a+2)x-4$의 그래프의 기울기는 $-a+2$이고 y절편은 -4이므로 그래프가 제1사분면을 지나지 않으려면 오른쪽 그림과 같아야 한다.

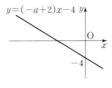

즉, 그래프의 기울기가 음수이어야 하므로

$-a+2<0$ $\therefore a>2$

이때, 점 $(2-a, -3a)$에서

$2-a<0$, $-3a<-6$

따라서 점 $(2-a, -3a)$의 위치가 될 수 있는 곳은 제3사분면, 즉 ㄷ뿐이다. **답** ②

24

두 일차함수 $y=\frac{1}{2}ax+5$, $y=-3x+1$의 그래프가 만나지 않으므로, 즉 평행하므로 두 그래프의 기울기가 같다.

즉, $\frac{1}{2}a=-3$에서 $a=-6$ ······ (가)

두 일차함수의 그래프가 2개 이상의 점에서 만나면 두 그래프는 일치한다. 주어진 두 일차함수 $y=\frac{1}{2}ax+5$, 즉 $y=-3x+5$와

$y=-\frac{3}{2}bx+(c-2)$의 그래프가 x축, y축 위의 두 점에서 만나므로 두 그래프는 일치하고 일차함수의 식은 같다.

즉, $-3=-\frac{3}{2}b$에서 $b=2$

또한, $5=c-2$에서 $c=7$ ······ (나)

$\therefore a+b+c=(-6)+2+7=3$ ······ (다)

답 3

단계	채점 기준	배점
(가)	두 일차함수의 그래프가 만나지 않음을 이용하여 a의 값을 구한 경우	40%
(나)	두 일차함수의 그래프가 두 개 이상의 점에서 만남을 이용하여 b, c의 값을 구한 경우	50%
(다)	$a+b+c$의 값을 구한 경우	10%

25

$y=f(x)$의 그래프 위의 두 점 $(3a, f(3a))$, $(2b, f(2b))$에 대하여

$\dfrac{f(2b)-f(3a)}{3a-2b}=-3$이므로 $\dfrac{f(3a)-f(2b)}{3a-2b}=3$

즉, 일차함수 $y=f(x)$의 그래프의 기울기가 3이므로

$f(x)=mx+n$에서 $m=3$

$\therefore f(x)=3x+n$

또한, 일차함수 $y=f(x)$의 그래프가 점 $(2, -4)$를 지나므로

$-4=3\times 2+n$ $\therefore n=-10$

$\therefore m+n=3+(-10)=-7$ **답** ②

일차함수 $y=f(x)$의 그래프의 기울기

$\dfrac{f(b)-f(a)}{b-a}$의 값은 함수 $y=f(x)$의 그래프 위의 두 점 $(a, f(a))$, $(b, f(b))$를 지나는 직선의 기울기와 같다. 이때, $f(x)$가 일차함수이면 그 값은 $y=f(x)$의 그래프의 기울기가 된다.

26

일차함수 $y=ax-2$의 그래프는 y절편이 -2이고 기울기 a의 값에 관계없이 점 $(0, -2)$를 지나므로 $\mathrm{A}(0, -2)$이다.

두 일차함수 $y=\dfrac{3}{4}x+1$과 $y=bx+3$의 그래프가 평행하므로

$b=\dfrac{3}{4}$

이때, $y=bx+3$, 즉 $y=\dfrac{3}{4}x+3$의 그래프의 x절편을 구하면

$0=\dfrac{3}{4}x+3$, $-\dfrac{3}{4}x=3$ $\therefore x=-4$

$\therefore \mathrm{B}(-4, 0)$

따라서 두 점 $\mathrm{A}(0, -2)$, $\mathrm{B}(-4, 0)$을 지나는 직선을 그래프로 하는 일차함수의 식을 $y=mx+n$이라 하면

$m=(기울기)=\dfrac{0-(-2)}{-4-0}=-\dfrac{1}{2}$, $n=(y절편)=-2$

그러므로 구하는 일차함수의 식은 $y=-\dfrac{1}{2}x-2$이다. **답** ②

27

주어진 그림과 같은 직선을 그래프로 하는 일차함수의 식을 $y=mx+n$이라 하면

$m=(기울기)=\dfrac{0-3}{-3-0}=1$, $n=(y절편)=3$

$\therefore y=x+3$

이때, 점 P의 좌표를 (a, b)라 하면 점 P는 $y=x+3$의 그래프 위의 점이므로

$b=a+3$ ······㉠

또한, $\overline{\mathrm{PA}}=2\overline{\mathrm{PB}}$이므로 $b=-2a$ ······㉡

㉠, ㉡을 연립하여 풀면 $a=-1$, $b=2$ $\therefore \mathrm{P}(-1, 2)$

$\therefore \mathrm{A}(-1, 0)$, $\mathrm{B}(0, 2)$

따라서 두 점 A, B를 지나는 직선을 그래프로 하는 일차함수의 식을 $y=px+q$라 하면

$p=(기울기)=\dfrac{2-0}{0-(-1)}=2$, $q=(y절편)=2$

이므로 구하는 일차함수의 식은 $y=2x+2$이다. **답** ④

28

민영이는 기울기를, 영준이는 y절편을 잘못 보았으므로 민영이는 y절편을, 영준이는 기울기를 바르게 보았다.

두 점 $(-1, 1)$, $(2, -11)$을 지나는 직선을 그래프로 하는 일차함수의 식을 $y=mx+n$이라 하면

$m=(기울기)=\dfrac{-11-1}{2-(-1)}=-4$

일차함수 $y=mx+n$, 즉 $y=-4x+n$의 그래프가 점 $(-1, 1)$을 지나므로

$1=-4\times(-1)+n$ $\therefore n=-3$

즉, 민영이가 그린 그래프는 일차함수 $y=-4x-3$의 그래프이므로 $b=-3$

두 점 $(-2, -5)$, $(1, 7)$을 지나는 일차함수의 그래프의 기울기를 m'이라 하면

$m'=(기울기)=\dfrac{7-(-5)}{1-(-2)}=4$ $\therefore a=4$

따라서 원래 주어진 일차함수의 식은 $y=4x-3$이고 이 일차함수의 그래프가 점 (c, c)를 지나므로

$c=4c-3$, $-3c=-3$ $\therefore c=1$

$\therefore a-b+c=4-(-3)+1=8$ **답** ①

29

네 점 $\mathrm{A}(-2, 3)$, $\mathrm{B}(-2, -2)$, $\mathrm{C}(3, 4)$, $\mathrm{D}(3, 6)$은 다음 그림과 같으므로 일차함수 $y=ax+b$의 그래프가 두 점 A, D를 지날 때 b는 최댓값을, 두 점 B, C를 지날 때 b는 최솟값을 갖는다.

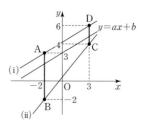

(ⅰ) 일차함수 $y=ax+b$의 그래프가 두 점 $\mathrm{A}(-2, 3)$, $\mathrm{D}(3, 6)$을 지날 때,

$a=(기울기)=\dfrac{6-3}{3-(-2)}=\dfrac{3}{5}$

즉, 일차함수 $y=\dfrac{3}{5}x+b$의 그래프가 점 $\mathrm{A}(-2, 3)$을 지나므로

$3=\dfrac{3}{5}\times(-2)+b$ $\therefore b=3+\dfrac{6}{5}=\dfrac{21}{5}$

(ⅱ) 일차함수 $y=ax+b$의 그래프가 두 점 $\mathrm{B}(-2, -2)$, $\mathrm{C}(3, 4)$를 지날 때,

$a=(기울기)=\dfrac{4-(-2)}{3-(-2)}=\dfrac{6}{5}$

즉, 일차함수 $y=\dfrac{6}{5}x+b$의 그래프가 점 $B(-2, -2)$를 지나므로

$$-2=\dfrac{6}{5}\times(-2)+b \quad \therefore b=-2+\dfrac{12}{5}=\dfrac{2}{5}$$

(i), (ii)에서 b의 최댓값과 최솟값의 합은

$$\dfrac{21}{5}+\dfrac{2}{5}=\dfrac{23}{5} \qquad\qquad\qquad \text{답 } ③$$

30

세 점 $A(8, 5)$, $B(3, 6)$, $C(2, 4)$와 점 P가 평행사변형 $PABC$의 네 꼭짓점이 되면서 $\overline{BP}$가 이 사각형의 대각선이 되어야 하므로 다음 그림과 같아야 한다.

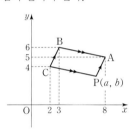

이때, $P(a, b)$라 하면 평행사변형의 마주보는 두 변이 서로 평행하므로

(i) (직선 BC의 기울기)=(직선 AP의 기울기)에서

$$\dfrac{6-4}{3-2}=\dfrac{5-b}{8-a}, \ 2(8-a)=5-b$$

$$\therefore 2a-b=11 \quad\cdots\cdots\text{㉠}$$

(ii) (직선 BA의 기울기)=(직선 CP의 기울기)에서

$$\dfrac{5-6}{8-3}=\dfrac{b-4}{a-2}, \ -(a-2)=5(b-4)$$

$$\therefore a+5b=22 \quad\cdots\cdots\text{㉡}$$

㉠, ㉡을 연립하여 풀면 $a=7$, $b=3$

$$\therefore P(7, 3)$$

두 점 $P(7, 3)$, $B(3, 6)$을 지나는 직선을 그래프로 하는 일차함수의 식을 $y=mx+n$이라 하면

$$m=(\text{기울기})=\dfrac{6-3}{3-7}=-\dfrac{3}{4}$$

즉, 일차함수 $y=-\dfrac{3}{4}x+b$의 그래프가 점 $P(7, 3)$을 지나므로

$$3=-\dfrac{3}{4}\times7+b \quad \therefore b=3+\dfrac{21}{4}=\dfrac{33}{4}$$

따라서 구하는 일차함수의 식은

$$y=-\dfrac{3}{4}x+\dfrac{33}{4} \qquad \text{답 } y=-\dfrac{3}{4}x+\dfrac{33}{4}$$

31

기온이 $x\,^\circ\mathrm{C}$일 때의 소리의 속력을 초속 $y\,\mathrm{m}$라 하면

$$y=331+0.6x$$

기온이 $25\,^\circ\mathrm{C}$일 때의 소리의 속력은 $x=25$일 때의 y의 값이므로

$$y=331+0.6\times25=346$$

즉, 초속 $346\,\mathrm{m}$이다.

진학이가 소리를 지른 다음 메아리 소리를 들을 때까지 2초가 걸렸으므로 소리가 산 정상에서 절벽까지 도달하는 데는 1초가 걸렸다.

따라서 산 정상과 절벽 사이의 거리는

$$346\times1=346(\mathrm{m}) \qquad\qquad \text{답 } 346\,\mathrm{m}$$

32

$0\le x<3$일 때, 점 P는 $\overline{AB}$ 위에 있으므로

$$y=\dfrac{1}{2}\times(6-2x)\times10$$

$$\therefore y=-10x+30$$

즉, x와 y 사이의 관계를 좌표평면 위에 그래프로 나타내면 오른쪽 그림과 같다.

따라서 이 그래프와 x축, y축으로 둘러싸인 도형의 넓이는 $\dfrac{1}{2}\times3\times30=45$

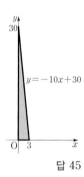

답 45

33

오른쪽 그림과 같이 두 자리 ⓐ, ⓑ를 정하고 이 자리를 고정된 자리로 생각하면

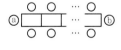

식탁이 1개일 때, ⓐ, ⓑ와 자리 2개

식탁이 2개일 때, ⓐ, ⓑ와 자리 4개

식탁이 3개일 때, ⓐ, ⓑ와 자리 6개

$\qquad\qquad\vdots$

이므로 식탁이 x개일 때, ⓐ, ⓑ와 자리 $2x$개가 만들어진다. 이때, 식탁이 x개일 때의 자리의 수를 y라 하면

$$y=2x+2$$

빈 자리가 없으므로 20명의 사람이 자리에 앉았을 때의 식탁의 개수는 $y=20$일 때의 x의 값과 같다.

즉, $20=2x+2 \quad \therefore x=9$ \qquad 답 9

식탁의 개수 x와 자리의 수 y 사이에 $y=ax+b$와 같은 일차함수의 관계가 성립함을 문제에서 알려 준다면 이를 바로 이용하여 풀 수도 있다.

주어진 그림으로부터 $x=1$일 때 $y=4$, $x=2$일 때 $y=6$이므로

$x=1$, $y=4$를 $y=ax+b$에 대입하면 $a+b=4$

$x=2$, $y=6$을 $y=ax+b$에 대입하면 $2a+b=6$

두 식을 연립하여 풀면 $a=2$, $b=2$이므로 식탁의 개수 x와 사람의 수 y에 대하여 $y=2x+2$의 관계가 성립한다.

34

점 P가 움직이는 속력이 초속 3 cm이므로

$\overline{BP}=3x$ cm, $\overline{PC}=60-3x(cm)$ ——(가)

$\therefore \triangle ABP=\dfrac{1}{2}\times 3x\times 16=24x(cm^2)$,

$\triangle CDP=\dfrac{1}{2}\times(60-3x)\times 10=300-15x(cm^2)$ ——(나)

점 P가 점 B를 출발한 지 x초 후 두 삼각형 ABP, CDP의 넓이의 합이 y cm²이므로

$y=24x+(300-15x)$ $\therefore y=9x+300$ ——(다)

두 삼각형의 넓이의 합이 408 cm²가 될 때까지 걸린 시간은 $y=408$일 때의 x의 값과 같으므로

$y=9x+300$에 $y=408$을 대입하면

$408=9x+300$, $9x=108$ $\therefore x=12$

따라서 두 삼각형 ABP, DPC의 넓이의 합이 408 cm²가 되는 것은 점 P가 출발한 지 12초 후이다. ——(라)

답 $y=9x+300$, 12초 후

단계	채점 기준	배점
(가)	$\overline{BP}$, $\overline{CP}$의 길이를 각각 x에 대한 식으로 나타낸 경우	20%
(나)	삼각형 ABP, 삼각형 CDP의 넓이를 각각 x에 대한 식으로 나타낸 경우	20%
(다)	x, y 사이의 관계식을 구한 경우	30%
(라)	점 P가 출발한 지 몇 초 후에 두 삼각형의 넓이의 합이 408 cm²가 되는지 구한 경우	30%

35

물체의 무게가 20 g 증가할 때마다 용수철의 길이는 5 cm씩 늘어나므로 무게가 1 g 증가할 때마다 용수철의 길이는 $\dfrac{1}{4}$ cm씩 늘어난다.

즉, 물체의 무게가 x g일 때, 용수철의 길이가 y cm이므로

$y=\dfrac{1}{4}x+30$ $\therefore a=\dfrac{1}{4}$, $b=30$

용수철에 매단 물체의 무게가 200 g일 때 용수철의 길이는 $x=200$일 때의 y의 값과 같으므로 $y=\dfrac{1}{4}x+30$에 $x=200$, $y=c$를 대입하면

$c=\dfrac{1}{4}\times 200+30=80$

$\therefore 4a+b+c=4\times\dfrac{1}{4}+30+80=111$ 답 111

01 (1) $y=2x+4$, 44 (2) $y=2x-2$, 38 02 78

03 15   04 $y=\dfrac{3}{5}x-\dfrac{3}{5}$ 05 $-\dfrac{9}{2}$, $\dfrac{11}{2}$

06 9   07 -27 08 $\dfrac{9}{4}$

01 해결단계

(1)	❶단계	x와 y 사이의 관계를 식으로 나타낸다.
	❷단계	❶단계에서 구한 일차함수의 식을 이용하여 고리가 20개일 때 사용된 붉은색 구슬의 개수를 구한다.
(2)	❸단계	x와 y 사이의 관계를 식으로 나타낸다.
	❹단계	❸단계에서 구한 일차함수의 식을 이용하여 고리가 20개일 때 사용된 푸른색 구슬의 개수를 구한다.

(1) 다음 그림과 같이 고리가 1개일 때에 대하여 두 부분 ⓐ, ⓑ로 나누면 고리가 1개 늘어날 때마다 ⓐ, ⓑ 사이에 붉은색 구슬 2개가 추가된다.

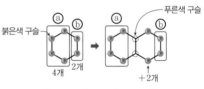

[고리 1개]   [고리 2개]

고리가 1개일 때, ⓐ의 4개, ⓑ의 2개

고리가 2개일 때, ⓐ의 4개, ⓑ와 추가된 구슬이 총 4개

고리가 3개일 때, ⓐ의 4개, ⓑ와 추가된 구슬이 총 6개

$\vdots$

이므로 고리가 x개일 때, ⓐ의 4개, ⓑ와 추가된 구슬이 총 $2x$개이므로 붉은색 구슬의 총개수 y는

$y=2x+4$

또한, 고리가 20개일 때 사용된 붉은색 구슬의 개수는 $x=20$일 때의 y의 값과 같으므로 $y=2x+4$에 $x=20$을 대입하면

$y=2\times 20+4=40+4=44($개$)$

(2) (1)의 그림에서 고리끼리 연결되는 부분에 푸른색 구슬이 2개씩 사용되고, 고리가 x개일 때 연결되는 부분은 $(x-1)$개이므로 푸른색 구슬의 총개수 y는

$y=2(x-1)$ $\therefore y=2x-2$

또한, 고리가 20개일 때 사용된 푸른색 구슬의 개수는 $x=20$일 때의 y의 값과 같으므로 $y=2x-2$에 $x=20$을 대입하면

$$y=2\times20-2=40-2=38(개)$$

답 ⑴ $y=2x+4$, 44   ⑵ $y=2x-2$, 38

02 해결단계

❶단계	$M(f(x),\,5)=5$를 이용하여 가능한 $f(x)$의 값을 구한다.
❷단계	❶단계에서 구한 각 $f(x)$의 값에 따른 x의 값을 구한다.
❸단계	모든 x의 값의 합을 구한다.

$M(f(x),\,5)=5$이므로 $f(x)\leq5$

이때, $f(x)$는 개수이므로 $f(x)=0,\,1,\,2,\,3,\,4,\,5$

$f(x)=0$을 만족시키는 x의 값은 1

$f(x)=1$을 만족시키는 x의 값은 2

$f(x)=2$를 만족시키는 x의 값은 3, 4

$f(x)=3$을 만족시키는 x의 값은 5, 6

$f(x)=4$를 만족시키는 x의 값은 7, 8, 9, 10

$f(x)=5$를 만족시키는 x의 값은 11, 12

따라서 조건을 만족시키는 모든 x의 값의 합은

$1+2+3+\cdots+10+11+12=78$ 답 78

03 해결단계

❶단계	$f(x)=ax+b$ (a, b는 상수, $a\neq0$)라 하고 주어진 등식의 좌변을 간단히 한다.
❷단계	a의 값을 구한다.
❸단계	$f(120)-f(117)$의 값을 구한다.

$f(x)=ax+b$ (a, b는 상수, $a\neq0$)라 하면

$$f(120)-f(117)=120a+b-(117a+b)$$
$$=3a \quad\cdots\cdots\,\unicode{x1D7E0}$$

또한, 주어진 등식의 좌변에서

$$\frac{f(100)-f(1)}{99}+\frac{f(99)-f(2)}{97}+\frac{f(98)-f(3)}{95}+\cdots$$
$$+\frac{f(51)-f(50)}{1}$$

$$=\frac{100a+b-(a+b)}{99}+\frac{99a+b-(2a+b)}{97}$$
$$+\frac{98a+b-(3a+b)}{95}+\cdots+\frac{51a+b-(50a+b)}{1}$$

$$=\frac{99a}{99}+\frac{97a}{97}+\frac{95a}{95}+\cdots+\frac{a}{1}$$
$$=50a$$

즉, $50a=250$이므로 $a=5$

따라서 ㉠에서

$f(120)-f(117)=3\times5=15$ 답 15

| 다른풀이 |

상수 a, b에 대하여 $\dfrac{f(a)-f(b)}{a-b}$는 일차함수 $y=f(x)$의 기울기

이므로 이 일차함수의 기울기를 m이라 하면

$$\frac{f(100)-f(1)}{99}+\frac{f(99)-f(2)}{97}+\frac{f(98)-f(3)}{95}+\cdots$$
$$+\frac{f(51)-f(50)}{1}$$

$$=\frac{f(100)-f(1)}{100-1}+\frac{f(99)-f(2)}{99-2}+\frac{f(98)-f(3)}{98-3}+\cdots$$
$$+\frac{f(51)-f(50)}{51-50}$$

$$=50m=250$$

$\therefore\ m=5$

즉, $\dfrac{f(120)-f(117)}{120-117}=m$에서

$f(120)-f(117)=3m=15$

04 해결단계

❶단계	경계선을 일차함수의 그래프로 바꾸는 방법을 서술한다.
❷단계	점 A를 지나는 일차함수의 그래프가 x축과 만나는 점의 좌표를 구한다.
❸단계	일차함수의 식을 구한다.

다음 그림과 같이 점 B를 지나고 선분 AC와 평행한 직선이 x축과 만나는 점을 D라 하고, $\overline{\text{AD}}$와 $\overline{\text{BC}}$의 교점을 E라 하면

$\overline{\text{AC}}\,/\!/\,\overline{\text{BD}}$이므로 $\triangle\text{ABC}=\triangle\text{ADC}$

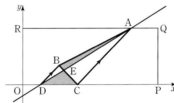

즉, $\triangle\text{ABE}=\triangle\text{CED}$가 되므로 두 부분의 넓이의 변화없이 경계선을 직선 AD로 바꿀 수 있다.

두 선분 AC, BD가 평행하므로 두 점 A, C를 지나는 직선, 두 점 B, D를 지나는 직선을 그래프로 하는 일차함수의 식을 각각 $y=ax+b$, $y=ax+c$ (a, b, c는 상수)라 할 수 있다.

이때, A(6, 3), C(3, 0)이므로 $a=\dfrac{3-0}{6-3}=1$

일차함수 $y=x+c$의 그래프가 점 B(2, 1)을 지나므로

$1=2+c$ $\therefore c=-1$

즉, 일차함수 $y=x-1$의 그래프의 x절편은 1이므로

D(1, 0)

따라서 구하는 일차함수는 두 점 A(6, 3), D(1, 0)를 지나는 직선을 그래프로 하는 함수이다.

일차함수의 식을 $y=mx+n$이라 하면

$$m=\frac{3-0}{6-1}=\frac{3}{5}$$

즉, $y=\dfrac{3}{5}x+n$이 점 $D(1, 0)$을 지나므로

$0=\dfrac{3}{5}+n$ $\therefore n=-\dfrac{3}{5}$

그러므로 구하는 일차함수의 식은 $y=\dfrac{3}{5}x-\dfrac{3}{5}$이다.

답 $y=\dfrac{3}{5}x-\dfrac{3}{5}$

blacklabel 특강 풀이첨삭

두 선분 AC, BD가 평행하므로 오른쪽 그림과 같이
점 D에서 선분 AC의 연장선에 내린 수선의 발을 H
라 하면 점 B와 선분 AC 사이의 거리는 $\overline{\text{DH}}$의 길이
와 서로 같다. 또한, 이 거리는 $\triangle$ABC, $\triangle$ADC의

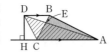

밑변을 각각 선분 AC로 생각할 때 두 삼각형의 높이가 된다. 즉, 두 삼각형 ABC,
ADC는 밑변의 길이와 높이가 각각 같은 삼각형이므로 그 넓이도 서로 같다.
이때, $\triangle$ABC$=\triangle$ABE$+\triangle$AEC, $\triangle$ADC$=\triangle$AEC$+\triangle$CED이므로
$\triangle$ABE$=\triangle$CED

05 해결단계

❶단계	두 점 O, A를 주어진 규칙에 따라 이동시킨다.
❷단계	점 B가 ㈎의 규칙에 따라 이동했을 경우 조건을 만족시키는 상수 a의 값을 구한다.
❸단계	점 B가 ㈏의 규칙에 따라 이동했을 경우 조건을 만족시키는 상수 a의 값을 구한다.

점 $O(0, 0)$에서 $0=0$이므로 ㈎의 규칙에 따라 이동시킨 점을
O'이라 하면 점 O'의 좌표는 $(0, 0)$이다.

점 $A(1, 3)$에서 $1<3$이므로 ㈏의 규칙에 따라 이동시킨 점을
A'이라 하면 점 A'의 x좌표는 $1+3=4$, y좌표는 $1-3=-2$이
므로

$A'(4, -2)$

즉, 두 점 O', A'을 지나는 직선을 그래프로 하는 일차함수의 식
을 $y=mx+n$이라 하면

$m=\dfrac{-2-0}{4-0}=-\dfrac{1}{2}$

이때, 함수 $y=-\dfrac{1}{2}x+n$의 그래프가 원점을 지나므로

$n=0$

따라서 일차함수의 식은 $y=-\dfrac{1}{2}x$

한편, 점 $B(4, 2a+1)$에 대하여

(i) $4\geq 2a+1$, 즉 $a\leq\dfrac{3}{2}$일 때,

점 B를 ㈎의 규칙에 따라 이동시킨 점을 B'이라 하면 점 B'의
좌표는 $(2a+1, 4)$

이때, 점 B'이 일차함수 $y=-\dfrac{1}{2}x$의 그래프 위에 있어야 하
므로

$4=-\dfrac{1}{2}(2a+1)$, $-8=2a+1$

$2a=-9$ $\therefore a=-\dfrac{9}{2}$

(ii) $4<2a+1$, 즉 $a>\dfrac{3}{2}$일 때,

점 B를 ㈏의 규칙에 따라 이동시킨 점을 B''이라 하면 점 B''의
x좌표는 $4+2a+1=2a+5$, y좌표는 $4-(2a+1)=-2a+3$
이므로

$B''(2a+5, -2a+3)$

이때, 점 B''이 일차함수 $y=-\dfrac{1}{2}x$의 그래프 위에 있어야 하
므로

$-2a+3=-\dfrac{1}{2}(2a+5)$, $4a-6=2a+5$

$2a=11$ $\therefore a=\dfrac{11}{2}$

(i), (ii)에서 조건을 만족시키는 모든 상수 a의 값은 $-\dfrac{9}{2}$, $\dfrac{11}{2}$이다.

답 $-\dfrac{9}{2}$, $\dfrac{11}{2}$

06 해결단계

❶단계	작은 정사각형의 한 꼭짓점의 x좌표를 미지수로 두고 각 정사각형의 한 변의 길이를 그 미지수를 사용하여 나타낸다.
❷단계	두 정사각형의 각각의 둘레의 길이의 합이 28임을 이용하여 미지수의 값을 구한다.
❸단계	작은 정사각형의 넓이를 구한다.

다음 그림과 같이 점 A, B, C, $\cdots$, G를 정하고 점 B의 x좌표를
$a\,(a>0)$라 하자.

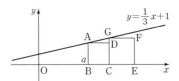

이때, 점 A의 x좌표도 a이고 점 A는 $y=\dfrac{1}{3}x+1$의 그래프 위
의 점이므로

$A\left(a, \dfrac{1}{3}a+1\right)$ $\therefore \overline{\text{AB}}=\dfrac{1}{3}a+1$

또한, $\overline{\text{AB}}=\overline{\text{BC}}$이므로 점 C의 x좌표는

$a+\dfrac{1}{3}a+1=\dfrac{4}{3}a+1$

이때, 점 G의 x좌표도 $\dfrac{4}{3}a+1$이고 점 G는 $y=\dfrac{1}{3}x+1$의 그래
프 위의 점이므로

$G\left(\dfrac{4}{3}a+1, \dfrac{4}{9}a+\dfrac{4}{3}\right)$

$\therefore \overline{\text{CG}}=\dfrac{4}{9}a+\dfrac{4}{3}$

두 정사각형의 각각의 둘레의 길이의 합은

$$4\left(\frac{1}{3}a+1\right)+4\left(\frac{4}{9}a+\frac{4}{3}\right)=28$$

$$\frac{4}{3}a+4+\frac{16}{9}a+\frac{16}{3}=28,\ \frac{28}{9}a+\frac{28}{3}=28$$

$a+3=9$에서 $a=6$

$$\therefore \overline{AB}=\frac{1}{3}\times6+1=3$$

따라서 작은 정사각형 ABCD의 넓이는

$3\times3=9$ 답 9

07 해결단계

❶단계	$f(5)$와 $f\left(\frac{1}{2}\right)$의 값을 각각 구한다.
❷단계	$f(125)$와 $f\left(\frac{1}{8}\right)$의 값을 $f(5)$와 $f\left(\frac{1}{2}\right)$의 값을 이용하여 구한다.
❸단계	$f\left(\frac{125}{8}\right)$의 값을 구한다.

조건 ㈎에서 $f(100)=f(10)+f(10)$이고,

조건 ㈏에서 $f(100)=10$이므로

$10=2f(10)$ $\therefore f(10)=5$

조건 ㈎에서 $f(50)=f(10)+f(5)$이고,

조건 ㈏에서 $f(50)=3$이므로

$3=5+f(5)$ $\therefore f(5)=-2$

즉, $f(5)=f(10)+f\left(\frac{1}{2}\right)$이므로 $-2=5+f\left(\frac{1}{2}\right)$

$\therefore f\left(\frac{1}{2}\right)=-7$

이때,

$$f(125)=f(25)+f(5)$$
$$=f(5)+f(5)+f(5)$$
$$=3f(5)=3\times(-2)=-6,$$

$$f\left(\frac{1}{8}\right)=f\left(\frac{1}{4}\right)+f\left(\frac{1}{2}\right)$$
$$=f\left(\frac{1}{2}\right)+f\left(\frac{1}{2}\right)+f\left(\frac{1}{2}\right)$$
$$=3f\left(\frac{1}{2}\right)=3\times(-7)=-21$$

이므로

$$f\left(\frac{125}{8}\right)=f(125)+f\left(\frac{1}{8}\right)=(-6)+(-21)=-27$$ 답 -27

08 해결단계

❶단계	$\overline{AB}$, $\overline{BC}$, 점 B를 각각 좌표평면의 y축, x축, 원점 위에 올려놓았을 때, 점 D와 점 E를 각각 y축, x축에 대하여 대칭이동한 점 D′, E′을 좌표평면 위에 나타낸다.
❷단계	두 점 D′, E′을 지나는 일차함수의 그래프의 식을 구한다.
❸단계	삼각형 PBQ의 넓이를 구한다.

직선 AB를 y축, 직선 BC를 x축, 점 B를 원점으로 하는 좌표평면에 주어진 직사각형 ABCD를 놓으면

A$(0, 9)$, B$(0, 0)$, C$(3, 0)$, D$(3, 9)$

점 E는 선분 DC를 삼등분한 점 중에서 점 C에 가까운 점이므로 E$(3, 3)$

또한, 점 D와 y축에 대하여 대칭인 점을 D′, 점 E와 x축에 대하여 대칭인 점을 E′이라 하면 D′$(-3, 9)$, E′$(3, -3)$이다.

이때, 수영해서 움직인 거리가 최소가 되는 벽면 위의 두 점을 P, Q라 하므로 다음 그림과 같이 두 점 D′, E′을 지나는 일차함수의 그래프가 x축, y축과 만나는 점이 각각 점 Q, 점 P가 되어야 한다.

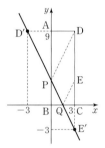

두 점 D′, E′을 지나는 직선을 그래프로 하는 일차함수의 식을 $y=mx+n$이라 하면

$$m=\frac{-3-9}{3-(-3)}=-2$$

즉, $y=-2x+n$의 그래프가 점 E′$(3, -3)$을 지나므로

$-3=-2\times3+n$ $\therefore n=3$

따라서 일차함수 $y=-2x+3$의 그래프의 x절편은 $\frac{3}{2}$, y절편은 3이므로 P$(0, 3)$, Q$\left(\frac{3}{2}, 0\right)$이고 삼각형 PBQ의 넓이는

$$\frac{1}{2}\times\frac{3}{2}\times3=\frac{9}{4}$$ 답 $\frac{9}{4}$

미리보는 **학력평가**			p. 79
1 ⑤	2 3	3 22	4 3

1

일차함수 $y=ax+b$의 그래프는 일차함수 $y=2x$의 그래프와 평행하므로 두 직선의 기울기는 서로 같다.

$\therefore a=2$

일차함수 $y=2x+b$의 그래프의 x절편이 3이므로

$x=3$, $y=0$을 대입하면

Ⅳ. 함수　075

$0=2\times3+b$ $\therefore b=-6$

$\therefore a+b=2+(-6)=-4$ 답 ⑤

2

두 직선 $y=ax+b$, $y=2x-3$이 서로 평행하므로 기울기는 서로 같다.

$\therefore a=2$

직선 $y=ax+b$, 즉 직선 $y=2x+b$와 직선 $y=x+1$이 y축 위에서 만나므로 y절편 1이 서로 같다.

$\therefore b=1$

$\therefore a+b=3$ 답 3

3

기울기가 4인 일차함수의 그래프의 y절편을 b라 하면 일차함수의 식은

$y=4x+b$ ……㉠

㉠의 그래프가 점 $(2, 30)$을 지나므로

㉠에 $x=2$, $y=30$을 대입하면

$30=4\times2+b$

$\therefore b=22$

따라서 구하는 일차함수의 그래프의 y절편은 22이다.   답 22

4

두 점 $(-2, -3)$, $(2, 5)$를 지나는 직선을 그래프로 하는 일차함수의 식을 $y=mx+n$이라 하면

$m=\dfrac{5-(-3)}{2-(-2)}=2$

즉, 일차함수 $y=2x+n$의 그래프가 점 $(2, 5)$를 지나므로

$5=2\times2+n$ $\therefore n=1$

따라서 일차함수 $y=2x+1$의 그래프 위에 점 $(a, 7)$이 있으므로

$7=2a+1$ $\therefore a=3$ 답 3

| 다른풀이 |

세 점 $(-2, -3)$, $(2, 5)$, $(a, 7)$이 한 일차함수의 그래프 위에 있으므로 어느 두 점에 대하여 기울기를 구해도 모두 같다.

즉, $\dfrac{5-(-3)}{2-(-2)}=\dfrac{7-5}{a-2}$이므로

$\dfrac{2}{a-2}=2$ $\therefore a=3$

08 일차함수와 일차방정식의 관계

Step 1   시험에 꼭 나오는 문제   p. 81

01 ③	02 ②	03 ②	04 ③	05 2
06 ②	07 −12	08 80		

01

일차방정식 $-2x+y+3=0$에서

$y=2x-3$

즉, 그래프는 오른쪽 그림과 같다.

① $x=-2$, $y=3$을 $-2x+y+3=0$에 대입하면

$-2\times(-2)+3+3=10\neq0$

즉, 점 $(-2, 3)$을 지나지 않는다.

② 제1사분면, 제3사분면, 제4사분면을 지난다.

④ 일차함수 $y=-2x-3$의 그래프와 일치하지 않는다.

⑤ x의 값이 1만큼 증가할 때, y의 값은 2만큼 증가한다.

따라서 옳은 것은 ③이다.   답 ③

02

일차방정식 $ax-by-c=0$에서

$y=\dfrac{a}{b}x-\dfrac{c}{b}$ ……㉠

이때, $a>0$, $b>0$, $c>0$이므로

$(기울기)=\dfrac{a}{b}>0$, $(y절편)=-\dfrac{c}{b}<0$

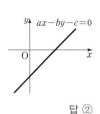

따라서 ㉠의 그래프는 오른쪽 그림과 같으므로 제2사분면을 지나지 않는다.

답 ②

03

x축에 평행한 직선의 방정식은 $y=k$ (k는 상수) 꼴이다.

두 점 $(-3a+8, -4)$, $(a-4, 2a)$는 모두 직선 $y=k$ 위의 점이므로 y좌표가 서로 같다.

따라서 $2a=-4$이므로

$a=-2$ 답 ②

04

두 일차방정식 $x+y-5=0$, $2x-y-4=0$의 그래프의 교점의
좌표는 연립방정식

$$\begin{cases} x+y-5=0 & \cdots\cdots \text{㉠} \\ 2x-y-4=0 & \cdots\cdots \text{㉡} \end{cases}$$

의 해와 같다.

㉠, ㉡을 연립하여 풀면 $x=3$, $y=2$

즉, 주어진 두 일차방정식의 그래프의 교점의 좌표는 $(3, 2)$이다.

또한, x축에 수직인 직선의 방정식은 $x=k$ (k는 상수) 꼴이다.

따라서 구하는 직선의 방정식은

$x=3$ 답 ③

05

주어진 그림에서 두 일차방정식 $x-2y-a=0$,
$ax+y-9=0$의 그래프는 x좌표가 4인 점에서 만나고 있다.

이때, 교점의 좌표를 $(4, b)$라 하면 $(4, b)$는 연립방정식

$$\begin{cases} x-2y-a=0 \\ ax+y-9=0 \end{cases}$$ 의 해와 같으므로

$x=4$, $y=b$를 각 일차방정식에 대입하면

$$\begin{cases} 4-2b-a=0 & \cdots\cdots \text{㉠} \\ 4a+b-9=0 & \cdots\cdots \text{㉡} \end{cases}$$

㉠, ㉡을 연립하여 풀면 $a=2$, $b=1$

따라서 구하는 상수 a의 값은 2이다.   답 2

06

세 직선이 한 점에서 만나므로 어느 두 직선의 교점을 나머지 한
직선이 지나야 한다.

$$\begin{cases} 3x-y-5=0 & \cdots\cdots \text{㉠} \\ ax-by+8=0 & \cdots\cdots \text{㉡} \\ x-3y+1=0 & \cdots\cdots \text{㉢} \end{cases}$$

이라 할 때, 세 직선 ㉠, ㉡, ㉢이 만나는 한 점은 두 직선 ㉠, ㉢
의 교점과 같다.

㉠, ㉢을 연립하여 풀면

$x=2$, $y=1$

즉, 교점의 좌표는 $(2, 1)$이므로 ㉡에서

$2a-b+8=0$

이 식의 양변을 4로 나누면 $\dfrac{a}{2}-\dfrac{b}{4}+2=0$

$\therefore \dfrac{a}{2}-\dfrac{b}{4}=-2$ 답 ②

07

두 직선의 교점이 없으려면 두 직선은 평행해야 한다.

두 일차방정식 $3x-ay=4$, $5x+3y=b$, 즉 두 일차방정식
$3x-ay-4=0$, $5x+3y-b=0$의 그래프가 평행하므로

$\dfrac{3}{5}=\dfrac{-a}{3}\neq\dfrac{-4}{-b}$

$\dfrac{3}{5}=\dfrac{-a}{3}$에서 $a=-\dfrac{9}{5}$, $\dfrac{3}{5}\neq\dfrac{-4}{-b}$에서 $b\neq\dfrac{20}{3}$

따라서 $p=-\dfrac{9}{5}$, $q=\dfrac{20}{3}$이므로

$pq=\left(-\dfrac{9}{5}\right)\times\dfrac{20}{3}=-12$ 답 -12

08

점 A는 두 일차방정식 $kx-3y+10k=0$, $x=5$의 그래프의 교
점이므로 $x=5$를 $kx-3y+10k=0$에 대입하면

$5k-3y+10k=0$, $3y=15k$ $\therefore y=5k$

$\therefore$ A$(5, 5k)$

점 B는 일차방정식 $kx-3y+10k=0$의 그래프가 x축과 만나는
점이므로 $y=0$을 $kx-3y+10k=0$에 대입하면

$kx+10k=0$ $\therefore x=-10$ ($\because k>0$)

$\therefore$ B$(-10, 0)$

또한, 점 C는 일차방정식 $x=5$의 그래프가 x축과 만나는 점이
므로 C$(5, 0)$

이때, $\triangle$ABC의 넓이가 60이므로

$\dfrac{1}{2}\times\{5-(-10)\}\times5k=60$

$\dfrac{75}{2}k=60$ $\therefore k=\dfrac{8}{5}$

$\therefore 50k=50\times\dfrac{8}{5}=80$ 답 80

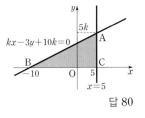

01

주어진 그래프는 두 점 $(2, 0)$, $(0, -6)$을 지나는 직선이므로

$(\text{기울기}) = \dfrac{-6-0}{0-2} = 3$, $(y\text{절편}) = -6$

즉, $y = 3x - 6$이므로 $3x - y - 6 = 0$

이 직선의 방정식이 $ax - y + b = 0$과 같으므로

$a = 3$, $b = -6$

따라서 $y = bx - a$는 $y = -6x - 3$이다.

① $-6 \times 0 - 3 = -3$이므로 점 $(0, -3)$을 지난다.

② $-6 \times 1 - 3 = -9$이므로 점 $(1, -9)$를 지난다.

③ $-6 \times \dfrac{1}{6} - 3 = -4 \neq 0$이므로 점 $\left(\dfrac{1}{6}, 0\right)$을 지나지 않는다.

④ $-6 \times (-1) - 3 = 3$이므로 점 $(-1, 3)$을 지난다.

⑤ $-6 \times \dfrac{1}{2} - 3 = -6$이므로 점 $\left(\dfrac{1}{2}, -6\right)$을 지난다.

따라서 일차함수 $y = bx - a$의 그래프가 지나는 점이 아닌 것은 ③ $\left(\dfrac{1}{6}, 0\right)$이다. 답 ③

02

일차방정식 $2x + by - 8 = 0$에서

$by = -2x + 8$ $\therefore y = -\dfrac{2}{b}x + \dfrac{8}{b}$

이것이 $y = -ax + 4$와 일치하므로

$-\dfrac{2}{b} = -a$, $\dfrac{8}{b} = 4$ $\therefore b = 2$, $a = 1$

$\therefore a + b = 1 + 2 = 3$ 답 ⑤

| 다른풀이 |

주어진 일차함수와 일차방정식의 그래프가 서로 일치하므로 연립방정식 $\begin{cases} y = -ax + 4 \\ 2x + by - 8 = 0 \end{cases}$, 즉 $\begin{cases} ax + y - 4 = 0 \\ 2x + by - 8 = 0 \end{cases}$의 해는 무수히 많다.

즉, $\dfrac{a}{2} = \dfrac{1}{b} = \dfrac{-4}{-8}$이므로 $a = 1$, $b = 2$

$\therefore a + b = 1 + 2 = 3$

03

① 일차방정식 $2x + y - 1 = 0$에서 $y = -2x + 1$

② y절편이 -5이므로 기울기를 a라 하면 직선의 방정식을 $y = ax - 5$로 나타낼 수 있다.

이 직선이 점 $(-2, -1)$을 지나므로

$-1 = -2a - 5$, $2a = -4$ $\therefore a = -2$

$\therefore y = -2x - 5$

③ 기울기가 -2이므로 y절편을 b라 하면 직선의 방정식을 $y = -2x + b$로 나타낼 수 있다.

이 직선이 점 $\left(\dfrac{1}{2}, -\dfrac{1}{2}\right)$을 지나므로

$-\dfrac{1}{2} = -1 + b$ $\therefore b = \dfrac{1}{2}$

$\therefore y = -2x + \dfrac{1}{2}$

④ y절편이 6이므로 기울기를 c라 하면 직선의 방정식을 $y = cx + 6$으로 나타낼 수 있다.

이 직선의 x절편이 -3이므로 점 $(-3, 0)$을 지난다.

즉, $0 = -3c + 6$에서 $3c = 6$ $\therefore c = 2$

$\therefore y = 2x + 6$

⑤ 두 점 $(-1, 4)$, $(1, 0)$을 지나는 직선의 기울기는

$\dfrac{0 - 4}{1 - (-1)} = -2$

이 직선의 y절편을 d라 하면 직선의 방정식을 $y = -2x + d$로 나타낼 수 있다.

이 직선이 점 $(1, 0)$을 지나므로

$0 = -2 + d$ $\therefore d = 2$

$\therefore y = -2x + 2$

따라서 주어진 직선 중 다른 네 직선과 평행하지 않은 직선은 ④이다. 답 ④

04

일차방정식 $ax + by + 1 = 0$에서 $y = -\dfrac{a}{b}x - \dfrac{1}{b}$ ······㉠

① $a > 0$, $b > 0$이면 $-\dfrac{a}{b} < 0$, $-\dfrac{1}{b} < 0$
즉, ㉠의 기울기와 y절편이 모두 음수이므로 그래프는 오른쪽 그림과 같고, 제2사분면, 제3사분면, 제4사분면을 지난다.

② $a < 0$, $b > 0$이면 $-\dfrac{a}{b} > 0$, $-\dfrac{1}{b} < 0$
즉, ㉠의 기울기는 양수, y절편은 음수이므로 그래프는 오른쪽 그림과 같고, 제1사분면, 제3사분면, 제4사분면을 지난다.

③ $a < 0$, $b < 0$이면 $-\dfrac{a}{b} < 0$, $-\dfrac{1}{b} > 0$
즉, ㉠의 기울기는 음수, y절편은 양수이므로 그래프는 오른쪽 그림과 같고, 제1사분면, 제2사분면, 제4사분면을 지난다.

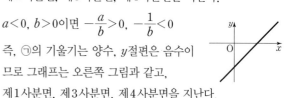

④ $ax + by + 1 = 0$에서 $a = 0$, $b \neq 0$이면 $by + 1 = 0$
즉, $y = -\dfrac{1}{b}$이므로 x축에 평행한 직선이다.

⑤ $ax + by + 1 = 0$에서 $a \neq 0$, $b = 0$이면 $ax + 1 = 0$
즉, $x = -\dfrac{1}{a}$이므로 y축에 평행한 직선이다.

따라서 옳지 않은 것은 ③이다. 답 ③

05

일차방정식 $ax-\dfrac{1}{b}y+\dfrac{c}{a}=0$에서

$y=abx+\dfrac{bc}{a}$

이때, 주어진 그래프에서 기울기는 음수, y절편은 양수이므로

$ab<0$, $\dfrac{bc}{a}>0$

$\therefore a>0$, $b<0$, $c<0$ 또는 $a<0$, $b>0$, $c<0$

또한, 일차방정식 $bx+\dfrac{1}{c}y-a=0$에서

$y=-bcx+ac$ ……㉠

(i) $a>0$, $b<0$, $c<0$일 때,

 $-bc<0$, $ac<0$이므로 ㉠의 기울기, y절편이 모두 음수이다. 따라서 그래프는 제2사분면, 제3사분면, 제4사분면을 지나는 직선이므로 ㄱ이다.

(ii) $a<0$, $b>0$, $c<0$일 때,

 $-bc>0$, $ac>0$이므로 ㉠의 기울기, y절편이 모두 양수이다. 따라서 그래프는 제1사분면, 제2사분면, 제3사분면을 지나는 직선이므로 ㄴ이다.

(i), (ii)에서 일차방정식 $bx+\dfrac{1}{c}y-a=0$의 그래프가 될 수 있는 것은 ㄱ, ㄴ이다. 　　　　　　　　답 ①

06

점 $(-3, 6)$을 지나고 x축에 평행한 직선의 방정식은
$y=6$

점 $(4, -5)$를 지나고 y축에 평행한 직선의 방정식은
$x=4$

따라서 두 직선의 교점의 좌표는 $(4, 6)$이므로

$p=4$, $q=6$　　$\therefore p+q=4+6=10$　　　답 ②

07

세 점 $A(-4, 4)$, $B(3, 2)$, $C(-1, -2)$를 꼭짓점으로 하는 삼각형 ABC는 오른쪽 그림과 같으므로 x축에 평행한 직선을 $y=k$ (k는 상수)라 할 때, $\overline{PQ}$의 길이가

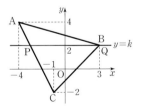

최댓값을 갖는 경우는 직선 $y=k$가 점 B를 지날 때이다.

$\therefore k=2$, $Q(3, 2)$

두 점 A, C를 지나는 직선을 그래프로 하는 일차함수의 식을 $y=ax+b$ (a, b는 상수, $a\neq0$)라 하면

$a=\dfrac{-2-4}{-1-(-4)}=-2$

즉, 일차함수 $y=-2x+b$의 그래프가 점 A를 지나므로

$4=8+b$　　$\therefore b=-4$

$\therefore y=-2x-4$

한편, 점 P의 좌표를 $(p, 2)$라 하면 점 P는 직선 AC 위의 점이므로

$2=-2p-4$　　$\therefore p=-3$, $P(-3, 2)$

따라서 구하는 최댓값은

$3-(-3)=6$　　　　　　　　　　　　　　답 ②

08

사각형 ABCD가 직사각형이므로 직선 AD는 변 BC를 포함하는 직선인 x축에 평행하다.

구하는 직선 AD의 방정식을 $y=k$ (k는 상수)라 하면

$\overline{AB}=k$ ……㉠

일차방정식 $4x-y+2=0$의 그래프 위의 점 A의 y좌표가 k이므로 x좌표는

$4x-k+2=0$, $4x=k-2$　　$\therefore x=\dfrac{k-2}{4}$

일차방정식 $2x+3y-36=0$의 그래프 위의 점 D의 y좌표가 k이므로 x좌표는

$2x+3k-36=0$, $2x=-3k+36$　　$\therefore x=\dfrac{-3k+36}{2}$

즉, $A\left(\dfrac{k-2}{4}, k\right)$, $D\left(\dfrac{-3k+36}{2}, k\right)$이므로

$\overline{AD}=\dfrac{-3k+36}{2}-\dfrac{k-2}{4}=\dfrac{-7k+74}{4}$ ……㉡

그런데 $\overline{AB}:\overline{AD}=3:4$이므로 ㉠, ㉡에서

$k:\dfrac{-7k+74}{4}=3:4$

$4k=\dfrac{3(-7k+74)}{4}$, $16k=-21k+222$

$37k=222$　　$\therefore k=6$

따라서 직선 AD의 방정식은 $y=6$이다.　　　답 $y=6$

09

일차방정식 $ax+y+b=0$에서

$y=-ax-b$

이 일차방정식의 그래프의 y절편이 -6이므로 $b=6$

$\therefore y=-ax-6$ ……㉠

일차방정식 $2x-3y+c=0$의 그래프의 x절편이 -6이므로

$2\times(-6)-3\times0+c=0$　　$\therefore c=12$

$\therefore 2x-3y+12=0$ ……㉡

한편, 두 일차방정식의 그래프의 교점의 y좌표가 3이므로

$y=3$을 ㉡에 대입하면 교점의 x좌표는

$2x-3\times3+12=0$ $\therefore x=-\dfrac{3}{2}$

따라서 두 일차방정식의 그래프의 교점의 좌표가

$\left(-\dfrac{3}{2},\ 3\right)$이므로 ㉠에서

$3=-a\times\left(-\dfrac{3}{2}\right)-6$ $\therefore a=6$

$\therefore a+b+c=6+6+12=24$ 답 24

10

직선 l의 y절편은 4이므로 기울기를 a라 하면 직선 l의 방정식을 $y=ax+4$로 나타낼 수 있다.

이때, 직선 l은 점 $(2, 0)$을 지나므로

$0=2a+4$ $\therefore a=-2$

$\therefore l : 2x+y-4=0$

한편, 직선 m은 두 점 $(-4, 0)$, $(-2, -2)$를 지나므로

$(\text{직선 }m\text{의 기울기})=\dfrac{-2-0}{-2-(-4)}=-1$

직선 m의 y절편을 b라 하면 직선 m의 방정식을 $y=-x+b$로 나타낼 수 있다.

이때, 직선 m은 점 $(-4, 0)$을 지나므로

$0=4+b$ $\therefore b=-4$

$\therefore m : x+y+4=0$

두 직선 l, m의 교점의 좌표는 연립방정식

$\begin{cases} 2x+y-4=0 & \cdots\cdots ㉠ \\ x+y+4=0 & \cdots\cdots ㉡ \end{cases}$

의 해와 같다.

㉠, ㉡을 연립하여 풀면

$x=8,\ y=-12$

따라서 두 직선의 교점의 좌표는 $(8, -12)$이다.   답 $(8, -12)$

11

일차방정식 $2x-y+8=0$에서

$y=2x+8$

이 그래프의 y절편이 8이므로 $A(0, 8)$

두 일차방정식 $2x-y+8=0$, $x+y-14=0$의 교점 B의 좌표는 연립방정식 $\begin{cases} 2x-y+8=0 & \cdots\cdots ㉠ \\ x+y-14=0 & \cdots\cdots ㉡ \end{cases}$의 해와 같다.

㉠, ㉡을 연립하여 풀면 $x=2,\ y=12$

$\therefore B(2, 12)$

이때, 사각형 AOCB는 평행사변형이므로 $\overline{AB}\,/\!/\,\overline{OC}$

즉, 두 점 O, C를 지나는 직선은 일차방정식 $y=2x$의 그래프이다.

또한, $\overline{AO}\,/\!/\,\overline{BC}$이므로 두 점 B, C를 지나는 직선은 y축에 평행한 직선이고 그 방정식은 $x=2$

따라서 두 일차방정식 $y=2x$, $x=2$의 교점 C의 좌표는

연립방정식 $\begin{cases} y=2x \\ x=2 \end{cases}$의 해와 같으므로

$x=2,\ y=4$ $\therefore C(2, 4)$ 답 ③

| 다른풀이 |

일차방정식 $2x-y+8=0$의 그래프의 y절편이 8이므로

$A(0, 8)$

두 일차방정식 $2x-y+8=0$, $x+y-14=0$의 그래프의 교점은

$B(2, 12)$

이때, 사각형 AOCB는 평행사변형이므로

$\overline{AO}\,/\!/\,\overline{BC}$, $\overline{AO}=\overline{BC}$

즉, $\overline{AO}\,/\!/\,\overline{BC}$에서 점 C의 x좌표는 2이고

$\overline{AO}=\overline{BC}$에서 점 C의 y좌표는 $12-8=4$이다.

$\therefore C(2, 4)$

12

주어진 네 직선이 만나는 점의 좌표는

연립방정식 $\begin{cases} 2x-3y-12=0 & \cdots\cdots ㉠ \\ 4x+5y-2=0 & \cdots\cdots ㉡ \end{cases}$의 해와 같다.

㉠, ㉡을 연립하여 풀면

$x=3,\ y=-2$

즉, 네 직선의 교점의 좌표는 $(3, -2)$이다.

점 $(3, -2)$는 두 일차방정식 $6x-ay+b+1=0$, $ax-7y-b-3=0$의 그래프 위에 있으므로

$18+2a+b+1=0$ $\therefore 2a+b+19=0$ $\cdots\cdots ㉢$

$3a+14-b-3=0$ $\therefore 3a-b+11=0$ $\cdots\cdots ㉣$

㉢, ㉣을 연립하여 풀면

$a=-6,\ b=-7$

$\therefore a-b=-6-(-7)=1$ 답 1

13

두 점 $(20, 0)$, $(0, 40)$을 지나는 직선의 기울기는

$\dfrac{40-0}{0-20}=-2$이고 y절편은 40이므로

양초 A의 그래프는 일차함수 $y=-2x+40$의 그래프와 일치한다.

또한, 두 점 $(36, 0)$, $(0, 24)$를 지나는 직선의 기울기는

$\dfrac{24-0}{0-36}=-\dfrac{2}{3}$이고 y절편은 24이므로

양초 B의 그래프는 일차함수 $y=-\dfrac{2}{3}x+24$의 그래프와 일치한다.

① 두 양초 A, B의 그래프의 기울기가 각각 -2, $-\dfrac{2}{3}$이므로

양초 A는 1분에 2 cm씩 줄어들고 양초 B는 1분에 $\dfrac{2}{3}$ cm씩 줄어든다. 즉, 양초 A가 양초 B보다 빠르게 줄어든다.

② 양초 B가 모두 타면 남은 길이가 0 cm이다.

양초 B의 그래프에서 $y=0$일 때의 x의 값은 36이므로

양초 B가 모두 타는 데 36분이 걸린다.

③ 양초 A에 불을 붙인 후 15분이 지났을 때 남아 있는 양초 A의 길이는 $y=-2x+40$에서 $x=15$일 때의 y의 값이므로

$y=-2\times15+40=10$

즉, 불을 붙이지 않은 양초 A의 길이가 40 cm이므로 불을 붙인 후 15분 동안 줄어든 양초 A의 길이는

$40-10=30(\text{cm})$이다.

④ 불을 붙인 후 x분이 지났을 때 남은 양초의 길이 $y(\text{cm})$는

양초 A : $y=-2x+40(\text{cm})$,

양초 B : $y=-\dfrac{2}{3}x+24(\text{cm})$이므로

불을 붙인 후 a분이 지났을 때 두 양초의 길이가 같아졌다면

$-2a+40=-\dfrac{2}{3}a+24$, $-\dfrac{4}{3}a=-16$ $\therefore a=12$

즉, 두 양초의 길이가 같아지는 것은 불을 붙인 지 12분 후이다.

⑤ 불을 붙인 지 12분 후에 두 양초 A, B의 길이가 같아지므로 주어진 그래프에서 두 직선의 교점의 x좌표가 12이다.

즉, 교점의 오른쪽인 $x=15$일 때 양초 A의 그래프보다 양초 B의 그래프에서 y의 값이 더 크므로 불을 붙인 지 15분 후에 남은 양초의 길이는 B가 A보다 길다.

따라서 옳지 않은 것은 ④이다. 답 ④

blacklabel 특강 오답피하기

그래프가 지나는 두 점을 이용하여 각 직선의 방정식을 구하고 두 직선의 방정식을 연립하여 교점을 구할 수 있다. 즉, 연립방정식

$$\begin{cases} 2x+y-40=0 \\ 2x+3y-72=0 \end{cases}$$

을 연립하여 풀면 $x=12$, $y=16$이고 두 양초 A, B의 길이가 같아지는 것은 불을 붙인 지 12분 후, 이때의 양초의 길이는 16 cm이다.

---

14 해결단계

❶단계	교점 A, B, C의 좌표를 구하고 일차함수 $y=ax-4$의 그래프를 그려 본다.
❷단계	일차함수의 그래프가 세 점 A, B, C를 지날 때의 a의 값을 구한다.
❸단계	조건을 만족시키는 a의 값의 범위를 구한다.

주어진 세 직선의 방정식을

$$\begin{cases} x+2y-6=0 & \cdots\cdots \text{㉠} \\ x-y-3=0 & \cdots\cdots \text{㉡} \\ 2x-5y-12=0 & \cdots\cdots \text{㉢} \end{cases}$$

이라 하자.

두 직선 ㉠과 ㉡, ㉡과 ㉢, ㉢과 ㉠의 교점의 좌표는 세 직선의 방정식 중에서 두 개씩으로 이루어진 연립방정식의 해와 같다.

㉠, ㉡을 연립하여 풀면 $x=4$, $y=1$

㉡, ㉢을 연립하여 풀면 $x=1$, $y=-2$

㉢, ㉠을 연립하여 풀면 $x=6$, $y=0$

즉, A$(6, 0)$, B$(4, 1)$, C$(1, -2)$이다.

한편, 일차함수 $y=ax-4$의 그래프는 기울기가 a이고 y절편이 -4인 직선이므로 점 $(0, -4)$를 지난다.

따라서 일차함수 $y=ax-4$의 그래프가 삼각형 ABC를 삼각형과 사각형으로 나누는 경우는 다음의 그림에서 (ⅰ) 또는 (ⅱ)일 때이다.

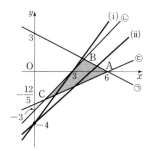

그런데 일차함수 $y=ax-4$의 그래프가

점 A를 지날 때, $0=6a-4$ $\therefore a=\dfrac{2}{3}$

점 B를 지날 때, $1=4a-4$ $\therefore a=\dfrac{5}{4}$

점 C를 지날 때, $-2=a-4$ $\therefore a=2$

이므로

(ⅰ) 일차함수 $y=ax-4$의 그래프가 $\overline{\text{BC}}$ (단, 양 끝 점 B, C 제외)와 만날 때,

$\dfrac{5}{4}<a<2$

(ⅱ) 일차함수 $y=ax-4$의 그래프가 $\overline{\text{AB}}$ (단, 양 끝 점 A, B 제외)와 만날 때,

$\dfrac{2}{3}<a<\dfrac{5}{4}$

(ⅰ), (ⅱ)에서 구하는 상수 a의 값의 범위는

$\dfrac{2}{3}<a<\dfrac{5}{4}$ 또는 $\dfrac{5}{4}<a<2$ 답 $\dfrac{2}{3}<a<\dfrac{5}{4}$ 또는 $\dfrac{5}{4}<a<2$

blacklabel 특강 해결실마리

y절편이 b인 직선 $y=ax+b$가 선분 AB와 만날 때, 상수 a의 값의 범위 구하기

(ⅰ) 기울기 a는 점 A를 지나는 직선 l의 기울기보다 작거나 같다.

(ⅱ) 기울기 a는 점 B를 지나는 직선 m의 기울기보다 크거나 같다.

(ⅲ) (ⅰ), (ⅱ)의 공통 범위를 구한다.

⇨ (직선 m의 기울기)$\leq a\leq$(직선 l의 기울기)

15

두 일차방정식 $ax-y-b=0$, $-4x+2y+5=0$의 그래프가 평행하므로

$$\dfrac{a}{-4}=\dfrac{-1}{2}\neq\dfrac{-b}{5}$$

$\dfrac{a}{-4}=\dfrac{-1}{2}$에서 $a=2$, $\dfrac{-1}{2}\neq\dfrac{-b}{5}$에서 $b\neq\dfrac{5}{2}$

또한, 두 일차방정식 $ax-y-b=0$, $2x+y-1=0$의 그래프가
y축 위에서 만나므로 두 그래프의 y절편이 같다.

$ax-y-b=0$에서 $y=ax-b$, $2x+y-1=0$에서 $y=-2x+1$

즉, $-b=1$에서 $b=-1$

$\therefore ab=2\times(-1)=-2$ 답 ②

16

점 $(2,\ mn)$이 일차방정식 $3x-y+2=0$의 그래프 위의 점이므로

$6-mn+2=0$ $\therefore mn=8$ (가)

또한, 일차방정식 $3x-y+2=0$의 그래프가 일차방정식
$3x-y+m=0$의 그래프와 평행하므로 $m\neq2$ (나)

따라서 $mn=8$, $m\neq2$를 만족시키는 자연수 m, n의 순서쌍
$(m,\ n)$은 $(1,\ 8)$, $(4,\ 2)$, $(8,\ 1)$이므로

자연수 m은 $1,\ 4,\ 8$의 3개이다. (다)

답 3

단계	채점 기준	배점
(가)	m, n 사이의 관계식을 구한 경우	30%
(나)	m의 조건을 구한 경우	30%
(다)	자연수 m의 개수를 구한 경우	40%

17

두 일차방정식 $ax+y+b=0$, $x-2y+6=0$의 그래프의 교점이
없으므로 두 직선은 평행하다.

$\therefore \dfrac{1}{a}=\dfrac{-2}{1}\neq\dfrac{6}{b}$

$\dfrac{1}{a}=\dfrac{-2}{1}$에서 $a=-\dfrac{1}{2}$, $\dfrac{-2}{1}\neq\dfrac{6}{b}$에서 $b\neq-3$

한편, 일차방정식 $x-2y+6=0$의 그래프가 y축과 만나는 점의
좌표는 $(0,\ 3)$이고 $\overline{AB}=4$이므로 일차방정식 $ax+y+b=0$,

즉 $-\dfrac{1}{2}x+y+b=0$의 그래프가 y축과 만나는 점의 좌표는

$(0,\ 7)$ 또는 $(0,\ -1)$이다.

(i) $(0,\ 7)$인 경우

　$x=0$, $y=7$을 $-\dfrac{1}{2}x+y+b=0$에 대입하면

　$7+b=0$ $\therefore b=-7$

　이것은 $b>0$의 조건을 만족시키지 않는다.

(ii) $(0,\ -1)$인 경우

　$x=0$, $y=-1$을 $-\dfrac{1}{2}x+y+b=0$에 대입하면

　$-1+b=0$ $\therefore b=1$

(i), (ii)에서 $a=-\dfrac{1}{2}$, $b=1$이므로

$a+b=\left(-\dfrac{1}{2}\right)+1=\dfrac{1}{2}$ 답 ④

18

주어진 세 직선의 방정식을

$$\begin{cases} 2x+y-7=0 & \cdots\cdots\ \text{㉠} \\ x-y-2=0 & \cdots\cdots\ \text{㉡} \\ ax+y-2a+2=0 & \cdots\cdots\ \text{㉢} \end{cases}$$

이라 하면 삼각형이 만들어지지 않는 경우는 다음과 같이 나누어
생각할 수 있다.

(i) 세 그래프가 모두 평행한 경우

　두 그래프 ㉠과 ㉡의 기울기가 다르므로 세 그래프가 모두 평
　행한 경우는 없다.

(ii) 두 그래프만 평행한 경우

　두 그래프 ㉠과 ㉡은 평행하지 않으므로

　두 그래프 ㉡과 ㉢이 평행할 때,

　$\dfrac{a}{1}=\dfrac{1}{-1}\neq\dfrac{-2a+2}{-2}$ $\therefore a=-1$

　두 그래프 ㉠과 ㉢이 평행할 때,

　$\dfrac{a}{2}=\dfrac{1}{1}\neq\dfrac{-2a+2}{-7}$ $\therefore a=2$

(iii) 세 그래프가 한 점에서 만나는 경우

　두 그래프 ㉠, ㉡의 교점을 그래프 ㉢이 지날 때이다.

　㉠, ㉡을 연립하여 풀면 $x=3$, $y=1$

　즉, 교점의 좌표는 $(3,\ 1)$이고 ㉢에서

　$3a+1-2a+2=0$ $\therefore a=-3$

(i), (ii), (iii)에서 자연수인 a의 값은 2이다. 답 ②

---

blacklabel 특강　해결실마리

주어진 조건을 해석하는 방법은 다음과 같다.

(1) 서로 다른 세 직선이 한 점에서 만나는 경우

　⇨ 두 직선의 교점을 나머지 한 직선이 지난다.

　　(i) 미지수를 포함하지 않은 두 직선의 교점의 좌표를 구한다.

　　(ii) (i)에서 구한 교점의 좌표를 미지수를 포함한 직선의 방정식에 대입하여
　　　　미지수의 값을 구한다.

(2) 서로 다른 세 직선이 삼각형을 이루지 않는 경우

　① 세 직선이 평행하다.　② 두 직선이 평행하다.　③ 세 직선이 한 점에서 만난다.

19

일차방정식 $ax-y+b=0$에서 $y=ax+b$

이 일차방정식의 그래프의 y절편은 b이고 x절편은

$0=ax+b$ $\therefore x=-\dfrac{b}{a}$

또한, 일차방정식 $bx-y-2b=0$에서 $y=bx-2b$

이 일차방정식 그래프의 y절편은 $-2b$이고

x절편은

$0=bx-2b$ $\therefore x=2\ (\because b\neq0)$

이때, 두 일차방정식의 그래프가 x축 위에서 만나므로 두 그래프의 x절편이 같다.

즉, $-\dfrac{b}{a}=2$에서 $b=-2a$ $\cdots\cdots$ ㉠

그런데 $a>0$이므로 $b<0$

따라서 두 일차방정식의 그래프와 y축으로 둘러싸인 삼각형은 오른쪽 그림과 같다.

이때, 이 삼각형의 넓이가 15이므로

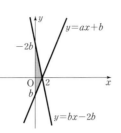

$\dfrac{1}{2}\times(-2b-b)\times2=15$

$\therefore b=-5,\ a=\dfrac{5}{2}\ (\because ㉠)$

$\therefore 2a-b=2\times\dfrac{5}{2}-(-5)=10$

답 ⑤

20

직선 $l:x-y-2=0$에서 $y=x-2$

즉, 직선 l의 y절편은 -2이므로 $\mathrm{C}(0,\ -2)$

직선 $m:3x+2y+12=0$에서

$y=0$일 때, x절편은

$3x+12=0$ $\therefore x=-4$ $\therefore \mathrm{A}(-4,\ 0)$

또한, 두 직선 l, m의 교점 B의 좌표는

연립방정식 $\begin{cases} x-y-2=0 & \cdots\cdots ㉠ \\ 3x+2y+12=0 & \cdots\cdots ㉡ \end{cases}$의 해와 같다.

㉠, ㉡을 연립하여 풀면 $x=-\dfrac{8}{5},\ y=-\dfrac{18}{5}$ $\therefore \mathrm{B}\left(-\dfrac{8}{5},\ -\dfrac{18}{5}\right)$

따라서 사각형 ABCO의 넓이는

(삼각형 OAB의 넓이)

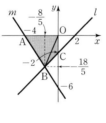

$\qquad$ + (삼각형 OBC의 넓이)

$=\dfrac{1}{2}\times\overline{\mathrm{OA}}\times|$점 B의 y좌표$|$

$\qquad +\dfrac{1}{2}\times\overline{\mathrm{OC}}\times|$점 B의 x좌표$|$

$=\dfrac{1}{2}\times4\times\dfrac{18}{5}+\dfrac{1}{2}\times2\times\dfrac{8}{5}=\dfrac{44}{5}$

답 ①

21

방정식 $x+4=0$, $x-5=0$의 그래프는 y축에 평행한 직선이고 방정식 $y+k=0$, $y-2k=0$의 그래프는 x축에 평행한 직선이 므로 네 방정식의 그래프로 둘러싸인 도형은 직사각형이다.

(ⅰ) $k>0$일 때,

네 방정식의 그래프는 오른쪽 그림과 같으므로 네 그래프로 둘러싸인 도형의 넓이는

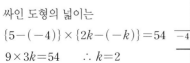

$\{5-(-4)\}\times\{2k-(-k)\}=54$

$9\times3k=54$ $\therefore k=2$

(ⅱ) $k<0$일 때,

네 방정식의 그래프는 오른쪽 그림과 같으므로 네 그래프로 둘러싸인 도형의 넓이는

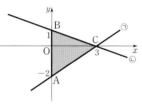

$\{5-(-4)\}\times(-k-2k)=54$

$9\times(-3k)=54$

$\therefore k=-2$

(ⅰ), (ⅱ)에서 구하는 상수 k의 값은 2, -2이다. 답 2, -2

22

주어진 직선 중 $x=0$은 y축을 나타낸다. 나머지 두 직선의 방정

식을 $\begin{cases} 2x-3y-6=0 & \cdots\cdots ㉠ \\ x+3y-3=0 & \cdots\cdots ㉡ \end{cases}$이라 하면 두 그래프 ㉠, ㉡의

x절편이 3으로 같으므로 두 그래프는 x축 위의 점 $(3,\ 0)$에서 만난다.

두 그래프 ㉠, ㉡이 y축과 만나는 점을 각각 A, B라 하고 두 그래프의 교점을 C라 하면 $\mathrm{A}(0,\ -2)$, $\mathrm{B}(0,\ 1)$, $\mathrm{C}(3,\ 0)$이고 주어진 세 직선으

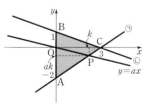

로 둘러싸인 삼각형은 오른쪽 그림의 삼각형 ABC와 같다.

이때, 삼각형 ABC의 넓이는

$\dfrac{1}{2}\times\{1-(-2)\}\times3=\dfrac{9}{2}$

삼각형 OBC의 넓이는 $\dfrac{1}{2}\times1\times3=\dfrac{3}{2}$

즉, 삼각형 OBC의 넓이가 삼각형 ABC의 넓이의 $\dfrac{1}{2}$보다 작으

므로 원점을 지나면서 삼각형 ABC의 넓이를 이등분하는 직선의 방정식은 $y=ax\ (a<0)$라 할 수 있다.

또한, 직선 $y=ax$와 직선 ㉠의 교점을 P라 할 때, 점 P의 좌표는 오른쪽 그림과 같이 $(k,\ ak)\ (k>0)$라 할 수 있다.

이때, 삼각형 OAP의 넓이가

삼각형 ABC의 넓이의 $\dfrac{1}{2}$이 되어야 하므로

$\dfrac{1}{2}\times2\times k=\dfrac{1}{2}\times\dfrac{9}{2}$ $\therefore k=\dfrac{9}{4}$ $\therefore \mathrm{P}\left(\dfrac{9}{4},\ \dfrac{9}{4}a\right)$

점 P는 그래프 ㉠ 위의 점이므로

$2\times\dfrac{9}{4}-3\times\dfrac{9}{4}a-6=0$

$\dfrac{27}{4}a=-\dfrac{3}{2}$ $\therefore a=-\dfrac{2}{9}$

따라서 구하는 직선의 기울기는 $-\dfrac{2}{9}$이다. 답 $-\dfrac{2}{9}$

23 해결단계

❶단계	네 점 A, B, C, D의 좌표를 각각 구한다.
❷단계	사다리꼴 ABCD의 넓이를 구한다.
❸단계	상수 k의 값을 구한다.

일차함수 $y=-2x+8$의 그래프의 x절편은 4, y절편은 8이므로

$A(0, 8)$, $B(4, 0)$

일차함수 $y=4x-28$의 그래프의 x절편은 7이므로

$C(7, 0)$

한편, x축에 평행하고 y축 위의 점 A를 지나는 직선의 방정식은

$y=8$

즉, 점 D는 일차함수 $y=4x-28$의 그래프와 직선 $y=8$의 교점

이므로 점 D의 x좌표는

$8=4x-28$ $\therefore x=9$

$\therefore D(9, 8)$

$\therefore$ (사각형 ABCD의 넓이)

$=\dfrac{1}{2}\times(\overline{AD}+\overline{BC})\times\overline{OA}$

$=\dfrac{1}{2}\times\{(9-0)+(7-4)\}\times(8-0)$

$=\dfrac{1}{2}\times12\times8=48$

직선 $x=k$가 사각형 ABCD의 넓이를 이등분하므로

사각형 ABQP의 넓이는 24이다.

점 Q의 x좌표가 k이므로

$Q(k, 0)$, $P(k, 8)$

$\therefore$ (사각형 ABQP의 넓이)$=\dfrac{1}{2}\times(\overline{AP}+\overline{BQ})\times\overline{OA}$

$=\dfrac{1}{2}(k+k-4)\times8=24$

즉, $2k-4=6$에서 $2k=10$

$\therefore k=5$ 답 5

Step 3	종합 사고력 도전 문제	pp. 86~87

01 (1) $\begin{cases} x+y-4=0 \\ x-2y-4=0 \end{cases}$ (2) $x=4$, $y=0$ 02 (1) 점 B (2) $(2, 1)$

03 122   04 (1) 25개월 (2) 50개월

05 $m=-1$, $a=-\dfrac{1}{2}$, $b=-\dfrac{7}{2}$ 06 $x+5y-9=0$

07 3   08 42

01 해결단계

(1)	❶단계	두 일차방정식으로 이루어진 연립방정식을 구한다.
(2)	❷단계	연립방정식의 해를 구한다.

(1) 두 점 $(0, 4)$, $(4, 0)$을 지나는 직선의 기울기는

$\dfrac{0-4}{4-0}=-1$, y절편은 4이므로 이 직선의 방정식은

$y=-x+4$

$\therefore x+y-4=0$

또한, 두 점 $(2, -1)$, $(4, 0)$을 지나는 직선의 기울기는

$\dfrac{0-(-1)}{4-2}=\dfrac{1}{2}$이므로 직선의 방정식을

$y=\dfrac{1}{2}x+b$ (b는 상수)라 하면 이 직선이 점 $(4, 0)$을 지나므로

$0=\dfrac{1}{2}\times4+b$ $\therefore b=-2$

즉, 두 점 $(2, -1)$, $(4, 0)$을 지나는 직선의 방정식은

$y=\dfrac{1}{2}x-2$ $\therefore x-2y-4=0$

따라서 두 일차방정식으로 이루어진 연립방정식은

$\begin{cases} x+y-4=0 \\ x-2y-4=0 \end{cases}$

(2) 연립방정식 $\begin{cases} x+y-4=0 \\ x-2y-4=0 \end{cases}$의 해는 두 일차방정식의 그래프

의 교점 $(4, 0)$의 좌표와 같으므로 구하는 해는 $x=4$, $y=0$

답 (1) $\begin{cases} x+y-4=0 \\ x-2y-4=0 \end{cases}$ (2) $x=4$, $y=0$

02 해결단계

(1)	❶단계	직선의 방정식에서 기울기와 y절편을 구하여 각 방정식에 해당하는 직선을 확인한다.
	❷단계	❶단계에서 확인한 두 직선의 교점을 찾는다.
(2)	❸단계	주어진 연립방정식의 해를 구한다.
	❹단계	❸단계에서 구한 해를 이용하여 ❷단계에서 구한 점의 좌표를 구한다.

(1) 일차방정식 $x+y=3$, 즉 $y=-x+3$의 그래프의 기울기가

-1로 음수이므로 오른쪽 아래로 향하는 직선이다.

주어진 그림에서 오른쪽 아래로 향하는 직선은 직선 BC뿐이

므로 일차방정식 $x+y=3$의 그래프는 직선 BC이다.

일차방정식 $2x-y=3$, 즉 $y=2x-3$의 그래프의 기울기가

2로 양수이므로 오른쪽 위로 향하는 직선이다. 또한, y절편이

-3으로 음수이므로 일차방정식 $2x-y=3$의 그래프는

직선 AB이다.

따라서 주어진 연립방정식의 해는 직선 BC와 직선 AB의 교

점의 좌표와 같으므로 구하는 점은 점 B이다.

(2) (1)에서 점 B의 좌표는 연립방정식 $\begin{cases} x+y-3=0 & \cdots\cdots\text{㉠} \\ 2x-y-3=0 & \cdots\cdots\text{㉡} \end{cases}$

의 해와 같다.

㉠, ㉡을 연립하여 풀면 $x=2$, $y=1$

따라서 점 B의 좌표는 $(2, 1)$이다.

답 (1) 점 B (2) $(2, 1)$

03 해결단계

❶단계	두 직선 l, m의 방정식을 구한다.
❷단계	두 직선의 방정식을 연립하여 교점의 좌표를 구한다.
❸단계	회전체의 부피 V를 구한다.
❹단계	$\dfrac{3V}{\pi}$의 값을 구한다.

직선 l의 x절편과 y절편이 각각 1, 2이므로 기울기는 -2이다.
즉, 직선 l의 방정식은
$y=-2x+2$ $\therefore 2x+y-2=0$ ······㉠
직선 m의 x절편과 y절편이 각각 -5, 5이므로 기울기는 1이다.
즉, 직선 m의 방정식은
$y=x+5$ $\therefore x-y+5=0$ ······㉡
㉠, ㉡을 연립하여 풀면 $x=-1$, $y=4$
따라서 두 직선 l, m의 교점의 좌표는 $(-1, 4)$이다.

두 직선 l, m과 x축 및 y축으로 둘러싸인 부분을 y축을 회전축으로 하여 1회전시킨 회전체의 부피는 밑면의 반지름의 길이가 5, 높이가 5인 원뿔의 부피에서 밑면의 반지름의 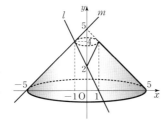 길이가 1, 높이가 1인 원뿔의 부피와 밑면의 반지름의 길이가 1, 높이가 2인 원뿔의 부피를 뺀 것과 같으므로

$V=\dfrac{1}{3}\times\pi\times5^2\times5-\dfrac{1}{3}\times\pi\times1^2\times1-\dfrac{1}{3}\times\pi\times1^2\times2$

$=\dfrac{122}{3}\pi$

$\therefore \dfrac{3V}{\pi}=\dfrac{3}{\pi}\times\dfrac{122}{3}\pi=122$

답 122

blacklabel 특강　필수개념

원뿔의 부피
밑면의 반지름의 길이가 r, 높이가 h인 원뿔에서
$$(\text{부피})=\dfrac{1}{3}\times(\text{밑넓이})\times(\text{높이})$$
$$=\dfrac{1}{3}\pi r^2 h$$

04 해결단계

	❶단계	수익을 나타내는 직선의 방정식을 구한다.
(1)	❷단계	생산 비용을 나타내는 직선의 방정식을 구한다.
	❸단계	두 직선의 방정식을 연립하여 생산 비용이 수익 이상이 되는 최소 운영 개월 수를 구한다.
(2)	❹단계	손실 구간과 이익 구간의 넓이가 같아지도록 직선 $x=a$를 나타낸다.
	❺단계	두 부분 A, B의 넓이가 같음을 이용하여 a의 값을 구한다.

(1) 매월 4억 원씩 수익이 증가하므로 수익을 나타내는 직선의 기울기는 4이다.

즉, 수익을 나타내는 직선의 방정식은 $y=4x$　$\therefore 4x-y=0$
또한, 공장이 운영을 시작할 때, 초기 생산 비용 50억 원이 들었고, 매월 2억 원씩 생산 비용이 증가하므로 생산 비용을 나타내는 직선의 y절편은 50이고 기울기는 2이다.
즉, 생산 비용을 나타내는 직선의 방정식은
$y=2x+50$　$\therefore 2x-y+50=0$
이때, 생산 비용과 수익이 같아지는 때는 두 직선의 교점의 x좌표와 같다.

연립방정식 $\begin{cases} 4x-y=0 & ······㉠ \\ 2x-y+50=0 & ······㉡ \end{cases}$에서

㉠, ㉡을 연립하여 풀면 $x=25$, $y=100$
따라서 최소 25개월 동안 공장을 운영해야 수익이 생산 비용 이상이 된다.

(2) 공장 운영을 시작하고 a개월 후에 손실 구간과 이익 구간이 같아진다고 하면 다음 그림과 같다. (단, $a>25$)

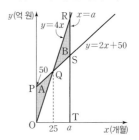

(삼각형 PQO의 넓이)=(삼각형 QRS의 넓이)이므로
(삼각형 ORT의 넓이)=(사각형 POTS의 넓이)이다.
이때,

(삼각형 ORT의 넓이)$=\dfrac{1}{2}\times a\times4a=2a^2$,

(사각형 OPST의 넓이)$=\dfrac{1}{2}\times(50+2a+50)\times a$

$=a^2+50a$

이므로 $2a^2=a^2+50a$
$2a=a+50$ ($\because a>25$)　$\therefore a=50$
따라서 운영을 시작한 지 50개월 후에 손실 구간과 이익 구간이 같아진다.

답 (1) 25개월 　(2) 50개월

| 다른풀이 |

(1) 공장을 x개월 운영했을 때 수익 y는 $y=4x$
공장을 x개월 운영했을 때 생산비용 y는 $y=2x+50$
수익이 생산 비용 이상이 되려면
(수익)$-$(생산 비용)≥0이어야 하므로
$4x-(2x+50)\geq0$, $2x-50\geq0$　$\therefore x\geq25$
즉, 최소 25개월 동안 운영해야 한다.

(2) 생산 비용과 수익 모두 일정하게 증가하므로 수익과 생산 비용이 같아지는 때를 n개월 후라 하면 손실 구간과 이익 구간이 같아지는 시점은 $2n$개월 후이다. 따라서 $2\times25=50$(개월) 후이다.

blacklabel 특강　교과 외 지식

손익분기점

어떤 제품의 판매 금액이 생산 비용보다 많으면 이익이 남고 적으면 손실이 생긴다. 즉, 판매 금액과 생산 비용을 각각 그래프로 나타냈을 때, 생산 비용을 나타내는 직선이 판매 금액을 나타내는 직선보다 위쪽에 있을 때는 손실이 발생하고, 그 반대인 경우에는 이익이 발생한다. 또한, 이 두 직선이 만나는 점이 판매 금액과 생산 비용이 같아지는 지점으로, 이 지점을 손익분기점이라 한다.

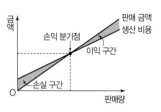

05　해결단계

❶단계	주어진 연립방정식의 해를 이용하여 m의 값을 구하고, a, b에 대한 일차방정식을 구한다.
❷단계	두 일차방정식의 그래프와 y축으로 둘러싸인 삼각형의 넓이가 $\frac{3}{2}$임을 이용하여 a, b에 대한 일차방정식을 구한다.
❸단계	❶, ❷단계에서 구한 두 일차방정식을 연립하여 a, b의 값을 각각 구한다.

$\begin{cases} ax-y=b & \cdots\cdots\ \text{㉠} \\ bx-y=a & \cdots\cdots\ \text{㉡} \end{cases}$ 에서

㉠$-$㉡을 하면

$(a-b)x=b-a$　　$\therefore x=-1\ (\because a\neq b)$

이를 ㉠에 대입하면

$-a-y=b$　　$\therefore y=-a-b$

연립방정식의 해가 $x=m$, $y=4$이므로

$m=-1$

또한, $-a-b=4$에서 $a+b=-4$　　$\cdots\cdots$ ㉢

한편,

$ax-y=b$에서 $y=ax-b$　　$\therefore$ ㉠ : $y=ax-b$

$bx-y=a$에서 $y=bx-a$　　$\therefore$ ㉡ : $y=bx-a$

㉠, ㉡의 그래프를 좌표평면 위에 나타내면 다음 그림과 같다.

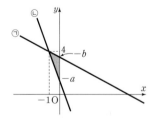

즉, ㉠, ㉡의 그래프와 y축으로 둘러싸인 삼각형의 넓이가 $\frac{3}{2}$이므로

$\frac{1}{2}\times\{-b-(-a)\}\times1=\frac{3}{2}$　　$\therefore a-b=3$　　$\cdots\cdots$ ㉣

㉢, ㉣을 연립하여 풀면

$a=-\dfrac{1}{2}$, $b=-\dfrac{7}{2}$

$\therefore m=-1$, $a=-\dfrac{1}{2}$, $b=-\dfrac{7}{2}$

답 $m=-1$, $a=-\dfrac{1}{2}$, $b=-\dfrac{7}{2}$

06　해결단계

❶단계	삼각형의 합동을 이용하여 네 점 B, C, F, G의 좌표를 구한다.
❷단계	정사각형 ABCD의 두 대각선의 교점의 좌표를 구한다.
❸단계	정사각형 BEFG의 두 대각선의 교점의 좌표를 구한다.
❹단계	❷, ❸단계에서 구한 두 교점을 지나는 직선의 방정식을 구한다.

합동인 삼각형을 이용하여 각 부분의 길이를 다음 그림과 같이 나타낼 수 있다.

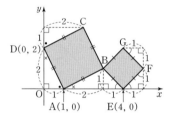

$\therefore$ B$(3, 1)$, C$(2, 3)$, F$(5, 1)$, G$(4, 2)$

정사각형 ABCD의 두 대각선 AC, BD의 교점을 P, 정사각형 BEFG의 두 대각선 BF, EG의 교점을 Q라 하면 두 정사각형의 넓이를 동시에 이등분하는 직선은 두 점 P, Q를 지나는 직선이다.

(ⅰ) 두 점 A$(1, 0)$, C$(2, 3)$을 지나는 직선의 기울기는

$\dfrac{3-0}{2-1}=3$

이 직선을 그래프로 하는 일차함수의 식을 $y=3x+b$라 하면 점 A는 그래프 위에 있으므로

$0=3+b$　　$\therefore b=-3$

$\therefore y=3x-3$　　$\cdots\cdots$ ㉠

두 점 B$(3, 1)$, D$(0, 2)$를 지나는 직선의 기울기는

$\dfrac{2-1}{0-3}=-\dfrac{1}{3}$이고 y절편은 2이므로 이 직선을 그래프로 하는 일차함수의 식은

$y=-\dfrac{1}{3}x+2$　　$\cdots\cdots$ ㉡

㉠, ㉡을 연립하여 풀면 $x=\dfrac{3}{2}$, $y=\dfrac{3}{2}$　　$\therefore$ P$\left(\dfrac{3}{2}, \dfrac{3}{2}\right)$

(ⅱ) 두 점 B$(3, 1)$, F$(5, 1)$을 지나는 직선의 방정식은

$y=1$　　$\cdots\cdots$ ㉢

두 점 E$(4, 0)$, G$(4, 2)$를 지나는 직선의 방정식은

$x=4$　　$\cdots\cdots$ ㉣

즉, 두 직선 ㉢, ㉣의 교점은 Q$(4, 1)$

(i), (ii)에서 구하는 직선은 두 점 $P\left(\dfrac{3}{2},\ \dfrac{3}{2}\right)$, $Q(4,\ 1)$을 지나는 직선이다.

이 직선의 기울기는 $\dfrac{1-\dfrac{3}{2}}{4-\dfrac{3}{2}}=-\dfrac{1}{5}$

이 직선을 그래프로 하는 일차함수의 식을 $y=-\dfrac{1}{5}x+b'$이라 하면 점 Q는 그래프 위에 있으므로

$1=-\dfrac{4}{5}+b'$ $\therefore b'=\dfrac{9}{5}$

그러므로 구하는 직선의 방정식은

$y=-\dfrac{1}{5}x+\dfrac{9}{5}$ $\therefore x+5y-9=0$ 답 $x+5y-9=0$

07 해결단계

❶단계	두 점 A, B의 좌표를 a를 사용하여 나타낸다.
❷단계	$\overline{AP}+\overline{BP}$의 값이 최소가 되는 점 P를 찾는다.
❸단계	점 P의 좌표를 이용하여 a의 값을 구한다.

두 일차방정식 $x-2y+2a=0$, $2x-y=0$의 그래프의 교점의

좌표는 연립방정식 $\begin{cases} x-2y+2a=0 & \cdots\cdots\ ① \\ 2x-y=0 & \cdots\cdots\ ② \end{cases}$ 의 해와 같다.

①$-$②$\times 2$를 하면 $-3x+2a=0$ $\therefore x=\dfrac{2}{3}a$

이를 ②에 대입하면 $\dfrac{4}{3}a-y=0$ $\therefore y=\dfrac{4}{3}a$

$\therefore A\left(\dfrac{2}{3}a,\ \dfrac{4}{3}a\right)$

일차방정식 $x-2y+2a=0$에서 $y=\dfrac{1}{2}x+a$이므로 그래프의

y절편은 a이다. 즉, $B(0,\ a)$이다.

이때, 점 B와 x축에 대하여 대칭인 점을 B'이라 하면 $B'(0,\ -a)$

$a>0$이므로 세 점 A, B, B'은

오른쪽 그림과 같고

$\overline{AP}+\overline{BP}=\overline{AP}+\overline{B'P}$

$\qquad\qquad\quad \geq \overline{AB'}$

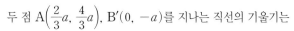

즉, $\overline{AP}+\overline{BP}$의 값이 최소가 되도

록 하는 x축 위의 점 P는 두 점 A,

B'을 지나는 직선이 x축과 만나는 점이다.

두 점 $A\left(\dfrac{2}{3}a,\ \dfrac{4}{3}a\right)$, $B'(0,\ -a)$를 지나는 직선의 기울기는

$\dfrac{-a-\dfrac{4}{3}a}{0-\dfrac{2}{3}a}=\dfrac{7}{2}$이고 y절편은 $-a$이므로 직선의 방정식은

$y=\dfrac{7}{2}x-a$ $\therefore 7x-2y-2a=0$

점 $P\left(\dfrac{6}{7},\ 0\right)$이 직선 AB' 위에 있으므로

$6-2a=0$ $\therefore a=3$ 답 3

08 해결단계

❶단계	오각형 ABCDE의 넓이를 구한다.
❷단계	오각형의 넓이를 이등분하는 직선이 x축과 만나는 점의 좌표를 구한다.
❸단계	오각형의 넓이를 이등분하는 직선의 방정식을 구한다.
❹단계	조건을 만족시키는 a, b의 값을 각각 구하고 $a-b$의 값을 구한다.

오른쪽 그림과 같이 세 점 $P(0,\ 6)$,
$Q(6,\ 0)$, $R(6,\ 6)$을 정하고 $\overline{AC}$,
$\overline{AD}$를 그어 오각형을 세 개의 삼각형
으로 나누면

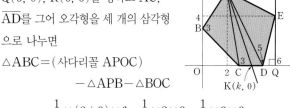

$\triangle ABC=$(사다리꼴 APOC)

$\qquad\qquad -\triangle APB-\triangle BOC$

$\qquad = \dfrac{1}{2}\times(2+3)\times 6-\dfrac{1}{2}\times 2\times 3-\dfrac{1}{2}\times 3\times 3$

$\qquad = \dfrac{15}{2}$

$\triangle ACD=\dfrac{1}{2}\times 2\times 6=6$

$\triangle ADE=$(사다리꼴 ADQR)$-\triangle AER-\triangle EDQ$

$\qquad = \dfrac{1}{2}\times(1+4)\times 6-\dfrac{1}{2}\times 2\times 4-\dfrac{1}{2}\times 1\times 4$

$\qquad = 9$

$\therefore$ (오각형 ABCDE의 넓이)$=\triangle ABC+\triangle ACD+\triangle ADE$

$\qquad\qquad\qquad\qquad\qquad = \dfrac{15}{2}+6+9=\dfrac{45}{2}$

이때, 점 A를 지나면서 오각형의 넓이를 이등분하는 직선이 x축

과 만나는 점을 $K(k,\ 0)$이라 하면

(사각형 ABCK의 넓이)$=\dfrac{1}{2}\times$(오각형 ABCDE의 넓이)

$\qquad\qquad\qquad\qquad\quad = \dfrac{1}{2}\times\dfrac{45}{2}=\dfrac{45}{4}$

또한, (사각형 ABCK의 넓이)$=\triangle ABC+\triangle ACK$이므로

$\dfrac{45}{4}=\dfrac{15}{2}+\triangle ACK$ $\therefore \triangle ACK=\dfrac{15}{4}$

즉, $\dfrac{15}{4}=\dfrac{1}{2}\times(k-3)\times 6$에서 $k-3=\dfrac{5}{4}$

$\therefore k=\dfrac{17}{4}$ $\therefore K\left(\dfrac{17}{4},\ 0\right)$

따라서 구하는 직선은 두 점 $A(2,\ 6)$과 $K\left(\dfrac{17}{4},\ 0\right)$을 지나는 직

선이므로 이 직선의 기울기는

$\dfrac{0-6}{\dfrac{17}{4}-2}=\dfrac{-6}{\dfrac{9}{4}}=-\dfrac{8}{3}$

이 직선을 그래프로 하는 일차함수의 식을 $y=-\dfrac{8}{3}x+p$

(p는 상수)라 하면 점 A는 그래프 위에 있으므로

$6=-\dfrac{8}{3}\times 2+p$ $\therefore p=\dfrac{34}{3}$

즉, 오각형 ABCDE의 넓이를 이등분하는 직선의 방정식은

$y=-\dfrac{8}{3}x+\dfrac{34}{3}$에서 $8x+3y-34=0$

$\therefore a=8,\ b=-34$

$\therefore a-b=8-(-34)=42$ 답 42

미리보는 학력평가 p. 88

1 ①   **2** ④   **3** ①   **4** ④

1

두 일차함수 $y=x+3$, $y=2x-3$의 그래프의 교점의 좌표는

연립방정식 $\begin{cases} y=x+3 & \cdots\cdots\ \text{㉠} \\ y=2x-3 & \cdots\cdots\ \text{㉡} \end{cases}$ 의 해와 같다.

㉠, ㉡을 연립하여 풀면 $x=6$, $y=9$

따라서 $a=6$, $b=9$이므로

$a+b=6+9=15$ 답 ①

2

주어진 두 직선의 교점의 좌표는 연립방정식

$\begin{cases} x-2y+2=0 & \cdots\cdots\ \text{㉠} \\ 2x+y-6=0 & \cdots\cdots\ \text{㉡} \end{cases}$

의 해와 같다.

㉠, ㉡을 연립하여 풀면 $x=2$, $y=2$

즉, 두 직선 $x-2y+2=0$, $2x+y-6=0$의 교점의 좌표는 $(2, 2)$이다.

한편, 두 점 $(2, 2)$, $(4, 0)$을 지나는 직선을 그래프로 하는 일차함수의 식을 $y=ax+b$라 하면

$a=(\text{기울기})=\dfrac{0-2}{4-2}=-1$

즉, 일차함수 $y=-x+b$의 그래프가 점 $(2, 2)$를 지나므로

$2=-2+b$ $\therefore b=4$

따라서 $y=-x+4$의 그래프의 y절편은 4이다. 답 ④

3

직선 $y=ax+b$가 y축과 만나는 점이 A이므로

A$(0, b)$

직선 $y=bx+a$가 y축과 만나는 점이 B이므로

B$(0, a)$

$\therefore \overline{\text{AB}}=b-a\ (\because 0<a<b)$

또한, 두 직선 $y=ax+b$, $y=bx+a$가 만나는 점이 C이므로 점 C의 좌표는 연립방정식 $\begin{cases} y=ax+b & \cdots\cdots\ \text{㉠} \\ y=bx+a & \cdots\cdots\ \text{㉡} \end{cases}$ 의 해와 같다.

㉠−㉡을 하면

$(a-b)x+b-a=0$

즉, $(a-b)x=a-b$에서

$x=\dfrac{a-b}{a-b}=1\ (\because a \neq b)$ $\therefore$ C$(1, 8)$

삼각형 ABC의 넓이가 3이므로

$\dfrac{1}{2}\times(b-a)\times 1=3$

$\therefore b-a=6$ $\cdots\cdots\ \text{㉢}$

또한, 점 C$(1, 8)$은 직선 $y=ax+b$ 위의 점이므로

$8=a+b$ $\cdots\cdots\ \text{㉣}$

㉢, ㉣을 연립하여 풀면 $a=1$, $b=7$

$\therefore 2a+b=2\times 1+7=9$ 답 ①

4

일차함수 $y=-\dfrac{4}{3}x+4$의 그래프의 x절편이 3, y절편이 4이므로

A$(3, 0)$, B$(0, 4)$

$\therefore \triangle\text{OAB}=\dfrac{1}{2}\times\overline{\text{OA}}\times\overline{\text{OB}}=\dfrac{1}{2}\times 3\times 4=6$

삼각형 BCD의 넓이와 사각형 COAD의 넓이의 비가 $1:2$이므로

$\triangle\text{BCD}=\triangle\text{OAB}\times\dfrac{1}{3}=6\times\dfrac{1}{3}=2$ $\cdots\cdots\ \text{㉠}$

한편, 일차함수 $y=ax+2$의 그래프의 y절편이 2이므로

C$(0, 2)$

이때, 점 D의 x좌표를 k라 하면

㉠에서

$\triangle\text{BCD}=\dfrac{1}{2}\times 2\times k=2$

$\therefore k=2$

점 D는 일차함수 $y=-\dfrac{4}{3}x+4$의 그래프 위의 점이므로

$x=2$를 $y=-\dfrac{4}{3}x+4$에 대입하면

$y=-\dfrac{4}{3}\times 2+4=\dfrac{4}{3}$ $\therefore$ D$\left(2, \dfrac{4}{3}\right)$

이때, 점 D$\left(2, \dfrac{4}{3}\right)$는 일차함수 $y=ax+2$의 그래프 위의 점이므로

$\dfrac{4}{3}=2a+2$, $2a=-\dfrac{2}{3}$ $\therefore a=-\dfrac{1}{3}$ 답 ④

서술형 문항의
원리를 푸는 열쇠

화 이 트 라 벨
| 서술형 문장완성북 | 서술형 핵심패턴북

마인드맵으로 쉽게
우선순위로 빠르게

링 크 랭 크
| 고등 VOCA | 수능 VOCA

impossible

+

 땀 한 방울

=

i'm possible

불가능을 가능으로 바꾸는 것은
한 방울의 땀입니다.

틀을 깨는 생각 J i n h a k

A등급을 위한 명품 수학

블랙라벨 중학 수학 ❷-1

Tomorrow
better than today

www.jinhak.com

전교 1등의 책상 위에는
블랙라벨

국어	문학	독서(비문학)	문법			
영어	커넥티드 VOCA	1등급 VOCA	내신 어법	독해		
15개정 고등 수학	수학(상)	수학(하)	수학 I	수학 II	확률과 통계	미적분	기하
15개정 중학 수학	1-1	1-2	2-1	2-2	3-1	3-2
15개정 수학 공식집	중학	고등				
22개정 고등 수학	공통수학1 (출시예정)	공통수학2 (출시예정)				
22개정 중학 수학	1-1 (출시예정)	1-2 (출시예정)				

단계별 학습을 위한 플러스 기본서
더 개념 블랙라벨

국어	문학	독서	문법			
15개정 수학	수학(상)	수학(하)	수학 I	수학 II	확률과 통계	미적분
22개정 수학	공통수학1	공통수학2 (출시예정)				

내신 서술형 명품 영어
WHITE label

영어	서술형 문장완성북	서술형 핵심패턴북

꿈에서도 떠오르는
그림어원

영어	중학 VOCA	토익 VOCA

마인드맵 + 우선순위
링크랭크

영어	고등 VOCA	수능 VOCA

완벽한 학습을 위한 수학 공식집

블랙라벨 BLACKLABEL
수학 공식집

블랙라벨의 모든 개념을 한 권에

블랙라벨 외 내용 추가 수록

목차에 개념 색인 수록

한 손에 들어오는 크기

중학 수학   고등 수학